高等教育"十三五"规划教材

学前教育专业系列教材

# 幼儿园教育活动设计与指导

张 晗 王 萍 主编

杨 文 主审

科学出版社

北 京

# 内 容 简 介

本书以幼儿园活动教育为核心，以《幼儿园教育指导纲要（试行）》及《3~6岁儿童学习与发展指南》为指导，既包含理论又涉及案例，参考性较强。

本书分为9章，首先对幼儿园教育活动的设计与指导进行了总述，然后分别从健康教育、社会教育、科学教育、数学教育、语言教育、音乐教育和美术教育等7个方面介绍了如何进行幼儿园教育活动，每个领域均设置了相关活动案例。最后一章介绍了国内外著名学前教育思想与活动设计，为幼儿园教育活动提供了借鉴。

本书可作为高校学前教育专业的教材，也可供托幼机构、广大学前教育工作者、学前教育研究人员及婴幼儿家长作为参考资料使用。

**图书在版编目（CIP）数据**

幼儿园教育活动设计与指导/张晗，王萍主编. —北京：科学出版社，2015.
（高等教育"十三五"规划教材·学前教育专业系列教材）
ISBN 978-7-03-043518-7

Ⅰ. ①幼… Ⅱ. ①张… ②王… Ⅲ. ①幼儿园-教学活动-教学设计-高等学校-教材 Ⅳ. ①G612

中国版本图书馆CIP数据核字（2015）第040134号

责任编辑：王 彦 许艳玲 / 责任校对：马英菊
责任印制：吕春珉 / 封面设计：一克米

**科学出版社** 出版
北京东黄城根北街16号
邮政编码：100717
http://www.sciencep.com

**新科印刷有限公司** 印刷

科学出版社发行 各地新华书店经销

\*

2015年3月第 一 版 开本：787×1092 1/16
2019年5月第二次印刷 印张：13
字数：293 000

**定价：36.00元**
（如有印装质量问题，我社负责调换〈新科〉）

销售部电话 010-62142126 编辑部电话 010-62130750

# 学前教育专业系列教材编委会

# 本书编写人员名单

主　　编：张　晗　王　萍

副主编：张莉娜　贾红梅　刘小林

编　　委：（以姓氏笔画为序）

王　萍　刘小林　吴　英　张　晗

张莉娜　贾红梅　聂晓娜　韩新华

# 前　　言

《幼儿园教育指导纲要（试行）》指出："幼儿园的教育活动，是教师以多种形式有目的、有计划地引导幼儿生动、活泼、主动活动的教育过程。"幼儿园教育活动是幼儿园教育目标实现的重要载体和形式，是教师有目的、有计划、有组织的设计与指导过程，教师科学的设计与指导是幼儿园教育活动质量的保障。

幼儿园教育活动设计与指导是学前教育本、专科学生的必修课程，是衔接学前教育专业理论课程与学前教育专业教法课的中介课程，起着"承上启下"的作用。设计是幼儿园教育活动的灵魂，指导是幼儿园教育活动的核心，幼儿园教育活动设计与指导是幼儿园教师专业性的重要体现，也是幼儿园教育高质量的前提。本书是在 2012 年 9 月《3～6 岁儿童学习与发展指南》（以下简称《指南》）颁布后撰写的，吸纳了近年来我国幼儿教育改革的重要思想和《指南》的主要理念，是较为新颖和实用的教材。

本书由山东英才学院副教授张晗和沈阳大学教授王萍担任主编，张晗副教授负责全书统稿及第一章、前言、参考文献的编写工作，第二章由张莉娜（沈阳师范大学）编写，第三章由刘小林（山东英才学院）编写，第四章由韩新华（山东英才学院）编写，第五章、第六章由贾红梅（山东英才学院）编写，第七章、第八章由吴英（沈阳市艺术幼儿师范学校）编写，第九章由王萍、聂晓娜（山东英才学院）编写。

本书在编写过程中得到了国家教学名师、山东英才学院董事长杨文教授的悉心指导，她在百忙之中拨冗审阅全书，在此表示衷心的感谢。

另外，本书的责任编辑对本书的编写、审校及出版提出了许多宝贵意见，付出了大量的劳动，在此深表谢意。

由于编者水平和能力有限，本书如有不妥之处，恳请读者批评指正。

# 目　　录

# 第一章
## 幼儿园教育活动设计与指导概述

幼儿园作为幼儿成长的乐园，是专设的幼儿保育与教育机构。幼儿园教育活动是促进幼儿身心健康，引发幼儿经验的累积与生长，促进幼儿知、情、意、行全面发展的载体，是为实现幼儿园教育目标而开展的有目的、有计划、有组织的活动，需要教师专业的设计与指导。本章就从幼儿园教育活动的概念、特点、内容、意义、分类，幼儿园教育活动设计的内涵、原则、步骤与方法，幼儿园教育活动组织与指导的内容、原则、策略等方面进行论述，需要重点掌握幼儿园教育活动设计与指导的原则、方法和策略等。

## 第一节 | 幼儿园教育活动概述

### 一、幼儿园教育活动的概念

《幼儿园工作规程》（以下简称《规程》）第二十四条提出"幼儿园的教育活动应是有目的、有计划引导幼儿生动、活泼、主动活动的，多种形式的教育过程。"《幼儿园教育指导纲要（试行）》（以下简称《纲要》）第三部分第二条指出："幼儿园的教育活动，是教师以多种形式有目的、有计划地引导幼儿生动、活泼、主动活动的教育过程。"可以看出无论《规程》还是《纲要》都强调教育活动的目的性和计划性，这是教育活动的"教育"本质要求；同时，还可以看到都要求"多种形式"，这是教育活动的"活动"特点；幼儿园教育活动最终还是教师引导下幼儿生动、活泼、主动活动的过程。

杜威、皮亚杰、维果斯基都强调幼儿是在与周围的环境（包含人与物）相互作用的过程中建构自我，获得发展的。从这个意义上讲，幼儿园教育活动应该是指幼儿园教师有目的、有计划地为幼儿创设多样、适宜的环境，提供丰富、适宜的材料，通过幼儿积极、主动的探索活动，引发幼儿与环境中的人和物的交互作用的过程。幼儿园教育活动是实现幼儿园教育目标的载体，也是达成幼儿发展目标的手段。

### 二、幼儿园教育活动的特征

#### （一）目的性、计划性

幼儿园是专设的教育机构，幼儿教师是专职的、专业的教育工作者，从幼儿园教师的角度来讲，教育活动不应是随意的、自发的、任由幼儿发展的，而应是有目的、有计划的，目的性和计划性是机构教育的基本特征。幼儿园教育活动的目的应指向幼儿的发展和成长，同时关照社会的需求；幼儿园教育活动的计划性体现在幼儿园环境规划、幼儿园课程设计、幼儿教育活动设计、活动室区域的规划和材料的投放等多个方面。幼儿园教育活动目的越明确、越具体，计划越详细、越充分，教育活动就越具操作性，就越能做到活动预设与生成的结合，发挥教师的主导性，实现幼儿的主体性。

### （二）过程性

幼儿园教育活动是教育更是活动，活动就是"做事情"，就是幼儿运用感官、手、脑与周围世界相互作用的过程及其结果。幼儿和教师共同生活、师幼一起与周围环境相互作用的过程就是教育活动，"做"是幼儿园教育活动的根本方法。幼儿园教育活动是师幼行动与思维相互结合的过程，正如杜威所讲："观念的世界只有在与行动的世界清楚地联系在一起的时候，才能令人深感兴趣"。

幼儿园教育活动的过程性、行动性、活动性，必然需要为幼儿创设良好的活动环境，提供适宜的、丰富的活动材料，提供活动的时间和空间，提供师幼、幼幼、环幼互动的机会；必然要求改变以往重结果轻过程、重知识轻情感和态度、重教师轻幼儿、重方法轻材料的现象。设计与指导幼儿园教育活动要将结果与过程、方法与材料密切结合。如张雪门所讲："前人是教法和教材并重，运用的人在乎教师。现在是材料和方法在行为中是一件事的两面——没有材料便没有了方法，离开了方法便不会有材料，而运用的人却是在于儿童。"

### （三）双主体性

《纲要》指出"幼儿园教育应尊重幼儿的人格和权利，尊重幼儿身心发展的规律和学习特点，以游戏为基本活动，保教并重，关注个别差异，促进每个幼儿富有个性的发展。"《3～6岁儿童学习与发展指南》（以下简称《指南》）提出"要充分理解和尊重幼儿发展进程中的个别差异，支持和引导他们从原有水平向更高水平发展，按照自身的速度和方式到达《指南》所呈现的发展'阶梯'，切忌用一把'尺子'衡量所有幼儿。"幼儿有自己独特的思维特点、认知方式和行动形式，每个幼儿又有着自己独特的个性特征、不同的认知方式和认知水平，幼儿有"一百种语言"。因此，设计与指导幼儿园教育活动必须尊重幼儿的主体性，注重幼儿主体性的发挥。

幼儿不仅是独特的，也是需要支持和保护的群体，他们的能力尚处在发展之中。幼儿园教育活动设计与指导的责任在于教师，而不在于幼儿。教师是幼儿园教育活动的设计、组织与实施者，教师在活动过程中不是教幼儿，而是与幼儿一起活动，是教师兴趣、经验、价值观与幼儿兴趣、经验、思想的碰撞，幼儿主体性的发挥，依赖于教师的主体性，没有教师的主体性及其作用的发挥，就不可能保证幼儿主体性的实现。因此，幼儿园教育活动是教师和幼儿"双主体"共同参与的过程。

### （四）多样性

幼儿教育活动是师幼共同参与的过程，人的活动具有复杂性，设计、指导、组织、实施的方式也应是多样、灵活的。幼儿园教育活动的设计与指导根据目标、内容、对象的不同，可以是高结构的也可以是低结构的，可以是侧重某一领域的活动也可以是多领域综合的活动，可以是集体活动也可以是分组活动、个体活动，可以是集体教学也可以是区域活动、一日生活活动，设计与指导的方式越是多样、灵活，越能保证活动对幼儿发展的价值。

### （五）生活性

《纲要》有 32 处提到生活，幼儿园教育活动的生活化、游戏化是《纲要》的基本要求，而游戏是幼儿生活的重要方式。《指南》指出"幼儿的学习是以直接经验为基础，在游戏和日常生活中进行的。"杜威提出教育即生活，认为"儿童的日常经验，他的一天天的生活……是人类生活的第一步和最后一步"，张雪门明确提出"课程须和儿童的生活联络"。幼儿不是生活在真空之中的，他们生活的现实世界，为他们生命的展开、生命价值的实现提供了时空和滋养；幼儿也不是空白地来到幼儿园，他们有各自的经验和独特的认知方式。幼儿园教育活动要从幼儿生活中汲取有价值的课题作为活动的内容，通过幼儿一日生活实施教育，为了幼儿更好、更幸福地生活而教育，即幼儿园教育活动要"为了生活、来自生活、通过生活"。

### （六）整合性

《纲要》提出幼儿园"教育活动内容的组织应充分考虑幼儿的学习特点和认识规律，各领域的内容要有机联系，相互渗透，注重综合性、趣味性、活动性，寓教育于生活、游戏之中。"《指南》指出"儿童的发展是一个整体，要注重领域之间、目标之间的相互渗透和整合，促进幼儿身心全面协调发展，而不应片面追求某一方面或几方面的发展。"杜威认为"儿童的生活是一个整体，一个总体。他敏捷地和欣然地从一个主题到另一个主题，正如他从一个场所到另一个场所一样，但他没有意识到转变和中断，既没有意识到什么割裂，更没有意识到什么区分"。幼儿在活动中所关心的事物，由于他的生活所带来的个人的和社会的兴趣的统一性，是结合在一起的。"凡是在他的心目中最突出的东西就暂时对他构成整个宇宙。那个宇宙是变化的和流动的，它的内容以惊人的速度在消失和重新组合。但是，归根结底，它是儿童自己的世界。它具有儿童自己的生活的统一性和完整性。"因此，设计与指导幼儿园教育活动，目标要考虑幼儿的全面和谐发展，内容要注意五大领域的相互渗透，实施要通过多样化活动，确保幼儿成长、发展和生活的完整性。

## 三、幼儿园教育活动的内容

### （一）幼儿园教育活动内容的特点：全面性、启蒙性和综合性

《纲要》指出：幼儿园的教育内容是全面的、启蒙性的，可以相对划分为健康、语言、社会、科学、艺术等五个领域，也可作其他不同的划分。各领域的内容相互渗透，从不同的角度促进幼儿情感、态度、能力、知识、技能等方面的发展。

幼儿园教育活动的内容是按照领域划分的，而不是按学科划分的，这是幼儿园教育

活动的特点，是由幼儿认知特点决定的。幼儿认识世界是综合的、整体的，是知、情、意、行的统一；儿童在活动过程中不仅学科与学科不能区分，实际上儿童经常把自己与环境融合为一，把自己关注的事物暂时当成了整个宇宙。学科是按照知识体系和逻辑设置的，强调知识的纵向连接和知识的完整性；领域是按照生活和活动的逻辑设计的，重视知识的启蒙性、综合性和儿童发展的全面性。因此，幼儿园教育活动内容按照领域相对划分成五个部分，每个领域有自己的侧重点，但在实施的过程中应是相互渗透，结成教育的"网"。

### （二）幼儿园教育活动的具体内容

#### 1. 健康领域

《纲要》中健康领域主要包含：身体健康、生活和卫生习惯、自我保护、体育锻炼四个内容。《指南》中健康的内容主要包含：身心状况、动作发展、生活习惯与生活能力三部分。

#### 2. 语言领域

《纲要》中语言领域主要包括：听、说、前阅读和前书写四个方面教育内容。《指南》中语言内容主要包含：倾听与表达、阅读与书写准备两个部分。

#### 3. 社会领域

《纲要》中社会领域主要包括：自我意识、人际交往、社会认知、社会适应等四项内容。《指南》中社会内容主要包含：人际交往、社会适应两部分。

#### 4. 科学领域

《纲要》中科学领域分为科学和数学两个部分，主要包括自然现象、数量关系、物体形态、探究活动、环保意识等教育活动内容。《指南》中科学领域的教育内容包括科学探究、数学认知两部分。

#### 5. 艺术领域

《纲要》中艺术领域分为美术和音乐两部分，主要包括感受美、欣赏美、表达和表现美等教育内容。《指南》中科学领域内容包括：感受与欣赏、表现与创造两部分。

## 四、幼儿园教育活动的意义

### （一）幼儿园教育活动是实现幼儿园教育目的的载体

幼儿园是儿童成长的乐园，也是专门的教育机构。没有教育和对幼儿发展的价值，幼儿园就不称其为教育场所，教师也就失去了作为专业人员的作用。对幼儿进行教育不能进行简单的灌输，更不能任其自生自灭地随意发展，幼儿的成长与发展需要成人精心创设的环境、有目的的活动、适宜的材料及科学的指导。幼儿园教育活动是教师有目的、有计划地设计、组织的活动，具有明确的目的性、适宜性，教师会为活动做好各种准备和预设，保证幼儿的自主性和主体性，达到幼儿健康发展和人格健全的目的，从而实现幼儿园作为专设教育机构的目标。

### （二）幼儿教育活动使幼儿获得有益身心健康成长的经验

经验分为直接经验和间接经验，幼儿通过直接与环境作用获得的是直接经验，通过他人获得的是间接经验。幼儿具体形象思维的特点决定了他的认知以直接经验为主，间接经验的获得有赖于直接经验，需要以直接经验为基础，可以说直接经验是幼儿最初的经验，也是人一生最基本的经验。幼儿直接经验的获得需要有准备的环境和精心设计的活动，幼儿园教育活动可以满足幼儿直接感知、亲身体验、实际操作的需要，在有目的、有计划的活动中实现幼儿与物、人的交互作用，获取经验。同时，幼儿与周围环境相互作用获得的经验有些是有益的，有些是有害的，幼儿自身经常无法分辨好坏，需要有能力的成人，特别是专业的教师为他们进行甄选和设计。幼儿园教育活动可以追寻生活、活动中有益于幼儿成长的经验，回避、过滤掉不利于幼儿发展的经验，从而保障幼儿的身心健康成长。

### （三）幼儿园教育活动提供了教师、幼儿、家长、环境交互作用的机会

幼儿园教育活动是教师、幼儿、家长共同参与的过程，在这一过程中教师作为专业人员和有能力的人肩负设计、组织、指导的责任，幼儿是活动的目的和主体，家长是活动的重要参与者和支持者。幼儿园教育活动的设计、组织指导与实施的过程，为幼儿提供了与教师、同伴、家长、环境互动的机会和条件，实现了幼儿的幸福成长；为教师提供了一个施展专业抱负、促进专业成长的机会，提供了一个与幼儿、同事、家长交往的平台，满足了教师的职业追求，从而获得了职业幸福感；为家长提供了一个了解孩子、获得教育能力的契机，提供了一个与孩子、教师及其他家长相互交流的论坛，可体验到与孩子一起生活、成长的乐趣，与人交流的幸福。总之，幼儿园教育活动提供了教师、幼儿、家长、环境之间交互作用的机会，是实现家、园、社区共育的重要载体和形式。

## 五、幼儿园教育活动的分类

### （一）按照教育活动的内容分类

《纲要》将幼儿园教育内容划分为五个领域，从内容的角度来分，幼儿园教育活动可分为健康教育活动、语言教育活动、社会教育活动、科学教育活动、艺术教育活动等五大领域教育活动。在幼儿园教育实践中，科学教育活动一般又可以分为数学和科学两个方面；艺术教育活动又可以分为音乐（歌唱、律动、舞蹈等）教育活动和美术（绘画、手工、美术欣赏等）教育活动，这样总计就分成七种教育活动，本书就按照这种分类方法进行具体论述。在幼儿园教育活动设计与组织指导中，有的侧重某一单一领域，更多是多个领域兼顾的综合教育活动。

幼儿园教育活动内容除按领域划分外，还有按照学科划分的，称为分科教育活动（易"小学化"）或合科教育活动；也有按照一个主题展开的主题教育活动、单元教学活动或综合教学活动。

### （二）按照幼儿活动人数的组织形式分类

幼儿园教育活动依据幼儿人数多少，可以开展不同形式的教育活动：集体教育活动、小组教育活动、个别教育活动，这三种教育活动形式是幼儿园一日活动的三种基本形式，不同教育理念指导下的幼儿园三种形式的比例不同，不同年龄段幼儿班级活动的方式多少也会不同，不同教育内容适合的教育形式也不同。一般来讲，现在幼儿园强调适宜性课程和个别化教育，提倡多采用小组活动和个别活动，少用集体活动；年龄越小的幼儿越适宜个别活动，随着年龄增加逐渐增加小组活动，适当采用集体活动；科学概念的学习和规则讲解等宜采用集体活动，其他内容尽可能采用小组活动和个别活动，即使在集体教育活动过程中也应适当加入小组和个别探究的环节。

个别教育活动是指教师与一个幼儿互动或在教师创设条件下幼儿个体自发的、自主的活动形式，可以满足不同个体的需求、兴趣和特点，更易做到适宜性教育，但对教师数量有较高要求。小组教育活动是指教师组织指导部分幼儿一起活动，或将幼儿分成几个小组进行自主活动，这种活动形式允许幼儿用自己的速度和方式从事所做的事情，教师的主要作用是创设情境、提供环境和材料。集体教育活动是教师组织指导全体幼儿进行同一主题活动的形式，活动过程主要由教师引导或指导。

### （三）按照教育活动的性质分类

按照幼儿园教育活动性质还可以分为：正规性教育活动和非正规性教育活动。正规性教育活动是指教师根据教育目标和任务，按计划专门设计并组织实施的，以教师直接指导为主的，组织严密的活动形式。非正规性教育活动是指为实现教育目标和任务，教师组织、实施的以间接指导为主或幼儿自主进行的活动，活动组织过程较为松散。

### （四）按照教育活动的环节和类型分类

按照幼儿园一日活动的环节和类型，幼儿园教育活动可以分为生活活动、教育活动、区域活动。

生活活动是指幼儿在园的日常生活环节，主要包括入园、餐饮、盥洗、如厕、户外活动、散步、午睡、离园等，这是幼儿在园的主要活动内容，占幼儿在园时间的2/3左右。生活活动一般由教师指导下幼儿自由活动为主，组织形式相对松散。生活活动对幼儿良好行为习惯的养成、社会性发展和生活自理能力的提升有重要作用，同时还是影响幼儿身心健康的重要活动。

教育活动接近于正规性教育活动概念，是高度结构化、组织化的活动环节，一般以集体教育活动形式为主，强调教师的主体性和主导性，突出目的性、计划性，注重结果的获得。

区域活动也称为活动区活动，是指幼儿在教师创设的区域内，按照一定的主题或自己的意愿、兴趣，自主选择区域、材料、同伴，自由操作和游戏，以实现个别化发展的目的。区域活动教师的指导更多体现在环境创设和材料提供上，而不是直接指导。幼儿园区域一般有：娃娃家、角色区、图书角、沙水区、种植区、养殖区、科学探索区、益智区、建筑区等。

# 第二节 | 幼儿园教育活动的设计

　　幼儿园教育活动设计与指导的"设计"在前，"指导"在后，设计在于规划和计划，指导在于组织和实施环节，设计是组织指导的前提，组织指导过程是设计的实施、细化和扩展。

## 一、幼儿园教育活动设计的内涵与特点

　　"设计"在此作为动词，《现代汉语词典》解释为："在正式做某项工作之前，根据一定的目的要求，预先制定方法、图样等"，突出它的目的性、预先性和计划性。幼儿园教育活动设计可以被看成是对幼儿园教育活动实践的预先规划、计划和准备，是对学习过程和资源的系统筹划，是对与教育活动相关联的一系列事件与人进行的充分了解、精心设计和准备的总和，包含对幼儿园具有的条件和资料、对幼儿及教育目标的了解、分析和理解，对活动过程、活动形式、活动情境的设计，对活动环境、资源、时间、空间的准备，最终形成一个活动方案。

　　幼儿园教育活动设计的目的在于为幼儿提供适宜的活动，满足幼儿的需要和兴趣，提高教育的效果和质量，提高教育的有效性、适切性和趣味性。幼儿园教育活动设计与一般的设计相比，具有以下几个方面的特性。

### （一）专业性

　　幼儿园教育活动对象是复杂而又处于成熟中的幼儿，幼儿思维能力、自制力、自理能力、合作能力都处于发展之中，学习和行动的方式不同于成人，也异于学龄阶段儿童。幼儿学习以感知、操作、体验为主，主要获得直接经验和亲身感受。幼儿园教育活动的设计，需要设计者具备深厚的、科学的教育理论素养，具有儿童身心发展的知识，掌握观察、了解幼儿的方法和技术，拥有一定的教育活动实践经验和智慧，能够创设环境和提供材料。因此，幼儿园教育活动设计是一项专业性工作，是幼儿园教师专业性的主要体现。

### （二）复杂性

　　幼儿园教育活动的设计，不仅要考虑目标和结果，更需要考虑活动实施过程的众多影响因素，需要考虑教育活动实施多方面的条件和事项，是一项极其复杂的工作。设计者既要考虑活动方案的最优化和理想状态，又要考虑幼儿园的实际条件和资源限制；既要考虑幼儿的发展需求，又要关照教师的需要和家长的希望；既要考虑教育活动的现实性，又要追求教育活动的各种可能性，为各种可能性创设机会。因此，幼儿园教育活动设计具有复杂性，需要设计者创造性的发挥。

### （三）创造性

　　幼儿园教育活动的设计，对于教育活动设计者来讲是一个有意识、有目的的创造性

过程，目的是达成最优化的教学活动方案，实现最优化的教育效果。幼儿园教育活动设计效果很大程度取决于设计者本人的水平和责任心，具有很强的个人特色。任何教育活动的设计无论是集体设计还是个人设计，都是人的工作，都允许依据一定的目的和条件创造性地展开想象和规划，有很大程度的自由和个人依赖性。因此，教育活动的设计过程是设计者建立在自身理解和背景基础上的创造性工作。

## 二、幼儿园教育活动设计的类型

### （一）重预设的设计

重预设的设计是设计者在分析幼儿现有水平、兴趣和需要的基础上，确定活动的目标，选择活动的内容和方法，考虑各种条件和影响因素，制定相对具体、翔实的活动方案的过程。重预设的幼儿园教育活动设计结果是一种高结构的活动方案，突出计划性、具体性和可操作性，便于实施者理解和组织指导，保证活动的顺利开展。当然，这种设计灵活性较低，对于活动的其他可能性缺乏规划和准备，不利于实施者创造性的发挥，也不利于幼儿主体性的体现。

### （二）重生成的设计

重生成的设计是设计者从儿童（或教师）的兴趣、需要出发，在教师与幼儿协商、对话的基础上，确定教育活动的主题、内容和目标，然后再设计活动的大致方向和物质准备，为活动过程中的各种可能性留有空间和时间，活动的具体方案在活动实施过程中生成。生成的教育活动方案并不能作为下一次实施活动的计划，但可以为其他实施者提供思路和反思。重生成的设计需要设计者、实施者的对话与协商，需要设计者与幼儿的交流与沟通，需要实施者与幼儿共同活动、相互作用，这样的过程对于设计者、实施者都富有挑战，也能很好地促进所有参与者的成长。

重预设的设计便于把控和实施，重生成的设计具有较强的灵活性和适宜性；前者便于教师操作，后者便于发挥幼儿的主体性和自主性。当然，重预设的设计也含有可生成的成分，重生成的设计也有预设的方向，往往预设得越充分越有利于活动的生成，预设与生成的效果依赖于幼儿园民主、合作的文化氛围，依赖于教师的专业水平。

## 三、幼儿园教育活动设计的原则

### （一）发展性原则

所谓发展性原则是指在幼儿园教育活动设计时，要准确把握儿童原有基础和水平，在目标制定、内容选择、环境创设、材料准备、活动过程上，都要立足于幼儿体、智、德、美的全面发展。教育是人的教育，是为人的发展和幸福进行的活动。幼儿园教育的根本目的是幼儿的健康发展，幼儿园教育活动设计首要考虑的也应该是对幼儿发展的价值和意义，没有发展价值的活动，无论怎么"精彩"、"热闹"也没有任何意义，能够促进幼儿发展的教育教学活动才是有意义、有价值的。坚持发展性原则，就要求在设计时既要立足于幼儿发展的现实水平，更要努力实现幼儿发展的可能水平；既要关注活动目标的适宜性，又要思考活动内容、活动形式、活动方法、活动环境的教育功能。因此，幼儿园教育活动设计不仅要立足幼儿的兴趣和需要，更要注意活动的发展性价值，让幼儿更好发展。

**（二）趣味性原则**

所谓趣味性原则也就是"寓教于乐"，即在幼儿园教育活动设计时，要准确抓住儿童真实的、内在的兴趣和需要，使活动内容、形式、材料、环境满足幼儿的兴趣和需要，让幼儿积极、主动、自主地参加活动、参与互动，实现快乐学习的目标。幼儿期以无意注意、无意记忆为主，对感兴趣的事物才能集中较长时间注意，才能更好地记忆和理解。幼儿年龄越小，活动目的性越不明确，越趋向"唯乐原则"，受内在兴趣和需要的驱使而活动。所以，只有设计的教育活动的目标、内容、形式、方法符合幼儿心理特点、满足他们的需要、激发他们兴趣，才能唤起幼儿学习的主动性和积极性。这就要求设计者要掌握幼儿发展的知识，了解幼儿的需要和兴趣，并能把认识融入教育活动的设计，并转化为具体的教育活动方案。运用趣味原则主要做好以下几个方面：制定符合幼儿需要的适宜性教育目标；选择幼儿感兴趣的活动内容；采取符合幼儿学习特点（直接感知、亲身体验、实际操作）的活动形式；运用能激发幼儿兴趣的教学方式和手段。

**（三）活动性原则**

活动性是相对于呆板的讲授性教育而言的，幼儿不同于中小学的学生，他们主要学习的是经验而不是知识，经验是认知、情感和态度的统一体，不能由教师灌输，强迫幼儿获得，需要幼儿在情景中、在活动中感知、操作和体验获得。所谓活动性原则就是在幼儿园教育活动设计时，要突出教育活动中幼儿的参与性、主体性和操作性，也就是通过"做事"让幼儿达成发展目标。可以说，活动性原则是幼儿园教育活动区别于小学教育的根本所在，也是幼儿教师专业性的重要体现。坚持活动性原则，需要设计者不能把教育目标放在知识技能上，也不能采用简单的讲授、灌输式的教育方式；而应使教育策略、活动内容和方式能够激发幼儿的能动性、自主性和创造性；还要注意创设各种情景，组织灵活多样的活动，使幼儿在与周围环境相互作用中学习。运用活动性原则要注意：要为幼儿创设多样化的活动机会，使幼儿有自主选择活动和自主操作的机会；为幼儿活动提供丰富适宜的材料，创设有准备的环境；为幼儿提供自主活动的时间和空间；设计引导幼儿积极活动的教学策略，将幼儿参与活动的质量作为衡量教育水平的首要标准。

**（四）渗透性原则**

所谓渗透性原则是指在幼儿园教育活动设计时，注意教育目标、内容、方法的横向联系，能够将多种目标、多个领域、多种形式和方法相融合，形成一个有机联系的体系，实现幼儿全面发展的目标。幼儿是完整的个体，认知世界的方式是整个的，需要将教育目标、内容形成有机联系的"网"作用于幼儿。同时，任何一个教育目标都可以通过多种活动、形式、方法去实现，任何一个具体教育活动都可以实现多个目标和价值。《纲要》提出幼儿园教育活动"各领域的内容要有机联系，相互渗透"，《规程》要求"充分发挥各种教育手段的交互作用"，都提倡家庭、幼儿园、社区教育空间的整合、渗透。

因此，幼儿园教育活动设计和组织指导，势必要注意教育目标、内容、方式、途径的相互渗透与整合。教育活动设计的渗透性原则体现在：①教育活动目标的整合。幼儿体、智、德、美全面发展的目标要通过活动实现，教育活动目标的设计要关照幼儿的全面发展，目标的设计要注意多方面的整合。②教育活动内容的渗透与整合。幼儿教育内容来自幼儿的生活，内容呈现是以经验为基础的综合式主题活动。教育内容的设计要注意五个领域之间的相互渗透，当然不是要求每个活动都容纳所有领域，而是要注意有真实内在联系的领域的有机整合，这样既符合生活的逻辑，又符合知识的逻辑，也符合幼儿认知的逻辑，有效地、综合地形成发展幼儿的合力。③教育活动方法和途径的整合，主要是指运用感知、操作、体验、游戏、表现、创造等不同教育方式，允许幼儿运用多种"语言"（音乐、美术、动作、符号语言等）参与活动，利用家庭、幼儿园、社区多种教育途径进行活动。

### （五）主体性原则

主体是相对客体而言的，是指具有独立人格的、从事认识和实践活动的个体。幼儿和教师都是幼儿园教育活动的主体，教师是教育活动设计和指导的主体，幼儿是活动进程中的主体，幼儿与教师在活动过程中共同参与、相互作用、相互影响、共同发展。因此，主体性原则也就是指幼儿园教育活动的设计既要考虑幼儿的发展水平、认知特点和兴趣需要，设计适宜性的教育活动；又要关注教师的特点、兴趣，发挥教师的作用和指导价值，实现教师作为独立个体的主体价值。当然，幼儿主体性是教育活动设计的首要关照，是教师主体性发挥的目的；同时，教师主体性的实现是幼儿主体性的前提，没有作为主体全身心参与教育活动的教师，不可能有幼儿主体性的实现，毕竟教育活动的过程是师幼共同参与的，教师还是教育活动设计、组织实施的"掌舵者"。

## 四、幼儿园教育活动设计的步骤与策略

### （一）分析活动背景

教育活动设计首先要分析活动的背景，主要是分析幼儿已有的知识经验，幼儿现有的发展水平，活动主题开展的情况，活动环境和拥有教育资源的状况等，它是确定教育目标，选择教育内容的前提。

### （二）确定活动目标

教育活动目标是指通过一次具体活动预期幼儿能够获得的主要经验或可能实现的发展结果。活动目标一般包括：知识目标，能力、技能目标，情感、态度目标等三个方面。确定活动目标需要注意：要适宜，与幼儿发展水平、年龄阶段、当地文化、幼儿园实际相适宜；要具体、明确、可操作；要关注活动中幼儿能够获得的核心经验，能够实现的关键价值；文字表述角度要一致、清晰。

### （三）选择活动内容

活动内容是活动目标实现的载体，是活动设计的重要部分。幼儿园教育活动内容的来源主要有：幼儿的生活经验和兴趣；大自然（动植物、季节、天气）、大社会（节日、

故事、儿歌、民间艺术、工艺等）；出版的幼儿园教育活动教材或园本课程。活动内容的选择要注意：与目标相对应，能够实现活动目标；要有适宜性；要有趣味性；要贴近儿童的生活经验；要便于儿童感知、操作和体验。

### （四）设计活动过程

设计活动过程是幼儿园教育活动设计的主要部分，是设计的关键所在。活动过程设计一般包括：导入设计、材料和方法设计、形式设计、途径设计。

1）活动导入主要是调动幼儿已有经验，激发幼儿活动的兴趣，因此导入的情景性、趣味性非常重要。

2）材料和方法设计要注意将材料与方法相结合，幼儿园教育活动材料与方法密不可分，没有材料方法就失去效果，没有方法材料就成为无用的"观赏品"。幼儿园教育活动方法主要有演示法、观察法、直接体验法、操作法、探究法、情景教育法、游戏法、表演法等。

3）幼儿园教育活动的组织形式主要有集体活动、小组活动、个别活动，在活动设计时要注意根据不同年龄层次、不同内容灵活选择。

4）幼儿园教育活动的组织形式主要有区域活动、生活活动、教学活动等，要注意根据幼儿、内容和目标选择适宜的途径，也可以综合运用，当然还可以将幼儿园、家庭、社区等教育途径相结合进行活动，达到最优的教育效果。

### （五）做好活动准备

活动准备是幼儿园教育活动实施前的重要一环，影响活动的效果。活动准备主要包括：幼儿知识经验准备，可以通过提前实地观摩、探索或者成人访谈或者网络、图书查阅实现；活动氛围准备，教师要运用教育机制营造一个宽松、开放、积极的活动氛围；活动场地准备，为活动开展创设一个安全、宽敞、舒适的环境；物质材料准备，主要是教具、学具、操作材料、背景音乐、教学设备等。

### （六）编制活动计划

编制活动计划是幼儿园教育活动设计的最后一环，是形成系统活动方案的最后一步。活动计划主要包括：活动名称、活动目标、活动准备、活动过程、活动延伸等五个部分，这五个部分要相互呼应、形成体系。

# 第三节 幼儿园教育活动的组织与指导

## 一、教育活动组织与指导的内涵及其基本要素

### （一）教育活动组织与指导的内涵

幼儿园教育活动的组织与指导，是幼儿园教师依据幼儿教育活动设计方案开展教育

活动的过程及其采用的策略、方法与手段，也就是教师与幼儿共同参与活动、相互作用的过程和教师运用教学智慧提升活动实施效果的统一。活动的组织与指导是建立在活动设计基础之上的，活动设计是活动组织与指导的前提；活动组织与指导是活动设计的实施与具体化过程，是活动设计的目的和指向。活动设计越是科学、翔实、全面，越便于教师进行活动的组织与指导，活动实施的效果就越明显。当然，活动组织与指导过程并不是活动设计的"复演"，教育活动是师幼及其他各种因素相互作用的过程，其生成性远远高于其预设性，教育活动的指导是教师创造性的过程，是预设与生成密切结合的过程。教师是教育活动的组织与指导者，对教育活动组织、指导与实施的效果起着关键作用。教育活动的组织与指导水平是教师专业素质、能力的集中体现和具体化，活动组织与指导过程也是教师教育智慧施展和提升的过程。

### （二）教育活动组织与指导的基本要素

幼儿园教育活动的组织、指导与实施是教育者、教育对象、教育情景、教育条件等相互作用的过程，是一个复杂而动态生成的过程。这一复杂过程受众多因素影响，有众多因素参与，最基本的包括教师、幼儿、环境（材料）三大要素。

#### 1. 教师

教师是幼儿园教育活动的组织与指导者，是教育活动实施成败的关键因素，教师的生活史、教育观念、职业素养、教学能力直接影响活动组织与实施的进程及结果。在教育活动的组织与指导中，教师应树立"儿童为中心"的教育观，尊重幼儿主体价值和学习特点，借助和调动幼儿的兴趣，满足幼儿的合理需要，实现幼儿的全面发展；教师应树立"共同生活、共同参与、平等互动"的师生观，不要把教育活动单纯看作自身的职业责任，毕竟幼儿园教育活动组织与指导不是教师教的过程，而是师幼共同生活、活动的过程，教师要把自身兴趣融入活动实施中，积极投入与幼儿的互动中，享受活动的过程；教师应重视环境创设和材料提供，减少不必要的干预和直接指导，将目标与活动指导"物化"到环境和材料的准备上，让幼儿在与有准备的环境和材料互动的过程中间接地受到指导；教师还应不断提升自己的职业素养、专业能力和实践智慧，不断提高组织、指导与实施教学活动的水平。

#### 2. 幼儿

幼儿是幼儿教育活动的根本目的，幼儿的发展是评价教育活动质量的最终指标；幼儿是教育活动的主体，幼儿参与程度是教育活动成败的重要因素。幼儿有着自身独特的学习与发展特点，主要有：①好动，好游戏；②乐群，喜欢被接纳和赞赏；③具体形象思维为主，无意注意、无意记忆占优势；④以直接感知、实际操作、亲身体验为主要学习方式；⑤以直接经验学习为主，间接经验的获得建立在直接经验基础之上。教师在组织、指导与实施教育活动时应注意：①发挥幼儿的主体性、主动性，让幼儿自主、积极地参与活动过程；②调动、激发幼儿的兴趣，满足幼儿的需要，让幼儿自然、幸福地成长；③尊重个别差异和幼儿学习特点，因材施教，提供幼儿可探究、操作的环境和材料。

### 3. 环境（材料）

蒙台梭利和瑞吉欧教育都把"有准备的环境"当做"第三位教师"。环境（材料）是幼儿经验获得的前提，是活动质量的保障；没有有准备的适宜的环境（材料）就没有幼儿活动的参与，也就没有幼儿的成长与发展。运用什么样的环境（材料），决定了幼儿进行什么样的学习，也在一定程度上决定了幼儿的发展。可以说环境、材料的创设与准备是对活动最有效的组织与指导，也是对幼儿发展最大的支持。

环境（材料）对幼儿有特殊的意义：①有助于幼儿理解；②有助于幼儿建立与认识对象的情感关系；③有助于获得经验。因此，教师在活动组织与指导过程中创设环境、提供材料应注意：①真实性，真实的材料带来真实的价值，教师应尽量为幼儿提供真实的材料，让幼儿通过对真实事物的操作、摆弄和互动，获得真实的经验；②目的性，环境（材料）应为活动目的服务；③层次性，环境（材料）要适宜于幼儿的年龄特点、能力差异、个体差异；④动态、变化性，随着活动的展开不断更新环境（材料），保持幼儿的新鲜感、新奇感，引发更多活动机会；⑤互动性，环境（材料）应便于幼儿操作，有助于活动各因素之间的互动；⑥安全性，注意环境（材料）的安全、无毒、无菌、无污染、无尖角等；⑦来源的多渠道化，材料可以来自自然资源、师幼自制、购买、家庭提供或社区提供，创设多样化的材料和丰富的环境。

## 二、教育活动组织与指导的原则

### （一）灵活性

幼儿园教育活动组织与指导的过程是各种因素相互作用的过程，活动中各种事件的偶发性远远超过活动的计划性，加之幼儿个体间的差异和情景中的表现，有许多的不可控因素，致使教育活动现场中的组织与指导具有很大的灵活性。教育活动组织与指导的灵活性需要教师处理好几个关系：

1）预设与生成的关系。教育活动的灵活性并不否定活动设计的价值，正是因为活动过程的灵活性和偶发性，更需要对教育活动进行全面、详细的设计，尽可能预设出活动的各种可能性和必须达成的目标，预设出活动的弹性路线和具体方向，这样在组织与指导过程中教师才能从容应对各种偶发事件，为各种可能性创设条件，提供指导。

2）教师多重角色的关系。教育活动组织与指导过程中，作为专业的、成熟的教育工作者，教师既要做活动的观察者、指导者、环境创设者、材料提供者，还要做与幼儿一起活动的参与者、合作者、支持者。教师要灵活地、适宜地在不同角色间转化，处理好作为幼儿的教师和合作者之间的关系。

3）处理好师幼互动中"双主体"之间的关系。幼儿是活动的主体，但幼儿是发展中、成熟中的主体，是有依赖性的"主体"；教师是活动的另一主体，不仅要发挥自身的主体性价值，还要通过自身主体性的发挥保证幼儿这一依赖性"主体"的主体性的发挥。这就要求教师正确处理师幼互动中"双主体"之间的关系，发挥教育智慧，既要接过幼儿抛来的"球"，又要机智地把"球"抛还给幼儿，通过幼儿自身的探究、操作解决问题，获得主体性发展。

## （二）针对性

幼儿园教育活动是有目的、有计划的活动，活动的组织与指导势必要针对目标展开，开展有针对性的活动。同时，不同幼儿的个体差异性导致他们活动速度、效果不同，同一幼儿在具体活动情景中的表现也具有差异，加上活动过程的偶然性、灵活性，就要求教师要注意观察幼儿的具体表现和活动开展的具体情形，有针对性地提供材料、指导和帮助，有针对性地开展师幼互动。

## （三）主导性

教师是教育活动的组织与指导者，是教育活动实施的"主导者"。在教育活动组织、指导、实施过程中，教师承担众多角色：环境创设者、材料提供者、观察者、支持者、合作者、帮助者、指导者、评价者、反思者，每个角色对教育活动的实施都有着重要作用。因此，教师要充分发挥自身对教育活动的主导性作用，利用自身的教育智慧，有效地进行教育活动的组织与指导。

# 三、教育活动各因素互动的组织与指导策略

## （一）教育活动各因素互动的内涵与分类

幼儿园教育活动各因素的互动是指教育活动中的诸要素，即教师、幼儿、教育环境之间的相互作用、相互影响，互动的主导是教师，互动的核心是幼儿，互动的目的是促进幼儿的发展。因此，幼儿园教育活动中的互动可分为：师幼互动（教师和幼儿之间的互动）、幼幼互动（幼儿与幼儿之间的互动）、环幼互动（幼儿与环境之间的互动）。

### 1. 师幼互动

师幼互动是指在教育活动中教师和幼儿之间发生的各种形式、各种性质和各种程度的相互作用和影响的过程。师幼互动还可以细分为：教师—>幼儿，即教师发起与幼儿的交流；幼儿—>教师，即幼儿发起与教师的交流；教师<—>幼儿，即教师与幼儿的双向交流；教师—>幼儿群体，即教师面向所有或部分幼儿的单向交流；幼儿群体—>教师，即全体或部分幼儿单向与教师的交流；教师<—>幼儿群体，即教师与全体或部分幼儿的双向交流。

### 2. 幼幼互动

幼幼互动是指在教育活动过程中幼儿和幼儿之间发生的积极的相互作用和影响，在这一过程中实现了幼儿的共同发展。幼幼互动还可以细分为：幼儿—>幼儿，即单个幼儿单向与某一幼儿的交流；幼儿<—>幼儿，即单个幼儿与某一幼儿之间的双向交流；幼儿—>幼儿群体，即单个幼儿面向所有或部分幼儿的单向交流；幼儿群体<—>幼儿群体，即部分幼儿集体与其他部分幼儿集体之间的双向交流。

### 3. 环幼互动

环幼互动是指在教育活动过程中幼儿与环境之间的相互作用和影响，环幼互动是在活动中实现的。在这一过程中幼儿既是作用的主体，也是作用的受体；幼儿既发出

对环境的动作，又承受环境的反作用以及动作的结果。环幼互动还可以细分为：幼儿或幼儿群体<—>环境，教师<—>环境<—>幼儿或幼儿群体，教师<—>幼儿或幼儿群体<—>环境。

### （二）教育活动中各因素互动的策略

教育活动中各因素互动的最高境界是自然无痕，这样教育活动中的各种因素对幼儿的影响可以做到"随风潜入夜，润物细无声"，使教育活动过程流畅连贯。要做到教育活动中各因素的互动无痕，教师需要做到：充分了解幼儿，是实现互动无痕的前提；预设与生成相结合的活动设计是实现互动无痕的核心；创设有利于互动的环境，是实现互动无痕的基础；教师良好的自身素质和高水平的教学能力是实现互动无痕的保证。

总之，教育活动组织与指导需要以幼儿为中心，发挥教师的主导作用，创设良好的教学环境，通过幼儿（群体）与环境、幼儿之间、幼儿与教师的无痕互动，促进幼儿经验的提升和充分的发展，实现活动效率的最大化。

## 四、活动组织与指导的一般策略

### （一）导入

#### 1. 导入的目的

幼儿园教育活动是教师有目的、有计划、有组织地实施的活动，教师需要短时间内引导幼儿进入活动情景，这就需要教师做好活动导入。导入的目的主要有：①使幼儿初步了解活动目的和内容；②吸引幼儿注意力，使幼儿进入活动情景中；③营造活动情景，激发幼儿参与活动的兴趣和热情；④调动幼儿已有的经验和知识，为活动开展做好经验、知识准备。

#### 2. 导入的策略

1）情境导入法。情景导入法是指由一定故事或事件引起的，通过设置具体的、生动的环境、角色，让幼儿在活动开始时，就置身于某种与教育活动内容相关的情景之中，促使学生在形象的、直观的氛围中参与活动的方法。情景可以是日常事件或日常事件的再现、模拟，可以是观看视频情景，可以是教师用形象的语言讲解出的情景。

2）故事法或猜谜语导入。听故事、猜谜语是幼儿喜欢参加的活动，以故事或猜谜语导入活动，既能有效地吸引幼儿的注意力，又能借助故事或谜语情节调动幼儿已有的相关经验，使活动顺利进行。

3）游戏法或操作法。游戏是幼儿园教育活动最基本的形式，也是幼儿最喜欢的活动；操作材料进行探究是幼儿学习的主要特点。教育活动由游戏法或操作法导入可迅速集中幼儿的注意力，吸引幼儿全身心地投入活动，给予幼儿最真实的体验，帮助幼儿理解活动内容。

4）问题导入法。幼儿好奇、好问，喜欢探索生活中的各种问题。利用问题导入可以引发幼儿思考，可将幼儿的注意力引导到开展的具体活动和需要注意的事项上，尽快开展活动。

（二）观察

1. 观察的目的

观察是指在教育活动情景中，教师有目的、有计划地对活动进展情况和幼儿行为进行考察、记录和分析的一种方法。观察是教师了解幼儿，提高教育活动质量的保障。没有观察，教师不能正确把握幼儿行为的意义，也不能给予幼儿适宜的指导；没有观察的指导是瞎指导，不仅不会推进幼儿的活动，而且会干扰幼儿的活动，妨碍幼儿的发展。观察的目的主要有：了解活动目标、内容、形式、途径是否适宜幼儿，以便灵活地开展教育活动；了解幼儿的兴趣、行为表现，对幼儿进行有针对性的指导；了解活动实施的效果，作为评价活动、改进活动方案的依据。

2. 观察的策略

1）全面观察与重点观察相结合。活动开展过程中教师要关注到所有幼儿和整个活动的进展情况，从中发现需要特别关注的问题、区域，或对幼儿进行重点观察，这样既做到心中有全局，又能进行有针对性的指导和组织。

2）借助工具进行观察。教师没有"三头六臂"，也不可能面面俱到地观察到所有问题，即使观察到有疑问或需要反思的问题，也不一定有时间和机会记录下来，不能进一步反思和研讨。因此，教师在活动中可借助一些工具进行观察，可提前做好便于记录的观察表，可使用录像机或相机进行录像或摄像，可借助录音笔进行录音等。

3）将观察贯彻活动始终，注意每个阶段观察的侧重点。活动开始阶段，主要观察幼儿对活动的兴趣、幼儿参与活动的态度、幼儿活动经验储备以及情绪、行为表现；活动进行阶段，主要观察幼儿之间互动情况、幼儿与环境和材料的互动情况、幼儿活动的困难与行为表现，从而采取进一步策略进行指导；活动结束阶段，主要观察幼儿的活动成果、幼儿的情绪反应、幼儿交流与表达，从而对活动和幼儿进行评价。

（三）提问

1. 提问的意义

提问是教师组织与指导教育活动最常用的一种策略，也是师幼互动的基本形式。提问对活动组织与开展具有积极意义：①可以引发幼儿思考，吸引幼儿注意力；②可以调动幼儿已有的经验，进行迁移性学习；③可以引起幼儿与周围人、物的互动，激发幼儿全身心参与活动；④可以了解幼儿对活动的经验储备、情感态度，利于进行有针对性的活动组织与指导。

2. 提问的策略

1）提问的准确性。教师首先要准确表达提问的问题，便于幼儿理解和交流。因此，教师的问题要有明确的目的和意图，并能采用幼儿理解的方式进行阐释，这样才能保证活动的流畅性和提问目的的实现。

2）提问的启发性。教师的提问应能引起幼儿的思考、反思和进一步的活动，激发幼儿参与的热情。因此，教师的问题要有启发性，是开放性较强的问题，问题的答案不是唯一的、确定的，最好能带来思想的冲突、争辩和碰撞。教师要少问"是不是"、"对不对"、"是什么"这样的问题，多问"有什么"、"怎么样"、"为什么"等问题。

3）提问的层次性。教师的提问要关注到所有幼儿，还要保护幼儿参与活动的兴趣、热情和自尊心。因此，教师的提问应难易适度，注意问题的层次性。在活动过程中，要由浅入深、由易到难，通过问题持续推动活动的深入。同时，教师提问还应关注到不同能力水平的幼儿，为其设计不同层次的问题，简易的问题多让需要特别关照的幼儿回答，较难的问题多让能力强的幼儿回答，还要注意引发幼儿相互研讨回答问题。

4）提问的应答性。教师的提问应有助于激发幼儿活动的兴趣，有助于幼儿经验的获得。教师在教育活动中要激发幼儿主动提问的积极性，培养幼儿提问的能力。对于幼儿提出的问题，教师要予以尊重和重视，给予积极回应，并能将幼儿抛来的"球"有效地抛回去，通过教师追问、反问等形式，引发幼儿深入地思考，自主地探寻问题的答案。

## 本章思考题

1. 幼儿园教育活动的特点是什么？
2. 幼儿园教育活动的意义有哪些？
3. 幼儿园教育活动设计的基本原则有哪些？
4. 幼儿园教育活动设计的步骤与方法是什么？
5. 幼儿园教育活动组织与指导的原则有哪些？
6. 幼儿园教育活动组织与指导的一般策略有哪些？

# 第二章
# 幼儿园健康教育活动的设计与指导

　　幼儿阶段是儿童身体发育和机能发展极为迅速的时期，也是形成安全感和乐观态度的重要阶段。幼儿健康教育应保证幼儿充足的睡眠和适宜的锻炼，创设温馨的人际环境，养成良好的生活与卫生习惯，提高幼儿生活能力和自我保护能力。本章主要从幼儿园健康教育活动的概念、意义、目标、内容、途径，幼儿园健康教育活动设计与指导的原则、方法以及幼儿园健康教育活动设计与指导案例分析等三个方面进行阐述，需要重点掌握幼儿园健康教育活动设计与指导的原则和方法，学会设计与指导幼儿园健康教育活动。

## 第一节　幼儿园健康教育活动概述

### 一、健康与幼儿园健康教育活动的含义

#### （一）健康的含义

　　1946 年世界卫生组织（WHO）成立时在它的宪章中提到了健康概念："健康是一种在身体上，心理上和社会上的完满状态，而不仅仅是没有疾病和虚弱的状态。"它包括三个层次的含义：一是身体健康，即没有疾病，生理状态良好，身体各种器官及其系统的功能正常。二是心理健康，表现为良好的个性、良好的处世能力、良好的人际关系。三是社会健康，即对周围环境、社会生活的各个方面都能很好地适应。综上所述，健康不仅指没有疾病或病痛，而是一种身体上、精神上和社会上的完全良好状态。也就是说健康的人要有强壮的体魄和乐观向上的精神状态，并能与其所处的社会及自然环境保持协调的关系，有良好的心理素质。

#### （二）幼儿园健康教育的概念

　　幼儿园健康教育是指在幼儿园中，根据幼儿身心发展特点，以提高幼儿健康认识，改善幼儿健康态度，培养幼儿健康行为，维护和促进幼儿健康为核心目标而开展的有组织，有计划，有目的的一系列教育活动，它的关键是幼儿形成健康的行为。从内容上讲，包括六个方面：日常健康行为教育，饮食营养教育，身体生长教育，安全生活教育，体育锻炼教育，心理健康教育。

### （三）幼儿园健康教育活动的含义

幼儿园的教育活动是通过幼儿学习活动的五个领域，即健康、社会、科学、语言，艺术的具体教育活动的实施而得以实现的。因此，幼儿园健康教育活动是幼儿园教育活动的下位概念。

幼儿园健康教育活动是指以保护和促进幼儿的健康为主要目标，以身体锻炼和身体保健的有关知识、技能为主要内容而实施的多种形式的教育过程。它是幼儿园教育活动的重要组成部分。

## 二、幼儿园健康教育的意义

《纲要》明确提出："幼儿园必须把保护幼儿的生命和促进幼儿健康放在工作的首位。"为此，我们必须高度重视将促进幼儿的健康视为直接目的的幼儿健康教育，切实贯彻《纲要》的幼儿健康教育思想。

### （一）幼儿期是人身心发展的关键时期，对幼儿进行健康教育十分必要

幼儿身体器官、系统的发育和功能尚未完善，自我保护的意识和对疾病的抵抗能力较弱，对环境的变化非常敏感，容易受到各种伤害。因此，他们不仅需要成人的精心照料，同时也需要主动参与一些力所能及的健康活动。在接受健康教育的过程中，幼儿能够学到许多健康知识，改变自己对健康的态度，形成有利于自身和他人健康的行为。

### （二）幼儿园健康教育将为幼儿一生的健康和生活奠定良好的基础

健全的心智寓于健全的身体。幼儿健康教育是终身健康教育的基础阶段，幼儿时期的健康不仅能提高幼儿期的生命质量，而且为一生的健康赢得了时间。所以说，对幼儿进行健康教育，培养其健康的生活理念和生活方式，对提高他们一生的生活质量和生命质量是十分必要的。

### （三）幼儿健康教育是对幼儿进行全面素质教育的重要组成部分

幼儿的身心健康是其全面和谐发展的基本条件，是智能素质、品德素质和审美素质的基础。幼儿健康教育在促进幼儿身体健康发育的同时，对幼儿道德的发展也有着积极的影响。丰富多彩的健康教育活动不仅能够满足幼儿活泼好动的心理需要，同时也能改变幼儿的某些不良习惯。

### （四）幼儿的身心健康是国家、民族发展的需要

《中共中央国务院关于深化教育改革，全面推进素质教育的决定》指出："健康的体魄是青少年为祖国和人民服务的基本前提，是中华民族旺盛生命力的体现。"一个国家的未来是由青少年的素质和竞争实力所决定的，因此，幼儿的健康是提高人口素质、民族素质的重要保证。只有个体的身心健康，才能促进整个社会的健康发展，才能建设强大而繁荣的国家。

## 三、幼儿园健康教育的目标

### （一）幼儿园健康教育总目标

《纲要》明确指出幼儿园健康教育的目标为：身体健康，在集体生活中情绪安定、愉快；生活、卫生习惯良好，有基本的生活自理能力；知道必要的安全保健常识，学习保护自己；喜欢参加体育活动，动作协调、灵活。

### （二）健康教育各年龄阶段目标

《指南》中关于幼儿园健康教育各年龄阶段的目标是：

1. 身心状况（见表 2-1～表 2-3）

**表 2-1　目标 1　具有健康的体态**

| 3～4 岁 | 4～5 岁 | 5～6 岁 |
| --- | --- | --- |
| 1. 身高和体重适宜。参考标准：<br>　男孩：身高：94.9～111.7cm<br>　体重：12.7～21.2kg<br>　女孩：身高：94.1～111.3cm<br>　体重：12.3～21.5kg<br>2. 在提醒下能自然坐直、站直 | 1. 身高和体重适宜。参考标准：<br>　男孩：身高：100.7～119.2cm<br>　体重：14.1～24.2kg<br>　女孩：身高：99.9～118.9cm<br>　体重：13.7～24.9kg<br>2. 在提醒下能保持正确的站、坐和行走姿势 | 1. 身高和体重适宜。参考标准：<br>　男孩：身高：106.1～125.8cm<br>　体重：15.9～27.1kg<br>　女孩：身高：104.9～125.4cm<br>　体重：15.3～27.8kg<br>2. 经常保持正确的站、坐和行走姿势 |

注：身高和体重数据来源：《2006 年世界卫生组织儿童生长标准》4～6 周岁儿童身高和体重的参考数据。

**表 2-2　目标 2　情绪安定愉快**

| 3～4 岁 | 4～5 岁 | 5～6 岁 |
| --- | --- | --- |
| 1. 情绪比较稳定，很少因一点小事哭闹不止<br>2. 有比较强烈的情绪反应时，能在成人的安抚下逐渐平静下来 | 1. 经常保持愉快的情绪，不高兴时能较快缓解<br>2. 有比较强烈的情绪反应时，能在成人提醒下逐渐平静下来<br>3. 愿意把自己的情绪告诉亲近的人，一起分享快乐或求得安慰 | 1. 经常保持愉快的情绪。知道引起自己某种情绪的原因，并努力缓解<br>2. 表达情绪的方式比较适度，不乱发脾气<br>3. 能随着活动的需要转换情绪和注意 |

**表 2-3　目标 3　具有一定的适应能力**

| 3～4 岁 | 4～5 岁 | 5～6 岁 |
| --- | --- | --- |
| 1. 能在较热或较冷的户外环境中活动<br>2. 换新环境时情绪能较快稳定，睡眠、饮食基本正常<br>3. 在帮助下能较快适应集体生活 | 1. 能在较热或较冷的户外环境中连续活动半小时左右<br>2. 换新环境时较少出现身体不适<br>3. 能较快适应人际环境中发生的变化，如换了新老师能较快适应 | 1. 能在较热或较冷的户外环境中连续活动半小时以上<br>2. 天气变化时较少感冒，能适应车、船等交通工具造成的轻微颠簸<br>3. 能较快融入新的人际关系环境，如换了新的幼儿园或班级能较快适应 |

## 2. 动作发展（见表 2-4～表 2-6）

### 表 2-4　目标 1　具有一定的平衡能力，动作协调、灵敏

| 3～4 岁 | 4～5 岁 | 5～6 岁 |
|---|---|---|
| 1. 能沿地面直线或在较窄的低矮物体上走一段距离<br>2. 能双脚灵活交替上下楼梯<br>3. 能身体平稳地双脚连续向前跳<br>4. 分散跑时能躲避他人的碰撞<br>5. 能双手向上抛球 | 1. 能在较窄的低矮物体上平稳地走一段距离<br>2. 能以匍匐、膝盖悬空等多种方式钻爬<br>3. 能助跑跨跳过一定距离，或助跑跨跳过一定高度的物体<br>4. 能与他人玩追逐、躲闪跑的游戏<br>5. 能连续自抛自接球 | 1. 能在斜坡、荡桥和有一定间隔的物体上较平稳地行走<br>2. 能手脚并用的方式安全地爬攀登架、网等<br>3. 能连续跳绳<br>4. 能躲避他人滚过来的球或扔过来的沙包<br>5. 能连续拍球 |

### 表 2-5　目标 2　具有一定的力量和耐力

| 3～4 岁 | 4～5 岁 | 5～6 岁 |
|---|---|---|
| 1. 能双手抓杠悬空吊起 10 秒左右<br>2. 能单手将沙包向前投掷 2m 左右<br>3. 能单脚连续向前跳 2m 左右<br>4. 能快跑 15m 左右<br>5. 能行走 1km 左右（途中可适当停歇） | 1. 能双手抓杠悬空吊起 15 秒左右<br>2. 能单手将沙包向前投掷 4m 左右<br>3. 能单脚连续向前跳 5m 左右<br>4. 能快跑 20m 左右<br>5. 能连续行走 1.5km 左右（途中可适当停歇） | 1. 能双手抓杠悬空吊起 20 秒左右<br>2. 能单手将沙包向前投掷 5m 左右<br>3. 能单脚连续向前跳 8m 左右<br>4. 能快跑 25m 左右<br>5. 能连续行走 1.5km 以上（途中可适当停歇） |

### 表 2-6　目标 3　手的动作灵活协调

| 3～4 岁 | 4～5 岁 | 5～6 岁 |
|---|---|---|
| 1. 能用笔涂涂画画<br>2. 能熟练地用勺子吃饭<br>3. 能用剪刀沿直线剪，边线基本吻合 | 1. 能沿边线较直地画出简单图形，或能边线基本对齐地折纸<br>2. 会用筷子吃饭<br>3. 能沿轮廓线剪出由直线构成的简单图形，边线吻合 | 1. 能根据需要画出图形，线条基本平滑<br>2. 能熟练使用筷子<br>3. 能沿轮廓线剪出由曲线构成的简单图形，边线吻合且平滑<br>4. 能使用简单的劳动工具或用具 |

## 3. 生活习惯与生活能力（见表 2-7～表 2-9）

### 表 2-7　目标 1　具有良好的生活与卫生习惯

| 3～4 岁 | 4～5 岁 | 5～6 岁 |
|---|---|---|
| 1. 在提醒下，按时睡觉和起床，并能坚持午睡<br>2. 喜欢参加体育活动<br>3. 在引导下，不偏食、挑食。喜欢吃瓜果、蔬菜等新鲜食品<br>4. 愿意饮用白开水，不贪喝饮料<br>5. 不用脏手揉眼睛，连续看电视等不超过 15 分钟<br>6. 在提醒下，每天早晚刷牙、饭前便后洗手 | 1. 每天按时睡觉和起床，并能坚持午睡<br>2. 喜欢参加体育活动<br>3. 不偏食、挑食，不暴饮暴食。喜欢吃瓜果、蔬菜等新鲜食品<br>4. 常喝白开水，不贪喝饮料<br>5. 知道保护眼睛，不在光线过强或过暗的地方看书，连续看电视不超过 20 分钟<br>6. 每天早晚刷牙、饭前便后洗手，方法基本正确 | 1. 养成每天按时睡觉和起床的习惯<br>2. 能主动参加体育活动<br>3. 吃东西时细嚼慢咽<br>4. 主动饮用白开水，不贪喝饮料<br>5. 主动保护眼睛。不在光线过强或过暗的地方看书，连续看电视等不超过 30 分钟<br>6. 每天早晚主动刷牙，饭前便后主动洗手，方法正确 |

表 2-8　目标 2　具有基本的生活自理能力

| 3～4 岁 | 4～5 岁 | 5～6 岁 |
|---|---|---|
| 1. 在帮助下能穿脱衣服或鞋袜<br>2. 能将玩具和图书放回原处 | 1. 能自己穿脱衣服、鞋袜、扣纽扣<br>2. 能整理自己的物品 | 1. 能知道根据冷热增减衣服<br>2. 会自己系鞋带<br>3. 能按类别整理好自己的物品 |

表 2-9　目标 3　具备基本的安全知识和自我保护能力

| 3～4 岁 | 4～5 岁 | 5～6 岁 |
|---|---|---|
| 1. 不吃陌生人给的东西，不跟陌生人走<br>2. 在提醒下能注意安全，不做危险的事<br>3. 在公共场所走失时，能向警察或有关人员说出自己和家长的名字、电话号码等简单信息 | 1. 知道在公共场合不远离成人的视线单独活动<br>2. 认识常见的安全标志，能遵守安全规则<br>3. 运动时能主动躲避危险<br>4. 知道简单的求助方式 | 1. 未经大人允许不给陌生人开门<br>2. 能自觉遵守基本的安全规则和交通规则<br>3. 运动时能注意安全，不给他人造成危险<br>4. 知道一些基本的防灾知识 |

## 四、幼儿园健康教育的内容

### （一）总体内容

《纲要》规定的幼儿园健康教育内容、要求包括如下七个方面：①建立良好的师生、同伴关系，让幼儿在集体生活中感到温暖，心情愉快，形成安全感、信赖感；②与家长配合，根据幼儿的需要建立科学的生活常规。培养幼儿良好的饮食、睡眠、盥洗、排泄等生活习惯和生活自理能力；③教育幼儿爱清洁、讲卫生，注意保持个人和生活场所的整洁和卫生；④密切结合幼儿的生活进行安全、营养和保健教育，提高幼儿的自我保护意识和能力；⑤开展丰富多彩的户外游戏和体育活动，培养幼儿参加体育活动的兴趣和习惯，增强体质，提高对环境的适应能力；⑥用幼儿感兴趣的方式发展基本动作，提高动作的协调性、灵活性；⑦在体育活动中，培养幼儿坚强、勇敢、不怕困难的意志品质和主动、乐观、合作的态度。

### （二）具体内容

在现代的"生理—心理—社会"医学模式的指导下，幼儿园健康教育的内容可以概括为身体健康和心理健康两大方面。

**1. 身体健康方面**

**（1）生活常规教育**

学习有规律的生活的基本常识，能自觉遵守作息时间和生活制度。学习生活的基本技能，培养生活自理能力，包括吃饭、穿衣、刷牙、洗脸、收拾玩具书本、铺床等生活技能。培养良好的生活卫生习惯，卫生习惯包括饭前便后洗手，勤洗手脸，定时排便，不乱扔垃圾，爱护公共卫生等，生活习惯包括讲文明、讲礼貌、不玩水、不浪费水等，形成规范的生活行为和习惯。

（2）生长发育教育

认识人体主要器官的形态、结构特点，欣赏健康人体的外部特征，如器官的数量、身体的高矮、结构的对称性等。探索身体的奥妙，开展如心跳的感觉、换牙的感受等活动，探索机体的秘密。学习保护身体、维护健康的方法与技能，进行异物入体的预防方法、视力保护的要求等的学习。观察身体由小到大的变化，体验身体功能的完善。接受健康的早期性启蒙教育。

（3）饮食与营养教育

情绪愉快，愿意独立进餐。认识常见食物，平衡和合理膳食，知道应该食用各种食物，不偏食，不挑食，不过食，尤其要知道多吃富有粗纤维的蔬菜等食物；少吃零食，主动饮水。进餐习惯良好（饭前洗手、进食定时定量、正确使用餐具、保持桌面和地面清洁、不乱吃零食和过多饮用冷饮，进餐时细嚼慢咽、不边吃边说笑等）。

（4）安全生活教育

了解及遵守日常生活中的安全常识与规则，过马路、乘坐交通工具、玩大型运动器械时能注意安全。认识有关的安全标志，遵守交通规则，初步形成自我保护意识。了解对付意外事故和伤害（如火灾、雷击、地震、台风、异物入体、走失等）的常识，具有基本的求生技能，知道初步的自救和向成人求救的方法。有积极探索生命现象的兴趣，认识身体外形和人体的一些主要器官及其功能，保护五官，爱牙、护牙，注意用眼卫生，不将异物塞入耳鼻内等。初步了解身心疾病和缺陷的预防知识，能愉快地接受身体健康检查和预防接种，积极配合疾病预防与治疗，知道快乐有益于健康。

（5）体育锻炼教育

基本动作和游戏：基本动作包括走步、跑步、跳跃、投掷、攀登、钻爬等练习；游戏包括走、跑、跳、投掷和钻爬游戏，力量的游戏，灵敏性游戏，速度游戏和平衡力游戏等。

基本体操和队列队形：包括徒手体操，器械体操，队列队形练习以及表演性基本体操。

器械类活动和游戏：包括大中型固定性运动器械与游戏，如用滑梯、攀登架、游泳池进行的游戏；中小型可移动运动器械与游戏，如用轮子、垫子、小车进行的游戏；手持的小型运动器械与游戏，如用球、沙袋进行的游戏等。

2．心理健康教育

幼儿心理健康教育的内容具体表现为以下几个方面：

（1）爱的教育

爱的教育是幼儿心理健康教育的基本内容。具体包括让幼儿获得安全感、满足感和幸福感，让幼儿体验得到爱的满足和爱别人的快乐，逐步懂得去关心和爱护周围的人。

（2）探索周围世界的教育

幼儿是在与周围的世界不断交互作用中逐步获得丰富的情感体验的，因此，幼儿园可以通过多角度、多方位环境的设立，让幼儿从观察中接触、了解自己与世界的关系，促进幼儿多种经验的获得，发展幼儿的探索精神，从而形成健康的心理素质。

（3）积极自我意识的教育

积极的自我意识是幼儿健康心理教育的核心内容。幼儿对自己积极的认识最早来源于成人的尊重、认可和夸奖。因此，在日常生活中，幼儿教师要学会寻找每个幼儿的闪光点，恰如其分地以肯定的语气鼓励孩子的进步，让幼儿体验成功，形成良好的自我价值和成就感。

（4）自主自理的教育

自理能力和自主意识也是幼儿心理健康教育的重要内容。在日常生活管理中，包括吃饭、穿衣、睡觉等，幼儿教师要帮助、鼓励幼儿自己克服困难，学会自理。在教育活动中，要鼓励幼儿独立思考，敢于发表自己的意见和想法，注意引导幼儿让他自己得出结论。

（5）人际交往的教育

人际交往的教育对于幼儿健康心理的培养起着举足轻重的作用。具体内容包括：让幼儿学习一些语言或非语言的交往方法，丰富幼儿交往策略；为幼儿创设交往环境，提供交往机会；以开放式教育拓宽交往空间，将人际环境延伸到家庭和幼儿园外的社区等，以巩固幼儿的交往技巧，发展幼儿礼貌待人、主动交往、友好协商、谦让合作的技能。

（6）习惯养成的教育

幼儿的心理健康与良好行为习惯密切相关。习惯养成教育内容具体包括：科学、规律的日常生活习惯；良好的个人卫生习惯；必要的安全、营养和保健教育；丰富多彩的户外游戏和体育活动等。

（7）性的教育

研究表明，3～6岁是幼儿的性别意识发生、发展的关键期。幼儿早期形成的性概念和性准则，将影响其成年后的性观念和性行为的形成，从而影响心理健康。因此，从小进行性教育，使幼儿懂得性别差异和性角色，知道一些简单的性知识，纠正不良的性行为习惯是非常必要的。

## 五、幼儿园健康教育的原则

### （一）主体性原则

实施幼儿健康教育，无论是目标的制定，内容的选择，还是方法的运用，均应体现出以幼儿为本，幼儿为主体的思想，并以此为依据开展各项保育教育活动，通过作用于幼儿的适宜活动对其产生实质性的影响，从而使其在快乐体验中自然获得一定的知识和技能，真正实现身心的健康发展。

### （二）发展性原则

幼儿是全方位不断发展的有机整体，有巨大的发展潜能。开展幼儿健康教育，既要为孩子的现实发展负责，同时更要为孩子的可持续发展和终生发展担负责任，不能只顾眼前学到了什么或眼前是否快乐。

### （三）整合性原则

在开展幼儿健康教育时，应该具有整合的观念，切不可人为地割裂有益于幼儿发展的整体经验。一方面，幼儿健康教育应溶于幼儿的每日活动中，持之以恒，在生活中自然渗透健康教育理念，逐步实施健康教育策略。另一方面，可以在本领域内整合幼儿健康教育的课程，也可以与其他领域进行整合和渗透，实施幼儿健康教育，更好地促进幼儿发展。

### （四）全方位原则

幼儿园健康教育应该取得家庭的积极配合、支持，努力创设和利用家庭环境。此外，成功的幼儿健康教育应该开展幼儿园、家庭和社区一体化教育，三者相互协调、相互补充，全方位促进幼儿的身心健康发展。

### （五）多样化原则

幼儿园健康教育活动应选择丰富多彩的内容，灵活运用多种途径、多种组织形式和方法来进行，相互补充，相互配合，灵活运用，才能实现幼儿健康教育的目标。

幼儿园健康教育除了应遵循上述活动原则外，还应遵循幼儿园教育活动设计与指导的一般原则。只有将两者有机结合起来，才能更好地实现幼儿园健康教育的目标。

## 六、幼儿园健康教育的方法

幼儿园开展健康教育常用的方法有以下七种。

### （一）讲解、示范法

讲解法、示范法是组织、实施幼儿园健康活动最常用的方法。讲解法是指教师用语言向幼儿传授健康知识、技能，组织教学和进行思想教育的一种方法。示范法是指教师以个体（教师或幼儿）的动作为范例，使幼儿看到所要练习和掌握的动作或技能的具体形象、结构和完成的先后顺序等。

### （二）行为实践法

行为实践法是指让幼儿将获得的知识和形成的态度在具体实践中加深理解和掌握并转化为稳定的、良好的健康行为习惯的一种方法。

### （三）感知体验法

感知体验法是指幼儿凭借自身的感觉器官和实际行动来认识、判别事物，进而加深对事物的印象并逐渐形成正确的健康态度及良好的健康行为的一种方法。

### （四）情境表演法

情境表演法是指让幼儿就特定的生活情境加以表演，体验和体会生活中的不同角色在一定情景中遇到的问题和冲突，并让幼儿做出合乎社会规范的行为反应，使之形成健康态度及行为的方法。

### （五）讨论评议法

讨论评议法是指在幼儿园教育实践中，对部分不便于操作或演示的教育内容进行分析、讨论、评议，为幼儿提出问题、发表意见以及与他人交流思想和情感提供机会，使幼儿积极地参与健康教育的过程，感知他人的处境和内心体验，让幼儿自觉产生相应的健康行为方式的一种方法。

### （六）游戏法

游戏法强调的是过程和儿童自主的活动。通过做各种游戏，使幼儿在没有负担、没有压力、轻松愉快的气氛中自然获得健康教育的基础知识，促进幼儿身体、个性及智力的全面发展。

### （七）参观访问法

参观访问法是指通过有计划、有组织地带领幼儿到有关农作物园、食品加工厂、农贸市场、水族宫等与健康有关的部门参观访问，使幼儿得到启发，巩固所学的健康知识和技能，丰富实际生活的经验，使教育活动变得生动有趣的一种方法。

## 七、幼儿园健康教育实施的主要途径

在幼儿园健康教育目标达成的过程中，我们必须关注幼儿园健康教育的实施途径，既要了解健康教育自身的特点，同时也要兼顾它与其他教育在内容和形式上的融合。

### （一）幼儿园的教育活动

#### 1. 幼儿园的健康教育活动

幼儿园的健康教育活动即传统的健康课，是指幼儿园教师专门为幼儿设计并组织的、以维护和促进幼儿身心健康为目的的教育活动。对于幼儿不容易理解的健康教育内容，不便于掌握或者需要经过系统练习的行为技能等，就要通过专门设计的健康教育活动来实现。它通常是围绕某一个健康主题而开展的，这些健康主题主要涉及幼儿的卫生教育、生活教育、安全教育、身体锻炼、心理健康教育等方面。

#### 2. 与幼儿园其他教育领域的融合

实施健康教育，在幼儿园中需要做到健康教育与其他领域教育的渗透与融合。幼儿园的教育实践证明，幼儿健康知识的学习过程、健康态度的转变过程以及健康行为的形成过程，都离不开各领域特有的教育形式的密切配合。

### （二）家庭的教育活动

幼儿健康意识以及健康行为的获得与形成，仅仅依靠有限的幼儿园教育活动是无法达到目标要求的，它是一个漫长的、循序渐进的过程。因此，教师还应注意家庭教育活动对幼儿的健康指导与帮助。系统的、有计划的幼儿园健康教育活动与渗透在日常生活中的家庭教育有机地结合起来，可以相互补充、相互促进。

### （三）社会的健康教育活动

社会的健康教育活动可以从以下几方面着手：第一，加强妇幼保健工作中的宣传导向，科学确定教师及家长进行幼儿健康教育活动的内容；第二，加大社会健康教育的投入，建立配套的健康教育场所，缓解幼儿健康教育设施的不足；第三，举办社会健康教育活动节，扩大健康教育的组织形式，大力开展社区健康教育活动，特别是有幼儿参与的以家庭为单位的健康教育活动；第四，充分利用专业健康教育机构、医疗卫生机构、多种宣传和媒体、各类社会团体、街道和社区等方面的资源，争取各种力量的参与和配合，以发挥各自的优势和特点，使幼儿的健康教育取得良好的效果。

## 第二节　幼儿园健康教育活动设计与指导的策略

　　幼儿园教育活动设计作为一门学科，具有一个结构化的理论和实践系统，这一系统中包括了对幼儿学习方法、条件、经验、情境、资源的开发与研究。幼儿园健康教育活动设计则是它的下位学科。在对这一结构体系展开深入的论述之前，我们有必要首先来讨论和明确一些相关的概念。

### 一、幼儿园健康教育活动设计与指导的内涵

#### （一）设计的含义

　　设计是指在创造某种具有实际效用的新事物或者解决新问题之前所进行的探究式的系统计划过程，是一个分析与综合的深思熟虑的精心规划过程。它注重的是规划和组织，也就是说，设计的过程是独立于实施的过程之前的，它着重对计划对象进行安排和规划，找出相关因素和可能影响的条件，并对其进行控制。

#### （二）幼儿园健康教育活动设计的含义

　　幼儿园健康教育活动设计就是幼儿教师为了完成一定的健康教育任务，在进行了一定的活动背景分析基础上，创造性地对幼儿园健康教育活动的目标、内容、实施策略、评价方法进行思考和构建的一个完整的过程。它是在一定的学习理论和教学理论指导下对健康教育活动的系统规划过程。

　　从根本上说，幼儿园健康教育活动设计是实施幼儿园健康教育活动的前提条件，它是依据幼儿园健康教育的目标，选择合适的教育内容，在一定的时空内对幼儿施加影响的方案。它不仅可以帮助幼儿学习，促进幼儿发展，还可以引发教师思考，选择行为策略，从而优化活动过程，提高活动效果。

#### （三）幼儿园健康教育活动的指导

　　《纲要》中对幼儿园健康教育活动的开展提出了具体的指导意见：①幼儿园必须把保护幼儿的生命和促进幼儿的健康放在工作的首位。树立正确的健康观念，在重视幼儿身体健康的同时，要高度重视幼儿的心理健康。②既要高度重视和满足幼儿受保护、受照顾的需要，又要尊重和满足他们不断增长的独立要求，避免过度保护和包办代替，鼓励并指导幼儿自理、自立的尝试。③健康领域的活动要充分尊重幼儿生长发育的规律，

严禁以任何名义进行有损幼儿健康的比赛、表演或训练等。④培养幼儿对体育活动的兴趣是幼儿园体育的重要目标，要根据幼儿的特点组织生动有趣、形式多样的体育活动，吸引幼儿主动参与。以上有关幼儿园健康教育活动的指导不仅涉及了教师的教育观念，教育活动计划及设计，教学方法策略，还涉及了对幼儿学习与活动的评价等诸多问题。

## 二、幼儿园健康教育活动设计与指导的基本要求

幼儿园健康教育活动设计与指导的基本要求与其他领域活动设计与指导基本一致，一般包括活动名称、活动目标、活动准备、活动内容、活动过程、活动形式、活动方法、活动评价等。

### （一）活动名称主题鲜明

活动名称是一个教育活动的主题体现，如体育活动"闯关夺宝"，营养教育活动"蔬菜王国"等。

### （二）活动目标难易适中

设计具体健康教育活动时，目标的确定应该结合本班幼儿的年龄特点、发展水平，要难易适中；活动目标表述方式要一致，突出活动的重点，要有针对性。

### （三）活动准备全面充分

全面充分的准备一般包括：教师的知识、能力、心理的准备，幼儿的知识经验及心理准备，物质资料（玩具、教具）的准备，幼儿园环境资源的准备等。另外，活动准备应根据季节、天气选择安全卫生、光线适宜的活动场所，需要时画好场地；幼儿还应做好活动前的如厕、着装检查等准备。

### （四）活动内容全面科学

首先，健康教育活动的内容涵盖面要广，要全面，应以健康为核心，由保健教育、安全教育、生活教育、心理健康教育、体育锻炼几部分内容组成。其次，活动内容应准确、明了，符合科学规律，要符合幼儿的特点和需要，有的放矢地进行教育。

### （五）活动过程自然流畅

活动过程包括导入、展开、结束、延伸等环节。

### （六）活动形式灵活多样

活动形式应根据不同的教育内容，针对幼儿的不同特点，合理地利用各种环境资源，采用灵活多样的形式，为幼儿提供充分的主动活动的机会，促进每个幼儿在不同程度上的发展。

### （七）活动方法丰富多彩

幼儿健康教育活动的设计要根据健康教育的目标、内容，以及幼儿的年龄特点、身

心特点和发展水平，灵活选择多样的教学方法，如游戏法、动作与行为练习法、讨论法、情境表演法、感知体验法、模拟训练法、实验法、讲解示范法等，并在实践活动中不断探索和创新方法。

### （八）活动评价客观全面

教师对活动的目标、内容、过程、形式、方法运用、语言表达、教具使用、幼儿参与活动的态度以及整体活动效果等应该有深刻的反思及客观公正的评价，以便在今后活动中不断改进和提高，达到评价促进教育活动改革和提高活动质量的目的。

## 三、幼儿园健康教育活动设计与指导的基本原则

幼儿园健康教育活动设计与指导的原则是设计与指导幼儿园健康教育活动的基本准则。它是根据幼儿园健康教育活动的目的、任务和幼儿的年龄特点制定的，是幼儿教师长期健康教育经验的总结，是评价幼儿园健康教育活动的依据，对幼儿园健康教育活动的设计具有指导意义。

### （一）系统性原则

幼儿园健康教育活动设计是一项系统工程，它需要教师根据儿童的特点和发展确定健康教育活动的主题，设计活动目标，选择活动内容、教育活动形式、方法，考虑教育活动需做的准备和活动过程的安排、教育活动效果的评价与反馈等。

### （二）程序性原则

幼儿园健康教育必须根据儿童认识发展的规律、知识的逻辑顺序和教育活动规律，设计好教育活动的程序，让健康教育活动有序地进行，进而循序渐进地促进幼儿的健康发展。

### （三）经济性原则

幼儿园健康教育活动的设计，要充分考虑活动的效率，努力追求以最少的付出（包括教师、幼儿、财力、物力等的付出）来获得最佳的教育效果。因此，幼儿园健康教育活动设计要充分挖掘生活中各种教育资源，注重合理地运用。

### （四）可行性原则

幼儿园健康教育活动的顺利开展，需要许多主客观条件来保证。教师必须根据实际具备的和经过努力可以具备的条件来进行教育活动设计，使健康教育活动有开展和取得预期成果的可能。

### （五）整合性原则

整合性原则要求在设计幼儿园健康教育活动时，应该具有整合的观念，不可人为地割裂有益于幼儿发展的整体性经验。

总的来说，幼儿园健康教育活动设计的原则包括：所计划的教育活动的程度尽可能

与儿童的发展水平相当,所计划的教育活动的次序尽可能与儿童的发展程序相接近,所计划的教育活动尽可能与个体和群体幼儿的需要相互符合。

## 四、幼儿园健康教育活动设计与指导的方法和策略

教师在健康教育活动设计与指导中所采用的方法和策略是直接影响活动质量和幼儿健康发展的重要因素,同时也是衡量教师教育教学能力的重要指标之一。这里我们主要讨论教师在健康教育活动设计及指导过程中采用的常见方法和一般性策略。

### (一)幼儿园健康教育活动设计的方法

幼儿园健康教育活动设计方法可以划分为预先设计法、临时设计法和反思设计法。

#### 1. 预先设计法

预先设计法是幼儿园教师在开展健康教育活动之前对活动进行预先设计的一种方法。教师需要事先做好活动设计,即分析幼儿当前的发展特点、能力经验和需要,结合教育目标的要求,选择适当的教育内容和方法,设想活动的步骤、可能出现的问题以及解决方法,写出活动计划等。预先设计法能加强教育工作的目的性和科学性,保证教育活动的顺利进行。

#### 2. 临时设计法

临时设计法是幼儿园教师在开展健康教育活动过程中根据幼儿活动的情况灵活地调整原有设计的一种方法。幼儿园的健康教育活动充满了的创造性。因此,教师在开展活动时不能机械地照搬原有的计划,而应观察幼儿的活动情况,针对幼儿活动中出现的问题和现象,随时调整计划,进行临时设计。临时设计法能尊重幼儿活动的主体性,使活动更能满足幼儿的兴趣和需要。

#### 3. 反思设计法

反思设计法是幼儿园教师在开展健康教育活动之后,对活动效果进行反思、研究,针对不足提出修改方案,为下次活动的实施做好准备的一种方法。在活动结束之后,教师应对自身在组织教育活动中的行为及幼儿在活动中的反应进行分析思考,及时对原有计划进行修改和补充。因此,反思设计法有助于提高活动质量。

### (二)幼儿园健康教育活动指导的策略

幼儿园健康教育活动指导的策略主要包括观察策略和互动策略。

#### 1. 观察策略

观察策略是指教师在对正常的健康教育活动情景进行观察时,为有效促进幼儿的发展所采取的具体行动和方法。

在健康教育活动中,教师通过观察,不仅可以获得对幼儿各方面状况的认识与了解,还可以获得来自于活动中的最具体、最真实、最充分的信息,进而进一步对活动进行思考、调整及设计。

在健康教育活动的实施中，教师观察策略的运用既是经常的也是多样的，针对不同的活动对象、活动内容和活动形式，观察的目的和实施不尽相同。

#### 2. 互动策略

从严格意义上说，幼儿园健康教育活动中存在着两种人际互动，一种是师生互动，另一种是幼儿之间的互动交往。在这两种互动中，师幼互动更为重要，师幼互动的质量直接决定着幼儿之间的互动频率和质量。师幼互动策略是指教师在应对师幼互动关系情境时，为有效促进幼儿的发展所采取的具体行动和方法。

### 五、幼儿园健康教育活动中活动目标的设计与指导

#### （一）确定幼儿园健康教育活动目标的依据

##### 1. 幼儿身心发展特点是根本依据

幼儿园健康教育活动目标的确定应该依据幼儿群体发展的一般规律及个体发展的特殊规律。教育者必须明确不同年龄阶段幼儿身心发展的特点以及同一年龄阶段幼儿身心发展的特点及其差异性；同时也应明确，即使是同一幼儿，其不同时期的生长发育速度也是不一致的。

##### 2. 幼儿教育和健康教育的总目标是直接依据

幼儿园健康教育活动的对象是幼儿，其涉足的领域主要是幼儿的健康发展，因此幼儿园健康教育活动的目标必须遵循幼儿教育的总目标和健康教育领域目标。1996年颁布的《幼儿园工作规程》提出了我国幼儿园教育的目标：①促进幼儿身体正常发育和机能的协调发展，增强体质，培养良好的生活习惯、卫生习惯和参与体育活动的兴趣；②发展幼儿智力，培养正确运用感官和运用语言交往的基本能力，增进对环境的认识，培养有益的兴趣和求知欲望，培养初步的动手能力；③培养诚实、自信、好问、友爱、勇敢、爱护公物、克服困难、讲礼貌、守纪律等良好的品德行为和习惯，以及活泼开朗的性格；④培养幼儿初步的感受美和表现美的情趣和能力。2001年《纲要》又具体提出了幼儿园健康教育的主要目标（详见本章P20～P22）。

##### 3. 社会发展与要求是重要依据

教育总是制约于一定的社会文化历史背景中，一个国家的政治、经济、科学文化等因素构成了影响教育目标制定的客观依据。任何社会都会将造就合乎社会需要的主体作为培养人才的教育目标。当代社会，不仅要求劳动者具有良好的身体素质，而且要求劳动者具有健全的心理素质，这些要求都及时地反映到健康教育的目标中，即关注主体的身体健康和心理健康两个方面。因此，社会发展与要求是确定学前儿童健康教育活动目标的重要依据。

#### （二）幼儿园健康教育活动目标的种类

在幼儿园健康教育活动目标的设计中，依据目标取向的不同，活动目标概括起来主要有三种：行为目标、生成性目标和表现性目标。

### 1. 行为目标

行为目标是以幼儿具体的、可被观察的行为表现来设计的，它指向的是通过健康教育活动儿童所发生的行为变化，目标设计中关注的是可观察到的行为结果。行为目标强调的是目标的客观性、可理解性、可把握性和可操作性，能够使教师更加清楚教学任务，更容易准确判断目标是否达成。行为目标的表述一般有："领会……""理解……""学会……""能够说出……"等等。虽然行为目标对于健康教育活动具有指导作用，但应注意，并不是行为目标越具体越好，应在目标的概括化与具体化之间寻求一个合适的"度"。有时儿童对于健康的态度和情感很难在短时间内以可观察的行为预先确定，所以还需要考虑其他方面，对行为目标予以补充。

### 2. 生成性目标

生成性目标是以幼儿在活动中的表现为基础，在活动过程中生成的目标。目标设计关注的是活动过程，所以，生成性目标也被称为过程目标、展开性目标。生成性目标强调幼儿、教师与教育情境交互作用的过程，注重幼儿在活动中主体性的体现及经验的获得，关注教师创造性地为幼儿提供有助于个体自由发展的学习经验。生成目标的表述一般有："满足……""让幼儿具有……""培养……"等等。与行为目标的具体明确相比，生成性目标在实践中是较难确定的，在一定程度上具有模糊性和不确定性，所以，对教师的专业素养和能力提出了较高要求。

### 3. 表现性目标

表现性目标是以幼儿在活动中的个性化和创造性的表现来设计的目标。目标设计关注的是幼儿表现的多元化，而不是同质性。表现性目标强调每一个幼儿在活动中所具有的个性化的表现，它对幼儿个性的充分展示和发展是非常有益的。表现性目标在一些欣赏活动、艺术创编活动或复杂的智力活动中体现得比较多。目标的表述一般有："讨论……""表达对……"等等。另外，表现性目标对幼儿活动及结果的评价是一种鉴赏式的评议，无法追求结果与预期目标的一一对应关系，因此，它对教师专业素质和能力也有比较高的要求。

总之，在健康教育活动设计中，教师可以从行为目标、生成性目标和表现性目标等不同的取向设计目标。从上述分析可知，不同取向的目标只是从某一特定的角度把握健康教育活动的目标，都有其存在的价值，它们之间并不是相互排斥或对立的，而是相互补充和联系的。

### （三）幼儿园健康教育活动目标的设置策略

幼儿园健康教育活动目标的设置依据是幼儿园健康教育活动的性质。幼儿园健康教育活动的结构化程度是反映幼儿园健康教育活动性质的一个重要指标。幼儿园的健康教育活动更多的是游戏活动和教学活动的不同程度的结合，兼有游戏和教学的成分。

### 1. 高结构化程度幼儿园健康教育活动目标的设置

在设计高结构化程度的幼儿园健康教育活动时，活动设计者往往会采纳行为目标取向。由于相对强调教师的作用，强调让幼儿获得知识和技能，强调教育活动的结果，因此，行为目标表述往往比较明确，比较细化，即通过某个教育活动，幼儿在其行为中反映出的、可被觉察的变化。确定活动目标为行为目标的做法，是一个"自上而下"的过程，是一个先目标后内容的过程（即先确定目标，后选择和组织内容）。

2. 低结构化程度幼儿园健康教育活动目标的设置

在设计低结构化的教育活动时，活动设计者往往会采纳生成性目标取向或表现性目标取向。由于低结构化相对强调幼儿的作用，强调幼儿自身的发展，强调教育活动的过程，因此目标的表述往往比较宽泛，活动目标倾向于允许每个幼儿在不同水平上进行学习，也要求教师充分顾及幼儿之间存在的差异。确定活动目标为生成性或表现性目标的做法，是一个先内容、后目标的过程（即先有活动内容，后确定活动目标；或者先大致确定活动，再根据活动过程调整活动目标）。

## 六、幼儿园健康教育活动中活动内容的设计与指导

### （一）幼儿园健康教育活动内容的特点

#### 1. 广泛性和启蒙性

幼儿园健康教育的内容是广泛的，涉及幼儿所接触的自然环境、社会环境、自身等方方面面。但从幼儿的认识水平和幼儿阶段的教育任务来看，这些健康教育内容又是粗浅的，具有启蒙性。因而，教师要根据幼儿园健康教育的任务和幼儿的年龄特点，选择适合于幼儿身心发展特点的教育活动内容，为进一步发展打下坚实的基础。

#### 2. 综合性和整体性

通过健康教育活动，幼儿不仅学会了有关健康的知识，而且在技能、情感、社会性等各方面都得到了和谐发展。

#### 3. 生活性和生成性

在健康教育活动中，幼儿通过游戏、观察、操作，在形成已有知识经验的基础上，不断拓展其认识范围，生成新的、超出原有教育内容的知识经验，因而活动内容具有突出的生成性。同时，幼儿园健康教育活动内容来源于日常生活，随着幼儿日常生活的丰富，幼儿获得的健康生活经验也在不断丰富和更新。所以，幼儿园健康教育活动内容具有鲜明的生活性。

### （二）幼儿园健康教育活动内容的类别

幼儿园健康教育活动的内容，根据布卢姆教育活动目标分类系统，可分为三种：认知的学习，动作技能的学习和情感态度的学习。

#### 1. 认知的学习

教育心理学家加涅在《学习的条件》中将认知的学习分为三大类：言语信息、智力技能和认知策略。

（1）言语信息

言语信息是指儿童通过学习能记忆事物的名称、符号、地点、时间、定义，以及对事物的描述等具体事实，能够用语言将这些事实表述出来。关于言语信息的教学，教师应注意对各种信息知识加以分类和组织，有顺序、有条理地传授，将有助于儿童的学习和记忆。

（2）智力技能

智力技能是指儿童通过学习获得了使用符号与环境相互作用的能力。这种能力也可以细分为：较简单的辨别技能、形成概念、学会使用规则、高级规则的获得等。智力技能的发展是从简单到复杂，从低级到高级的过程。教学中，教师应循序渐进，帮助儿童从最简单的辨别技能开始，逐步获得其他更高级的智力技能。

（3）认知策略

认知策略是指儿童调节自己的注意、学习、记忆和思维等内部过程的技能。通过认知策略，可以对自己已掌握言语信息和智力技能加以综合思考和运用，从而提出解决问题的高级规则。在教学中，应注重创设问题情境，使儿童在具体的解决问题的过程中，学会反思、调控自己解决问题的方式，逐步获得认知策略。

2. 动作技能的学习

动作技能的学习是与认知学习为基础的，不仅要获得一些简单的外显反应，而且还要掌握关于某一动作技能的相关知识，如动作要领、注意事项等，并在此基础上，不断由简单到复杂加以训练协调。

3. 情感态度的学习

情感态度的学习多是以认知学习和动作技能的学习为基础的，为激发幼儿形成某种情感态度，也需要他们理解其意义和作用，表现出相适应的行为。

总之，认知学习、动作技能的学习和情感态度的学习并不是孤立的，是相互联系、相辅相成的。幼儿园健康教育活动中，教师要学会分析不同学习内容的特点，还要明确它们之间的关系，以全面完成各项教学任务，使儿童知识、技能、情感、态度等各方面都能获得发展。

**（三）幼儿园健康教育活动内容的设置策略**

1. 高结构化程度的幼儿园健康教育活动内容的设置

高结构化程度的幼儿园健康教育活动内容设置强调教育活动内容主要由教材而来。教材是教师选定教育活动内容的主要依据之一。幼儿园健康教育教材虽然种类不同，但无论何种教材一般都能够为教师提供不同的主题素材和活动提示，但教师要把它们真正变为适合幼儿需要、促进幼儿身心健康发展的活动内容，还需要教师的再次筛选、加工和设计。

2. 低结构化程度的幼儿园健康教育活动内容的设置

低结构化程度的幼儿园健康教育活动内容设置强调教育活动内容从幼儿的兴趣而来。健康教育活动内容设计和编选应当以幼儿的兴趣为活动生成的出发点，以幼儿感兴趣的活动主题带动和引导幼儿的发展。这种对"兴趣"的认知应当在活动设计之初就已经深思熟虑，不仅包括活动内容，也包括活动过程应能维持幼儿的兴趣，而兴趣的出发点和立足点都应当是儿童自身的发展。

## 七、幼儿园健康教育活动中活动导入的设计与指导

### （一）幼儿园健康教育活动中活动导入的设计

如何设计妙趣横生又服务于活动目标的导入方式呢？从大量成功的教学艺术实践中，可以归纳出以下几种方法：①教具导入。这种方法以实物、科学教育活动图片、标本等教具引出课题，激发幼儿的学习兴趣。②演示导入。这种方法以演示实验、操作教玩具的方式激发幼儿的好奇心，使幼儿产生要了解演示中出现的各种现象及其产生原因的强烈愿望。③悬念导入。这种方法是结合教育内容设计一些既符合幼儿认知水平，又生动有趣、富有启发性的问题，以造成悬念，使幼儿产生探求事物奥秘的心理。④作品导入。故事、儿歌、谜语等文学作品对幼儿具有特别的吸引力，根据活动的内容和需要，选读与活动内容联系紧密的故事、儿歌、谜语等，引起幼儿的兴趣，引发联想。⑤游戏导入。游戏是幼儿最喜爱的活动，因此在活动开始时，教师不妨用游戏的方式或游戏的口吻创设游戏情境，激发幼儿的活动兴趣。⑥歌曲导入。选取与活动内容有密切联系的歌曲或童谣，让幼儿在活动开始时吟唱，也不失为一种好的导入方法。⑦直接导入。直接运用简洁明快的语言阐明活动的目的和要求，使幼儿明确活动的主要任务；或简要介绍活动中的主要角色、材料，以引起幼儿的注意。

### （二）幼儿园健康教育活动中活动导入的指导

尽管导入方式因活动内容和活动目标的不同而不可能有一个固定的模式，但是各种不同的导入类型在设计和实施中遵循下列原则，才能导之有方。

1）精练。导入本身不是活动的主体，更不是活动的重点，因此时间不宜过长，以1~2分钟为宜。导语力求精练简洁、集中概括，不说空话、废话，不作毫无意义的重复，点到为止，切不可喧宾夺主。

2）巧妙。导入重在引起幼儿的兴趣，有效地调动其活动的积极性，因此导语要依据活动内容力求巧妙、有趣，既能造成悬念，又富有吸引力和艺术感染力。这种魅力很大程度上依赖于教师生动的语言和炽热的情感。

3）准确。要针对活动的内容、特点和幼儿的实际，巧妙地设计导入方法和导语，且语言准确鲜明。概括地讲，导入的基本技巧是：贵在方法之妙，妙在语言之精，精在时间之少。

## 八、幼儿园健康教育活动中活动过程的设计与指导

### （一）幼儿园健康教育活动中活动过程的设计

#### 1. 确定健康教育活动目标

幼儿园健康教育活动目标应包括知识技能、能力以及情感、社会性三方面。活动

目标的确定应注意以下两个方面：首先，活动目标应具体、明确、便于操作。不能太笼统、太抽象，以免在操作过程中及检查活动效果时产生困难。其次，活动目标表述中应突出重点。每一个教育活动都有可能促进幼儿多方面的发展，我们只需要选择其中能代表知识技能和能力发展重点的一两个最重要的方面，在目标中加以表述，避免主次不分。

2. 分析健康教育活动内容

根据布卢姆教育活动目标分类系统，幼儿园健康教育活动内容可分为认知的学习、动作技能的学习和情感态度的学习。分析活动内容应注意以下两个方面：首先，应把握健康教育内容中的重难点，真正做到重点突出，难点突破。其次，要挖掘健康教育内容中有利于促进幼儿发展的因素，保证目标的顺利实现。

3. 确定健康教育活动组织形式

活动组织形式主要包括集体活动、小组活动、个别活动、混合班活动。确定组织形式应注意以下两个方面：首先，应注重每一种组织形式与日常生活中的随机教育相结合，与家庭教育相结合；其次，这些组织形式既可以在一个健康教育活动中综合使用，也可以独立使用。

4. 选择健康教育方法和途径

健康教育方法可分为以下七种：讲解示范法、行为实践法、感知体验法、情境表演法、讨论评议法、游戏法、参观访问法等（详见本章第一节第六部分）。

健康教育的途径可分为以下四种：幼儿园专设的健康教育活动；健康教育与幼儿园其他领域教育的融合；家庭的教育活动；社会的健康教育活动。

选择和使用健康教育方法与途径时应注意以下几个方面的问题：首先，应根据教育目标选择方法与途径；其次，应根据教育内容选择方法与途径；再次，应根据幼儿年龄特点选择方法与途径；然后，应注重多种方法与途径配合使用；最后，选用任何一种方法或途径时，都要注意教师语言的配合。

**（二）幼儿园健康教育活动中活动过程的指导策略**

在幼儿教师指导健康教育活动的过程中，提问和回应是教师最常见的教学方法和指导策略。

1. 提问策略

提问是通过师幼的相互作用，检查学习、促进思维、巩固知识、运用知识、实现教学目标的一种主要方式。教师的提问策略是灵活而多变的，主要包括以下三种提问：启发式提问、发散式提问、层叠式提问。

2. 回应策略

所谓回应，是指教师在与幼儿的"对话"与互动中的一种作为教育者的态度和策略，是教师敏锐地意识到幼儿的需要而及时给予的引导和帮助。一般说来，教师在健康教育活动的组织与指导中，会根据不同的教育活动情境，灵活运用不同的回应策略：重复、反问、提炼。

在幼儿园健康教育活动中，幼儿新的经验和概念的获得离不开对环境材料的感知和体验，也离不开教师的概括和归纳、提炼。也就是说，幼儿的学习和探究总是需要教师的帮助指导和归纳提升的。

## 九、幼儿园健康教育活动中活动结束的设计与指导

### （一）幼儿园健康教育活动中活动结束的设计

#### 1. 活动结束的价值

活动的结束，具有重申所学知识，强调重要事实、概念和理论的作用。精心设计结束，能引导幼儿分析自己的思维过程和方法，检查或自我检测学习效果。另外，布置思考题和练习题，能够促进幼儿对所学知识进行及时复习、巩固和运用，有助于幼儿获得良好的学习成果。

#### 2. 活动结束的方式

在幼儿园进行健康教育活动时，教师应该把握好活动的节奏，让幼儿愉快地结束活动。从大量成功的教学艺术实践中，可以归纳出以下几种常用的方法：①回应法。指结尾与开头相呼应，使整个活动前后连贯，首尾相接，达到完整、圆满的效果。②归纳法。指教师指导幼儿动手动脑，对所获得的知识或技能进行归纳、小结，概括活动的主要内容，以强化重点，加深记忆，便于巩固和运用。③发散法。指就活动的内容、主题或在活动中得出的结论提出问题，鼓励幼儿继续探索，运用发散思维，让幼儿依据想象推断另外的结局，培养丰富的想象力及创造力，还可以提出问题让幼儿进行讨论等。④练习法。练习在活动中往往必不可少，方法多种多样，可以让幼儿完成具体的操作任务，也可以让幼儿进行创造性活动。⑤游戏法。把幼儿在活动中获得的印象融入游戏，使之在幼儿愉快的活动中进一步深化、巩固。⑥延伸法。指在活动结束时，教师有意识地留一定余地，让幼儿对活动内容继续思考和探索，或使现有的活动内容与下一个活动内容发生联系。

### （二）幼儿园健康教育活动中活动结束的指导

不同的健康教育活动，可能结束的方式不一样。完整的教育活动离不开巧妙的结束设计，结束设计应注意以下几个方面：①明确目的。紧扣活动内容，根据活动目标、活动情境及幼儿的认知特点选用恰当的结束方式，使之真正达到目的。②把握时间。把握好活动节奏，让幼儿愉快地结束活动，不拖延时间，也不草率结束。③留有余兴。要能引导幼儿回味，激发幼儿对下一次活动的强烈愿望。④评价中肯。评价包括教师对全班幼儿的集体评价，对某个幼儿的个别评价以及幼儿自我评价和互评。

# 第三节 幼儿园健康教育活动设计与指导案例及评析

## 活动一 牙齿变干净（小班）

**【设计意图】**

1992年9月20日全国爱牙日活动提出了"爱护牙齿，从小做起，从我做起"的号召。然而，幼儿园的孩子在日常生活中大多不太注意个人口腔卫生，有早晚不刷牙的不良卫生习惯，并且多数不会正确刷牙，只是将涂上牙膏的牙刷在嘴里糊弄一下就算了。所以教师有责任及时教会小班幼儿掌握正确的刷牙方法并使其养成良好的刷牙习惯。

**【活动目标】**

1）帮助幼儿认识牙刷、牙膏，使幼儿懂得保持口腔清洁的重要性。

2）使幼儿学会正确的刷牙方法，培养幼儿早晚刷牙、漱口的良好卫生习惯。

3）学会刷牙三字儿歌。

**【活动准备】**

材料准备：漱口杯、一次性牙刷、牙膏、毛巾、黑芝麻糖若干、水盆等，数量与幼儿人数相等；牙齿模型（一个完好的，一个龋齿的）；幼儿园《刷牙》光碟，情景儿歌《刷牙》。

经验准备：向家长了解本班幼儿的龋齿及刷牙情况，一些幼儿已经对刷牙、漱口有了简单认识。

**【活动过程】**

1. 活动导入

教师："小朋友们，我们每天都用牙齿咀嚼东西，包括米饭、肉，各种蔬菜和水果等，那么，牙齿会不会变脏呢？"引导幼儿自由交流讨论。

2. 正式活动阶段

（1）发现问题

1）引导幼儿观察同伴的牙齿，发现牙齿上残留的食物渣滓现象。

教师："牙齿脏了，会有什么害处呢？"

幼儿："会生蛀牙；牙齿会变黄、变黑，不好看；嘴里有臭味，不好闻……"

2）播放幼儿园《刷牙》光碟，让幼儿观看牙齿脏了有哪些害处。

3）小结：残留在牙齿上的食物时间长了就会变质，把我们又白又坚硬的牙齿腐蚀坏（出示龋齿模型），不仅使我们牙疼，而且会影响吃东西。

（2）解决问题

教师："哎呀，牙齿脏了，真可怕！怎样能把牙齿上的食物渣滓清除掉，让牙齿变干净呢？"

1）教师示范漱口，幼儿一起看漱口水，利用脸盆中黑乎乎的残渣激起幼儿漱口的愿望。

2）漱口后相互观察牙齿，发现牙齿上还有一些没有清除的残渣，怎么办呢？

3）认识牙具，学习刷牙方法。①教师利用牙齿模型讲解刷牙的正确方法；②教师示范正确的刷牙方法；③幼儿学习刷牙。

幼儿每人一把一次性牙刷，学习正确的刷牙方法，教师个别辅导。用饮用水进行漱口刷牙。

4）播放《刷牙》三字儿歌：小牙刷，手里拿，早和晚，把牙刷，牙齿亮，口气清，除病菌，不得病。

5）教师小结："从今天开始，小朋友每天晚上睡觉前和早晨起床后都要刷牙，饭后漱口，保护牙齿，保持口腔卫生，比一比哪位小朋友牙齿保护得好。"

【活动结束和延伸】

活动结束：儿童露出自己的牙齿，比一比谁的牙齿更干净，并随儿歌《刷牙》做刷牙律动。

活动延伸：①到社区医院牙科参观；②游戏：我做牙科小医生。幼儿进行角色游戏，表演《我做牙科小医生》，帮助小朋友检查牙齿；③操作：幼儿利用牙齿模型练习刷牙。

【设计评析和具体指导】

该活动将刷牙与健康融为一体，设计合理，目标明确，重难点突出，非常适合小班年龄段的幼儿。教师通过让幼儿互相观察牙齿上的残留食物渣滓现象，同时播放光碟吸引幼儿注意力，自然导入到第一个目标——为什么要刷牙，并由此过渡到第二个目标——刷牙。刷牙的方法既是重点也是难点，所以教师通过利用牙齿模型，教师自身直观而真实的演示，以及播放《刷牙》三字儿歌进行刷牙律动等多样的教学方式使幼儿逐步学习掌握了刷牙方法，从而出色地完成了活动目标。从整个活动过程来看，每个活动环节之间的衔接比较紧凑，过渡较为自然。教学形式多样，幼儿的主动性与参与性得到了较好的发挥，师生间的互动也较为充分。另外，延伸活动中去社区医院参观、角色游戏及牙齿模型不仅能帮助幼儿进一步练习、巩固刷牙的正确方法，还能加深幼儿对活动内容的理解与记忆。

## 活动二　蔬菜大会餐（中班）

【设计意图】

合理充分的营养是保证幼儿身心健康的重要基础。树立正确的营养观念，养成良好的饮食卫生习惯，是幼儿园健康教育的基本内容之一。在日常生活中，幼儿每天都能接触到各种蔬菜，并且都能说出几种蔬菜的名称来，但很多幼儿不吃或不喜欢吃蔬菜，关于蔬菜对身体健康的重要性幼儿了解得就更少了。因此，有必要通过一系列教育教学活动，使幼儿了解不同蔬菜的特性，知道蔬菜的营养价值，从而激发幼儿喜爱蔬菜，爱吃蔬菜的情感，并形成不偏食的良好饮食习惯。

【活动目标】

1）了解常见蔬菜的名称、主要特征及营养价值。

2）引导幼儿知道蔬菜的营养对身体健康的重要性。

3）培养幼儿主动吃多种蔬菜的好习惯。

【活动准备】

材料准备：幼儿自带各种蔬菜，各种常见蔬菜图片若干，各种常见蔬菜佳肴的光碟。

经验准备：幼儿积累了一些有关蔬菜的知识经验，知道一些常见的蔬菜。

【活动过程】

1．活动导入

教师："小朋友们，请说一说你们从家里带来的蔬菜都叫什么名字啊？"引导幼儿自由交流讨论。

2．正式活动阶段

（1）认识蔬菜

1）教师："小朋友们，请给大家介绍一下你带来的蔬菜好吗？"

教师根据幼儿的介绍，总结各种蔬菜的名称、外形特征。再请幼儿为各种蔬菜进行分类，如有叶子的，没有叶子的；黄色的、绿色的、紫色的等。

2）播放蔬菜佳肴的光盘，请小朋友猜猜每一种菜肴是使用什么蔬菜做的。

（2）了解蔬菜的营养价值

教师："小朋友们，你们喜欢吃蔬菜吗？最喜欢吃什么蔬菜？为什么？"幼儿自由表达自己的想法。

教师及时小结每种蔬菜都是美味佳肴，每种蔬菜都有其不同的营养价值，不同的营养成分，所以我们应该吃各种蔬菜，多吃蔬菜能使我们的身体变得棒棒的。

（3）游戏：猜谜语

教师说出一些蔬菜的谜语，让幼儿分别猜出蔬菜名称，然后出示该蔬菜的图片。例如：

教师："像柿子，没有盖，又当水果又当菜。""头戴绿帽子，身穿紫袍子，小小芝麻子，装满一肚子。"

（4）游戏：角色扮演

胡萝卜宝宝："我长得红红的，真漂亮。身体里有丰富的维生素A，小朋友吃了眼睛更明亮。"

大蒜宝宝："我的本领可真大，能帮小朋友杀灭细菌，保护小朋友的身体健康。"

芹菜宝宝："我长得绿绿的，身体里有各种维生素和膳食纤维，小朋友吃了可以大便畅通。"

幼儿和蔬菜宝宝做朋友，说悄悄话。

【活动结束和延伸】

结束活动：幼儿在游戏活动中将蔬菜带回家。

延伸活动：请幼儿回家同父母一起做蔬菜沙拉，巩固对蔬菜的认识。另外，还可以在区域活动时进行"蔬菜写生"。

**【设计评析和具体指导】**

该活动目标明确，涉及知识掌握，能力和习惯培养等方面。蔬菜是幼儿经常吃的食物，但有些幼儿不爱吃。该活动能根据幼儿的年龄特点，注意教学的趣味性，运用猜谜、角色扮演等游戏方法，激发幼儿的兴趣，使幼儿了解了各种蔬菜的营养和对身体的好处，积极引导幼儿喜欢吃各种蔬菜。

本次活动从幼儿自带蔬菜、讲述自带蔬菜名称及特点、观看蔬菜佳肴光碟到最后的游戏，活动过程十分自然，贴近生活，易为幼儿所接受，所以自始至终幼儿不仅参与其中，并充满激情。结束部分是幼儿在愉快的游戏中将蔬菜带回家，产生前后呼应的效果。另外，让幼儿回家与父母一起来做蔬菜沙拉并开展"蔬菜写生"活动既可以帮助幼儿更好地复习与巩固本次活动所学的知识，同时还可以培养幼儿的创造力与想象力，激发幼儿对蔬菜的喜爱之情。

## 活动三　着火了怎么办（大班）

**【设计意图】**

1992年，我国公安部发出通知，将每年的11月9日定为"119消防宣传日"，并将"认识火灾，学会逃生"定为2013年全国消防日的主题。然而幼儿园大班幼儿虽然掌握了一定的自我保护技能，但当意外火灾真的发生时，他们并不会保护自己，往往感到束手无策。本次活动除了让幼儿了解有关火的知识，树立防火意识外，更重要的是让幼儿掌握简单的自救技能，使幼儿一旦遇到火灾，知道自己应该怎样做。

**【活动目标】**

1）知道消防日，了解火的危害。
2）树立防火意识，初步掌握火灾发生时的简单自救方法。

**【活动准备】**

材料准备：电话若干、湿毛巾每人一条、火灾逃生图片、火灾自救光碟、消防车警笛声音、录音机。

经验准备：幼儿知道自己家的住址，了解简单的火灾自护方法，如用湿毛巾捂鼻子，弯腰走等。

**【活动过程】**

1. 活动导入

老师出示一张消防车灭火的图片并提出问题，引导幼儿知道11月9日是消防日。
教师接着提问："为什么要有消防日呢？"提醒大家注意什么，让幼儿自由讨论。

2. 正式活动阶段

（1）讨论火的危害
播放火灾光碟录像片，提出问题。
教师："录像片中发生什么事了？"
幼儿："着火了，房子着了，衣服着了，森林着了，人被烧伤了……"
教师小结：虽然我们的生活离不开火，比如做饭、取暖、照明等，但是火对人类也有危害，比如烧毁财物、房屋、森林，烧伤皮肤等。

（2）讨论着火了怎么办

继续播放火灾录像片，鼓励幼儿积极参与谈论。

教师："房子着火了，屋里的人怎么逃生呢？"

幼儿："打 119 报警，用湿毛巾捂住口鼻，弯腰走，打开窗子呼救，用灭火器，下楼不能拥挤……"

教师小结：用图片展示火灾发生时的简单自救方法，引导幼儿思考火灾发生时哪些事小朋友能做，哪些不能做。

1）报警：如果所在房间有电话，赶快打 119 报警，并说明着火的详细地址，以及附近有什么明显标志及单位。

2）室外着火门已发烫时千万不要开门，要用毛巾、衣服或床单塞住门缝，以防浓烟跑进来，如果门不是很热也没看到火苗，应赶快离开。

3）受到火势威胁时，要当机立断披上浸湿的衣物、被褥等向安全出口方向冲出去。穿过浓烟逃生时，要尽量使身体贴近地面，并用湿毛巾捂住口鼻。

4）身上着火时，千万不要奔跑，可就地打滚，用厚重衣物压灭火苗。

5）遇到火灾时不可乘坐电梯，要向安全出口方向逃生；一个跟一个走，不能拥挤下楼。

6）若所有逃生线路均被大火封锁时，要立即退回室内，用打手电筒、挥舞衣物等方式向窗外发送求救信号，等待救援，不可盲目跳楼。

7）把床单撕成一条一条的当绳子从窗户逃生。

（3）逃生演习

教师："小朋友们，我们现在要进行一次逃生演习。"

设置情景：播放火灾警笛。

教师（表情紧张）："小朋友们，不好了，幼儿园着火了，我们赶快想办法逃到安全的地方。"

幼儿自选逃生办法进行自救，来到院中安全地方，教师清点人数。

教师小结：总结逃生中出现的问题。

【活动结束和延伸】

活动结束：根据逃生中出现的问题，教师邀请幼儿再进行一次模拟演习。

活动延伸：参观附近的消防队。

【设计评析和具体指导】

该活动目标分别涉及知识、意识与技能三个层面。教师首先通过展示消防车救火的图片让幼儿知道 11 月 9 日是全国消防日，了解了消防日的意义，从而顺利完成了第一个目标。然后通过讨论和播放火灾自救录像展示火灾发生时的情景及简单的自救方法，使幼儿对火灾的危害和自救的常见方法有一个感性认识。然后通过逃生演习，使理论知识及时得到巩固，圆满完成了后两个目标。整个活动过程自然，贴近生活，播放录像片、展示图片、逃生演习等多种教学方式的运用极大地激发了幼儿的兴趣与求知欲，不仅使幼儿充满激情地参与到活动中来，而且使幼儿在轻松愉快的游戏氛围中复习巩固了所学知识，提高了自我保护意识。另外，延伸活动组织幼儿参观附近的消防队，不仅能帮助复习巩固所学的知识，还能进一步增强幼儿的防火意识，提高幼儿的防火责任感。

## 本章思考题

1. 健康的内涵是什么？
2. 幼儿园健康教育活动的原则有哪些？
3. 幼儿园健康教育活动的内容有哪些？
4. 幼儿园健康教育活动设计与指导的原则有哪些？
5. 幼儿园健康教育活动设计与指导的方法包括什么？
6. 分别设计、评析一个幼儿园健康教育活动案例。

# 第三章

## 幼儿园社会教育活动设计与指导

　　幼儿园社会领域的教学过程可促进幼儿社会性不断发展、完善，并为其形成健全的人格奠定基础。人际交往和社会适应是幼儿社会领域学习的主要内容，也是其社会性发展的基本途径。良好的社会性发展对幼儿身心健康和其他各方面的发展都具有重要影响。幼儿的社会性主要是在日常生活和游戏中通过观察和模仿慢慢地发展起来的。本章主要从幼儿园社会教育活动的概念、意义、目标、内容、途径，幼儿园社会教育活动设计与指导的原则、方法以及幼儿园社会教育活动设计与指导案例分析等三个方面进行阐述，重点是掌握幼儿园社会教育活动设计与指导的原则和方法，学会设计与指导幼儿园社会教育活动。

## 第一节　幼儿园社会教育活动概述

### 一、社会与幼儿园社会教育活动

　　每个人从一出生开始就处在一定的社会和文化环境中，一个人的成长是通过与社会环境的相互作用，逐渐适应社会规范，学习社会角色，掌握社会技能，发展社会行为，由自然人发展为能够适应社会生活的社会人的过程。因此，促进人的社会性发展尤其是人的早期社会性发展成为教育的一项必不可少的功能，也是幼儿社会教育的主要目标。

#### （一）幼儿园社会教育

　　狭义的幼儿园社会教育是相对于其他教育领域而言，如语言、健康、科学、艺术等领域的教育，各领域内容从不同的角度促进幼儿德、智、体、美全面发展，幼儿社会教育侧重于促进幼儿的社会性发展。从广义上讲，凡是能够帮助幼儿正确认识自己、他人和社会，形成积极的社会情感，掌握正确的社会技能和社会行为，促进幼儿社会性发展的教育都是幼儿社会教育。

#### （二）幼儿园社会教育活动

　　幼儿社会教育内容丰富，覆盖面广，在实际教育工作中，教师需要思考如何恰当地选择教育内容，并通过合理的组织和安排将社会教育的功能落实到幼儿身上，以最终实现幼儿社会教育的目标。幼儿社会教育的目标和内容是通过具体的社会教育活动实现的。幼儿园社会教育活动是幼儿园社会教育的具体化，是实现幼儿园社会教育目标，组织传递社会教育内容，落实幼儿园社会教育任务的手段和主要载体。

根据幼儿身心发展的特点，幼儿园社会教育活动应当是有目的、有计划地引导幼儿生动、活泼、主动活动的教育过程，应贯穿于幼儿一日生活的各个环节之中。社会教育活动的形式是多样的，不仅包括集体教育活动，还包括日常生活活动、游戏活动中进行的一系列渗透性的教育。

## 二、幼儿园社会教育活动的意义

幼儿期是儿童社会性发展的奠基期与敏感期，通过恰当的教育为儿童个性和社会性发展奠定良好的基础是幼儿园社会教育的重要任务。

### （一）促进儿童个性的形成

个性是一个人全部心理活动的综合，是个人在活动中表现出的自己独特的行为，主要包括自我意识、自我情感体验、自我调控、个人的需要、兴趣、动机、价值观、性格、气质、能力等方面。通过多种形式的社会教育活动，可以使幼儿积极参与到活动中，在与教师、同伴的交往过程中产生积极愉悦的内心体验，求知兴趣得到激发，社会认知能力得到进一步锻炼，并能根据一定的行为规则评价自我，调节、控制自己的行为。

### （二）促进儿童社会性发展

社会性发展贯穿人的一生，不同年龄阶段、不同社会环境对社会性发展的方向和要求不同。幼儿期是儿童社会性发展开始的关键期，幼儿社会化的实现是幼儿在与周围环境相互作用中学习的结果。从幼儿的身心发展水平出发帮助幼儿进行有效的社会学习，是幼儿园社会教育的任务。随着幼儿的生活空间从家庭扩大到幼儿园，需要适应新的环境和人际关系，这一阶段的社会化为幼儿一生的社会化过程奠定好的基础，因此幼儿园社会教育活动是幼儿社会化的重要途径。

### （三）培养幼儿良好的行为习惯

幼儿期良好品德与行为习惯的培养对人的一生发展是至关重要的。幼儿园社会教育不仅注重一般社会知识的传授，培养幼儿的社会适应能力，而且把情感教育和行为习惯教育贯穿教育过程始终，注重对幼儿潜移默化的影响。有效地组织社会教育活动可以有目的地培养幼儿良好的行为习惯，如遵守秩序、合作、分享、谦让、尊重、协商解决问题等，对幼儿不良的行为习惯也可以进行适时的干预和纠正。

## 三、幼儿园社会教育活动的特点

幼儿园社会教育活动除了具备一般幼儿园教育活动的教育性、科学性、整合性、生活性、发展性、趣味性等特点之外，结合儿童社会性发展的一般规律和趋势，鲜明地体现出以下特点。

### （一）实践性

所谓实践性是指社会教育活动应创设各种情境，通过共同生活、交往、探索、游戏等各种形式，让幼儿参与其中，这是由儿童社会性发展的特点决定的。幼儿的社会性发展不完全依赖于对社会知识的认知，社会知识和社会规则转化为实际行动也必须在实践活动中实现，因此幼儿的自主观察、体验、感受或实践才是幼儿社会性发展的关键。教师要根据社会教育的目标，有目的、有计划地为幼儿提供在实践中学习的机会，运用各种形式不断练习，多次重复，在实践中巩固提高。

### （二）互动性

所谓互动性是指社会教育活动中要特别突出人与人之间的交往，引导幼儿在与他人的接触和沟通中形成良好的社会交往态度，掌握交往技能。幼儿交往能力是幼儿社会行为能力的重点，因此，教师应根据幼儿发展的需要，明确幼儿交往行为的培养目标，创设交往活动的条件，运用恰当的方法，培养幼儿与同伴、教师等交往对象的交际能力，逐渐学会与人友好相处，以适应未来的社会生活。

### （三）示范性

所谓示范性是指社会教育活动中教师要特别注意言行一致，为幼儿的社会学习树立良好的榜样。幼儿社会教育主要是教会儿童如何建立与世界的良好关系，核心是"如何做人"。幼儿正确社会行为的获得往往通过观察与模仿大人来实现，教师在日常生活中展示的行为习惯和品格会成为幼儿模仿的对象，因此幼儿园社会教育活动不应简单地"告诉"幼儿如何为人处事，教师应特别注意自身行为对幼儿的榜样作用，呈现给幼儿的观点、行为与情感要保持前后一致，内外统一。

### （四）渗透性

所谓渗透性是指幼儿园社会教育活动应与其他领域的活动渗透进行，并需要家庭、社会等各种教育力量的配合。幼儿社会教育的核心是培养儿童良好的品格、处事态度和行为，专门的社会教育活动显然不能完全实现儿童社会性发展的目的，可以更多地通过各种教育活动和日常生活进行。有的内容适合专门的社会教育活动，如社会认知方面，有的内容不适合进行专门的社会教育活动，如社会情感方面。抓住社会教育活动的渗透性特点，需要幼儿园教师具有敏锐的社会教育意识，在相关的教育活动中注意对儿童社会性发展层面的引导。

## 四、幼儿园社会教育活动的依据

要开展行之有效的幼儿园社会教育活动，必须要掌握有关幼儿社会性发展方面的知识，遵循社会教育的规律。

### （一）幼儿社会性发展的特点和规律

幼儿社会性发展体现在很多方面，不同的研究者对此有不同的观点。从心理结构来看有社会情感、社会认知、自我意识、道德品质、社会适应、社会行为技能六大类。从内容上看大致可以分为社会认知、社会情感、社会行为等三个大方面。在此，我们将幼儿自我意识、情绪情感、道德品质、社会交往作为社会性的基本要素，对其相关特点作重点介绍。

**1. 幼儿自我意识的发展**

自我意识是指人对自己的认识和态度，可以分为自我认识、自我评价、自我体验、自我控制等方面，它是幼儿社会性及个性形成的基础。3～6 岁幼儿的自我意识是从对自我尊重的意识开始的，即欲摆脱成人的保护，寻求独立做一些事情而产生自尊和自爱。研究表明，幼儿自我意识的各因素都随着年龄的增长而发展，并且各因素的发展基本上同步。1～2 岁幼儿的自我认知主要集中在自我命名，即从用第三人称（如"宝宝"）称呼自己逐渐向第一人称"我"转换，标志着儿童客体我的产生和自我意识的形成。幼儿年龄越小，自我评价受成人评价的影响越大，基本上是重复成人的评价，随着年龄的增长，幼儿开始出现独立评价，但往往带有主观情绪性。幼儿的自我控制水平受神经系统发育水平的影响，3～5 岁是幼儿自我控制能力发展的关键期。3 岁左右幼儿能在没有外界监控的环境中短时间内服从成人的要求，4 岁以后尝试用语言调整和控制自己的行为，随着认知能力的发展和教育因素的介入，幼儿能有意识地控制自己的行为，且能维持较长时间。

**2. 幼儿情绪情感的发展**

情感即人对客观事物是否符合自己需要的态度的体验。幼儿社会性情绪情感的发生和发展与幼儿的社会交往、人际关系密切相关。儿童的情绪情感发展主要表现出以下特点：情绪情感的识别能力逐步增强，3 岁以后幼儿能表达和谈论自己的情绪感受，开始学会理解别人的情绪感受；情绪情感的表达能力逐步增强；情绪情感的调控能力逐步增强。

**3. 幼儿道德品质的发展**

道德品质又称品德，是一个人依据社会的道德规范和行为准则在行动时表现出来的一些经常的、稳固的特性。3～4 岁幼儿的道德感主要指向个别行为；4～5 岁幼儿比较明显地掌握了一些概括化的道德标准，常常出现"告状"行为；5～6 岁幼儿的道德感进一步发展和复杂化，对好人和坏人表现出爱与憎的情感，萌发爱他人、爱集体、爱祖国等情感。

**4. 幼儿社会交往的发展**

幼儿的社会行为主要在与他人的社会交往活动中发展。幼儿的社会交往按交往对象分，主要有亲子交往、师生交往、同伴交往三大类。2 岁之前，主要是亲子交往。2 岁以后，幼儿与同伴和教师的交往日益增多，同伴交往和师生交往逐渐发展起来，并且随着年龄的增长对幼儿的影响呈上升的趋势。从 3 岁起，幼儿偏爱同性同伴，经常与同性同伴一起游戏、活动。3～4 岁时，依恋同伴的强度和与同伴建立起友谊的数量有显著增长。

**（二）幼儿社会学习的特点**

幼儿的社会性发展很多是幼儿在生活过程中无意习得的，需要一个长期积累的过程。幼儿社会学习的能力和水平与其生理、心理发展的水平和特点紧密联系，教师需要在把握幼儿社会学习特点的基础上进行针对性教育。

### 1. 随机性和无意性

幼儿的社会学习蕴含在社会生活的各个方面，几乎无处不在，无时不在。幼儿学习掌握必要的行为规范，进行人际交往活动，形成正确的自我意识等，是在生活、游戏中无意识地随时随地进行的，带有明显的随机性和无意性。因此，教师应当具有敏锐的教育意识，为幼儿的社会学习创造适宜的环境，使幼儿在与环境的相互作用中主动学习，获得发展。

### 2. 长期性和反复性

幼儿的社会性发展是一个逐渐形成、贯穿人一生的过程，幼儿社会知识、社会行为的学习和养成的过程也是一个缓慢的、长期积累的过程。在幼儿期，由于幼儿的生理、心理发展还不尽完善，自我控制能力不强，他们的社会学习经常出现反复的现象。因此，教师不能急于求成，要有充分的耐心和爱心，帮助幼儿认识并纠正自己的错误行为，使社会教育取得良好的效果。

### 3. 实践性和互动性

幼儿的社会学习是在与成人、同伴之间的交往、探索、实践活动中逐渐发展起来的。在掌握人际交往技能，形成正确的行为规范的过程中，幼儿首先要了解什么是正确的观念，然后在实践中自己体验，最终将外在的社会要求转化为内在的行为规范。因此，教师要抓住幼儿学习的实践性特点，为幼儿提供充分的实践机会，使幼儿情感体验得到巩固，社会行为得到强化。

## 五、幼儿园社会教育活动的目标

### （一）幼儿园社会教育活动总目标

《纲要》提出的社会领域教育目标：①能主动地参与各项活动，有自信心；②乐意与人交往，学习互动、合作和分享，有同情心；③理解并遵守日常生活中的基本社会行为规则；④能努力做好力所能及的事，不怕困难，有初步的责任感；⑤爱父母长辈、老师和同伴，爱集体、爱家乡，爱祖国。

### （二）社会教育活动各年龄阶段目标

《指南》中规定的幼儿各年龄段社会领域发展目标分为人际交往和社会适应两部分。

### 1. 人际交往（见表3-1～表3-4）

表3-1　目标1　愿意与人交往

| 3～4岁 | 4～5岁 | 5～6岁 |
| --- | --- | --- |
| 1. 愿意和小朋友一起游戏<br>2. 愿意与熟悉的长辈一起活动 | 1. 喜欢和小朋友一起游戏，有经常一起玩的小伙伴<br>2. 喜欢和长辈交谈，有事愿意告诉长辈 | 1. 有自己的好朋友，也喜欢结交新朋友<br>2. 有问题愿意向别人请教<br>3. 有高兴的或有趣的事愿意与大家分享 |

表 3-2　目标 2　能与同伴友好相处

| 3～4 岁 | 4～5 岁 | 5～6 岁 |
| --- | --- | --- |
| 1. 想加入同伴的游戏时，能友好地提出请求<br>2. 在成人指导下，不争抢、不独霸玩具<br>3. 与同伴发生冲突时，能听从成人的劝解 | 1. 会运用介绍自己、交换玩具等简单技巧加入同伴游戏<br>2. 对大家都喜欢的东西能轮流、分享<br>3. 与同伴发生冲突时，能在他人帮助下和平解决<br>4. 活动时愿意接受同伴的意见和建议<br>5. 不欺负弱小 | 1. 能想办法吸引同伴和自己一起做游戏<br>2. 活动时能与同伴分工合作，遇到困难能一起克服<br>3. 与同伴发生冲突时能自己协商解决<br>4. 知道别人的想法有时和自己不一样，能倾听和接受别人的意见，不能接受时会说明理由<br>5. 不欺负别人，也不允许别人欺负自己 |

表 3-3　目标 3　具有自尊、自信、自主的表现

| 3～4 岁 | 4～5 岁 | 5～6 岁 |
| --- | --- | --- |
| 1. 能根据自己的兴趣选择游戏或其他活动<br>2. 为自己的好行为或活动成果感到高兴<br>3. 自己能做的事情愿意自己做<br>4. 喜欢承担一些小任务 | 1. 能按自己的想法进行游戏或其他活动<br>2. 知道自己的一些优点和长处，并对此感到满意<br>3. 自己的事情尽量自己做，不愿意依赖别人<br>4. 敢于尝试有一定难度的活动和任务 | 1. 能主动发起活动或在活动中出主意、想办法<br>2. 做了好事或取得了成功后还想做得更好<br>3. 自己的事情自己做，不会的愿意学<br>4. 主动承担任务，遇到困难能够坚持而不轻易求助<br>5. 与别人的看法不同时，敢于坚持自己的意见并说出理由 |

表 3-4　目标 4　关心尊重他人

| 3～4 岁 | 4～5 岁 | 5～6 岁 |
| --- | --- | --- |
| 1. 长辈讲话时能认真听，并能听从长辈的要求<br>2. 身边的人生病或不开心时表示同情<br>3. 在提醒下能做到不打扰别人 | 1. 会用礼貌的方式向长辈表达自己的要求和想法<br>2. 能注意到别人的情绪，并有关心、体贴的表现<br>3. 知道父母的职业，能体会到父母为养育自己所付出的辛劳 | 1. 能有礼貌地与人交往<br>2. 能关注别人的情绪和需要，并能给予力所能及的帮助<br>3. 尊重为大家提供服务的人，珍惜他们的劳动成果<br>4. 接纳、尊重与自己的生活方式或习惯不同的人 |

## 2. 社会适应（见表 3-5～表 3-7）

表 3-5　目标 1　喜欢并适应群体生活

| 3～4 岁 | 4～5 岁 | 5～6 岁 |
| --- | --- | --- |
| 1. 对群体活动有兴趣<br>2. 对幼儿园的生活好奇，喜欢上幼儿园 | 1. 愿意并主动参加群体活动<br>2. 愿意与家长一起参加社区的一些群体活动 | 1. 在群体活动中积极、快乐<br>2. 对小学生活有好奇和向往 |

表 3-6　目标 2　遵守基本的行为规范

| 3～4 岁 | 4～5 岁 | 5～6 岁 |
| --- | --- | --- |
| 1．在提醒下，能遵守游戏和公共场所的规则<br>2．知道不经允许不能拿别人的东西，借别人的东西要归还<br>3．在成人提醒下，爱护玩具和其他物品 | 1．感受规则的意义，并能基本遵守规则<br>2．不私自拿不属于自己的东西<br>3．知道说谎是不对的<br>4．知道接受了的任务要努力完成<br>5．在提醒下，能节约粮食、水电等 | 1．理解规则的意义，能与同伴协商制定游戏和活动规则<br>2．爱惜物品，用别人的东西时也知道爱护<br>3．做了错事敢于承认，不说谎<br>4．能认真负责地完成自己所接受的任务<br>5．爱护身边的环境，注意节约资源 |

表 3-7　目标 3　具有初步的归属感

| 3～4 岁 | 4～5 岁 | 5～6 岁 |
| --- | --- | --- |
| 1．知道和自己一起生活的家庭成员及其与自己的关系，体会到自己是家庭的一员<br>2．能感受到家庭生活的温暖，爱父母，亲近与信赖长辈<br>3．能说出自己家所在街道、小区（乡镇、村）的名称<br>4．认识国旗，知道国歌 | 1．喜欢自己所在的幼儿园和班级，积极参加集体活动<br>2．能说出自己家所在地的省、市、县（区）名称，知道当地有代表性的物产或景观<br>3．知道自己是中国人<br>4．奏国歌、升国旗时能自动站好 | 1．愿意为集体做事，为集体的成绩感到高兴<br>2．能感受到家乡的发展变化并为此感到高兴<br>3．知道自己的民族，知道中国是一个多民族的大家庭，各民族之间要互相尊重，团结友爱<br>4．知道国家的一些重大成就，爱祖国，为自己是中国人感到自豪 |

## 六、幼儿园社会教育活动的基本内容

幼儿园社会教育的内容从社会性发展的结构看主要涉及自我意识、人际交往、社会规则和社会环境几个方面。

### （一）自我意识——幼儿与自身

自我意识方面的内容主要涉及幼儿与自身之间的关系，即对自我生理特征和心理特征的认识，它主要包括自我认知、自我控制、自我评价三方面的内容。具体来讲有以下几个方面：一是对自己面貌、身体、性别、爱好的认识。二是对自己优缺点的认识，学会发现自己的优点。三是了解自己的情绪反应，初步学会调控自己的情绪。四是支持、鼓励幼儿大胆表达自己的意志、想法和态度，了解并敢于表达自己的感受、想法，遇到不清楚的问题敢于大胆提问。五是逐步学会比较客观地进行自我评价。六是学会独立选择活动内容和方式，形成对自己行为负责的意识。

### （二）人际交往——幼儿与他人

人际交往方面的内容主要涉及幼儿与他人之间的关系，即对同伴以及周围环境中的人的认知，它主要包括对他人外形特征、心理状态、角色地位的认识。具体来讲有以下几个方面：一是了解与父母之间的关系，感受父母对自己的爱，并懂得表达自己对亲人的爱。二是愿意与同伴共同友好地进行各种活动，关心、理解、尊重他人，学习互助、合作和分享，有同情心。三是学会与人友好相处，协调自己与他人的兴趣和想法。

### （三）社会规则——幼儿与群体

社会规则方面的内容主要涉及幼儿与群体之间的关系，即幼儿从事社会活动、处理社会关系必须遵循的一般要求，包括生活习惯、学习规则、游戏规则、社会公共规则、集体规则、基本道德准则等。生活习惯主要是要求儿童养成良好的卫生习惯、饮食习惯，形成良好的作息规律，讲究文明礼貌，注意安全等。学习规则主要是要求幼儿集中注意力，积极参与活动，按时完成任务，自己整理学习用具等。游戏规则主要是要求幼儿按游戏规则玩游戏，学会轮流、谦让，合作、协商解决问题，注意安全等。社会公共规则主要是要求幼儿遵守交通规则、安全乘坐交通工具、遵守公共场所的文明规则、爱惜公物、保护环境等。

### （四）社会环境——幼儿与社会

社会环境方面的内容主要涉及幼儿与社会之间的关系，包括物质环境和文化环境。物质环境方面要求幼儿了解家庭、幼儿园、社区及公共场所中的特定设施，文化环境方面要求幼儿了解社会成员的角色、关系及行为，了解国家的传统节日、民族文化、生活方式等，同时引发幼儿对周围发生事件的关心和兴趣，培养他们参与、关注社会生活的公民意识。

## 第二节 幼儿园社会教育活动设计与指导的策略

幼儿园社会教育活动的设计与实施是实现社会教育目标的关键。在设计社会教育活动时，要充分考虑幼儿园社会教育的总体要求，结合幼儿社会性发展的水平和年龄特征，掌握有效的方法，遵循一定的原则和程序，才能保证幼儿在活动中获得积极地发展。

### 一、幼儿园社会教育活动设计与指导的内涵

幼儿园社会教育活动的设计与指导是为了支持幼儿更有效地进行社会学习，教师需要对社会教育活动进行预先的规划和组织，并在活动实施的过程中运用多种方式方法给予相应的指导，以保证教育活动顺利进行，达成最优的教学效果。

社会教育活动设计是在教育活动开始前对教育过程的各个环节预先加以筹划，从而安排教育情境，以期达成教育目标的系统性设计。它是教师进行社会教学活动的蓝图，也是富有成效的社会教育活动的第一步。社会教育活动设计是在分析幼儿社会学习需要的基础上，对学习过程和资源做出系统性安排，从而满足幼儿社会学习需要的过程。它包括对学习活动目标的设定，对学习对象、学习需要的分析，对学习情景的发展，对活动资源的开发和利用，对学习过程的安排和调整，对学习对象行为的预测和评估等。因

此，社会教育活动设计需要认真思考四个方面的问题：①应达到哪些教育目标；②提供哪些教育经验才能达到这些目标；③怎样才能有效地组织这些教育经验；④怎样确定目标才能得到实现。基于对上述问题的考虑，社会教育活动设计应涉及活动目标、活动内容、活动实施和活动评价一系列的过程。

社会教育活动的指导是在教育活动的实施中采用一系列方式和手段对教育过程进行相应的控制和调整，以期达成社会性教育目标的过程。幼儿园社会教育活动的指导可以分为宏观和微观两个层次。宏观指导是对幼儿园社会教育教学过程各个环节的指导，包括教育活动设计指导、教育活动实施指导、教育活动评价指导。微观指导特指对社会教育实施过程的直接指导，即为促进幼儿的有效学习而采取的教学策略、教学技术等。

## 二、幼儿园社会教育活动设计与指导的基本原则

### （一）目标性原则

活动设计与指导要符合《纲要》等文件对幼儿园社会教育总目标的要求，活动内容的选择，活动方法的选取，组织方式的选用，活动评价的标准等都要以此为依据，以保证实现社会教育活动的目标。因此，教师要首先做到"心中有目标"，具体社会教育活动的设计和指导必须要有明确而具体的目标。教师对社会教育活动的设计和指导要"处处体现目标"，树立强烈的目标意识，在设计活动、组织和实施活动时紧紧围绕目标展开。

### （二）发展性原则

幼儿的社会性发展是一个连续的、不断前进的过程，每个年龄阶段的发展都体现出自己的特点和规律，后一个阶段的发展以前一个阶段的发展为基础。社会教育活动设计与指导要以促进幼儿的发展为出发点。在教育活动设计和指导中，教师必须要从幼儿身心发展的现实水平和已有社会经验出发，既要考虑幼儿的现实需要、兴趣和能力水平，也要考虑幼儿长远发展的需要，以促进幼儿在现有基础上进一步发展和提升。同时，社会教育活动设计与指导要以促进幼儿的发展为落脚点，以促进幼儿的全面发展为依据和准则。

### （三）整合性原则

幼儿的社会性发展是在一定的社会情境中实现的。幼儿认识和发展是整体的，社会教育活动的设计和实施可以根据需要与其他领域相互渗透，实现各个领域活动的有机结合。社会活动设计与实施还要考虑将不同类型的活动加以整合，将集体、正式的社会活动与游戏活动、区域活动、生活活动相结合；注重幼儿园、家庭、社区的联合，合理利用家庭和社区的教育资源，增强幼儿社会教育的合力。

## 三、幼儿园社会教育活动设计的步骤

幼儿园社会教育活动设计的一般步骤大致包括确定教育目标、选择活动内容、策划活动过程、进行活动评价四个部分。不同类型的社会教育活动，如集体性社会教育活动、区域活动、游戏活动的设计会有所不同，这里以集体教学活动为例，详细阐述活动设计的各个环节，以及活动实施过程中的注意事项等问题。

### （一）活动目标的设计与指导

确定适宜的活动目标是社会教育活动设计的最重要的环节，它直接决定了活动设计的方向和活动的最终效果。

根据幼儿社会性发展的基本构成，社会教育活动目标应该涵盖三个维度：认知能力的发展、动作技能的掌握、兴趣态度和行为习惯的养成。社会认知维度，即儿童最需要理解掌握的社会性知识，主要包括有关人物、事物的名称、现象、符号、规则等信息。如知道自己的姓名、性别、年龄、家庭地址等信息，知道自己与父母之间的关系，懂得基本的交通规则、与人交往的规则，了解我国的传统节日和民俗文化等。社会技能维度，也叫能力目标，是指幼儿运用所掌握的社会性知识进行社会实践，掌握一定的行为规范。如幼儿学习如何与他人交往，学会自我管理，主动做一些力所能及的事，学会帮助、分享与谦让，遵守公共场所的基本行为规范等。社会情感维度，是幼儿在活动中产生的自我感受、内心体验，以及在此基础上个性和人格的发展。如幼儿在活动中保持积极的情绪状态，关心、热爱父母、老师、同伴，激发幼儿的自信心、意志力、同情心、自豪感等。

幼儿园社会活动的目标表述要明确，重点要突出，具有可操作性，使教师和他人明确幼儿在完成活动后会发生什么变化，如何对这种变化进行观察和评价。

### （二）活动内容的设计与指导

确定社会活动目标之后，就要选择合适的活动内容。社会领域的活动内容可以来自于教材、幼儿的日常生活、教学材料和网络等。在选择社会活动内容时，应特别注意以下几点。

#### 1. 注重价值筛选

社会领域教学活动内容很多，仅就民俗文化内容而言，就包括传统节日、名胜古迹、民俗礼仪、民居建筑、民间工艺、饮食与服饰和生肖文化等，都有适合幼儿了解与学习的内容，但如何把握最适合孩子、最有效、最能发展其社会性、最有价值的素材却并非易事。此时需要教师不以成人眼光或成人经验代替幼儿选择，而是从幼儿相关经验和兴趣入手，进行筛选，点面结合，作出有价值的判断。如"风筝"活动，教师可以充分挖掘选材的文化内涵，从风筝的由来、风筝图案上的寓意、民间流传的放风筝的传说等，发掘教育价值，使得社会活动"风筝"和科学活动"风筝"以及美术活动"风筝"的教学重点有了根本的区别。

#### 2. 关注有益有效

选择素材既要符合幼儿年龄和兴趣，又要尽可能来自幼儿生活，减少知识本位，在处理上还要考虑活动形式的自主参与性，方式方法的多样性与渗透性。可尽量收集、利用和该活动相关的各种形式的素材，包括游戏、故事、儿歌、童谣、歌曲、图片、录音录像资料等，广泛参考和整合其他领域教材和书籍中的相关资料作为社会活动的素材。

#### 3. 体现适宜适度

素材选择不是以多少来判断其教育意义，而是要善于精选，懂得舍弃。社会活动内容素材是非常丰富的，不可能把所有涉及的内容都用于活动中。素材选择过程中还要考虑便利性，即素材的准备尽量不受区域场地的限制，有普遍性和推广意义。活动中有一些好的素材可以作为活动之前的前期经验准备，也可以放在后期进行延伸活动，而不是一股脑儿放在一个活动中，形成量大、点多，孩子不易理解和掌握的局面。

### （三）活动导入的设计与指导

活动导入是引导幼儿活动的第一个步骤，起到初步引起幼儿参与活动的兴趣及调动幼儿学习主动性的作用。教师可以采取多种形式导入活动，就社会教育活动而言，可以参考以下导入方法：故事导入、谈话导入、操作材料和游戏导入。

### （四）活动过程的设计与指导

活动过程是整个活动设计的主要部分，主要是教师引导幼儿进行感知学习和体验。结合社会教育活动的特点，我们把社会活动的具体过程分为三个主要环节：

#### 1. 创设情境，感知理解

幼儿园社会教学立足于幼儿真实的社会生活，创设真实（或拟真）的情境，将幼儿带入自己熟悉的生活状态中，通过多种形式让幼儿理解社会、认识社会、尊重社会中的人与环境。因此，在教学活动的第一个流程中，教师应利用多种方式、创设多种情境（如故事、儿歌、表演、文学作品等），将幼儿引入到即将学习的情境中，让幼儿对学习的内容产生体验，从而去感知、理解某些行为和情感，为产生亲社会性行为做铺垫。

#### 2. 交流讨论，寻求答案

当教师将幼儿引入到学习情境中，并帮助幼儿形成了一种初步的体验之后，进行"讨论分析、形成共识"尤为关键。幼儿在上一流程中的初步体验有可能是模糊的，甚至会产生与学习目标相斥的想法。此时，需要教师不断地引领幼儿结合情境进行讨论，并分析、判断行为的对错及缘由，引导幼儿真正理解、内化某些行为，产生正确的观念。

#### 3. 行为实践，获得体验

经过第二个流程，幼儿已经基本形成了相对正确的观念，观念应落实在行动中，"开展行为实践，操作运用"是社会教学中必不可少的环节。只有不断地练习、模仿，才能让幼儿真正理解某些行为，并强化转变为一种习惯性的正向行为。教学活动中的实际训练，是引导幼儿按正确的社会行为规范去实践，是对所学知识点的复习与练习，也是让幼儿在玩的过程中练习掌握活动的要求。

### （五）活动结束和延伸的设计与指导

当社会教育活动的预期目标基本达成时，教师要适时地组织活动结束。常用的社会活动结束和延伸策略包括以下几方面：

#### 1. 总结归纳

在结束部分，教师应引导幼儿归纳自己在活动中获得的经验、技能和情感体验，由教师引导幼儿进行活动总结，帮助幼儿总结学习经验，强化积极的社会行为，提高社会认知水平。在运用总结归纳策略时，要充分调动幼儿参与，可以由教师简明扼要地复述要点；可以启发幼儿回忆复述要点；也可以引导幼儿创编（或使用现成的）儿歌、游戏进行形象化的总结。

### 2. 游戏表演

游戏表演可以较好地解决幼儿参加社会实践活动与能力经验缺乏之间的矛盾。幼儿天生喜欢游戏，在游戏中易兴奋，易掌握所学内容，因此，社会角色和社会规则的学习可以通过游戏，尤其是角色游戏实现。通过幼儿扮演相关的社会角色，引导幼儿树立正确的社会行为意识，体会角色的社会职责，逐渐形成良好的社会行为习惯。

### 3. 延伸扩展

社会教育往往不是通过一次活动就能完成教育目标，因此在教育活动结束后，教师可以根据活动内容和特点，幼儿参与活动的热情和效果等，继续组织一些相关的辅助性活动，如有关环境创设、参观之后的进一步讨论、活动区内投放活动材料、吸引家庭和社区的参与等，继续深化和丰富教育内容。

## 第三节 幼儿园社会教育活动设计与指导案例及评析

### 活动一 我很快乐 （小班）

**【设计意图】**

每年新生入园都是家长、老师、宝贝最"痛苦"的经历。设计本次活动是为了尽快地让小班幼儿不再哭闹和排斥幼儿园，使幼儿与老师、同伴建立起较为稳定的情感联系。活动的主要目的是让幼儿了解生活中快乐的事情，感受自己身边的幸福与美好。

**【活动目标】**

体会快乐的情感，明白身边的人都需要快乐；尝试用语言或肢体动作等与别人交流自己的快乐，感受他人的快乐，并引起自己的快乐情绪。

**【活动准备】**

快乐娃娃、话筒、全体小朋友的画像（没有嘴巴）；许多小朋友在幼儿园游戏的照片。

**【活动过程】**

1. 活动导入

组织幼儿围坐在教师的身边，用交朋友的形式吸引幼儿来和老师握手拥抱，体验身体接触带来的快乐情感。

2. 活动展开阶段

（1）初步体验快乐情感

1）教师带"快乐娃娃"来到小朋友的面前，请幼儿猜一猜："这位娃娃快乐吗？""为什么？""你从哪里看出来的？"

2）讨论：是什么事情让这位快乐娃娃这么快乐？

3）幼儿园里快乐多。"幼儿园里有很多快乐娃娃，请你看看他们在哪里？""他们

为什么快乐？"（教师出示许多小朋友在幼儿园快乐游戏的照片）

（2）回忆快乐的情景

教师手拿话筒，用记者的身份采访小朋友，请小朋友讲一讲："你在幼儿园有最开心快乐的事情吗？""还有哪些事情使你觉得开心快乐？""讲给大家听好吗？"

（3）了解他人的快乐

请小朋友手拿话筒做小记者，采访自己的小伙伴，请他们讲一讲："你在幼儿园最开心、最快乐的一件事是什么？""还有哪些事情使你觉得开心快乐？"

【活动结束】

贴嘴巴游戏。出示小朋友的画像，让幼儿利用准备的材料给小朋友贴上表示快乐的嘴巴，引导幼儿展示一个快乐的自己。

【设计评析和具体指导】

该活动是为了减少幼儿分离焦虑而设计的活动。

在活动的引发阶段，组织幼儿与老师握手、拥抱等，以轻松、快乐的情绪感染幼儿，使幼儿在轻松、快活的氛围中很自然地感受快乐。

正式活动的三个环节，初步体验快乐——讲自己的快乐——听同伴的快乐，层层深入，环环相扣。第一个环节——猜娃娃的快乐事情，幼儿正是以想象与猜想反映自己的情绪及想法，在这个环节中，教师要做好一个倾听者，去细致地了解幼儿。在第二个环节，幼儿以主人公的身份，讲述自己经历的快乐事情，教师要敏锐地从幼儿的答案与反应里寻找新的教育生长点，适时地引导。第三个环节是本次活动的高潮，在活动中幼儿能够自由地交谈本身就是件快乐的事情，让幼儿手拿话筒充满自信地去和同伴对话，与同伴分享快乐的感受，更能加深幼儿对快乐这一情感的认识。

在活动的结束环节，教师准备充分的材料，有剪好的嘴巴，有画好待剪的嘴巴，幼儿可以根据自己的能力和需求选择适合的材料。幼儿与家长积极地参与到活动中，活动在快乐的氛围中自然地结束。

在活动的延伸中，教师可以在语言区角中放置话筒、娃娃等材料，使幼儿感受快乐、表达快乐的行为可以持续进行。

## 活动二　身边的规则（中班）

【设计意图】

生活中处处都有规则，社会中的每个人都应该遵守规则。中班幼儿已经意识到要遵守一些规则，但并未建立真正的规则意识，导致幼儿园的一日活动中总能听见老师的说教声：小朋友应该这样，不应该那样。针对幼儿规则意识不强，对规则认识不够的现象，可以通过开展规则教育活动的形式，把活动与生活教育相结合，在活动中培养孩子遵守规则的意识，让孩子进一步认识到遵守规则的重要性，更好地掌握生活中应遵守的规则。

【活动目标】

通过观察、体验，认识到遵守规则的重要性；了解日常生活、游戏和学习中应该遵守的一些规则；培养幼儿遵守规则的意识。

【活动准备】

椅子、视频录像、图片，对生活中应遵守的规则有一定的知识准备。

【活动过程】

1. 体验、感受遵守规则的重要性

（1）游戏：自由地"绕障碍物跑"

让幼儿体验不遵守规则，乱跑有可能产生的后果。

教师提问："刚才小朋友在自由地跑的时候出现了什么问题？为什么会出现这些问题？"

（2）请幼儿遵守规则再次做游戏"绕障碍物跑"

提问："这次游戏感觉怎样？怎样才能玩得更安全、更开心？"

教师小结：游戏时应该遵守规则，这样才能玩得更安全、更开心。

（3）观看小朋友上、下楼梯的视频录像

教师提问："发生了什么事情？他们为什么会撞到一起？应该怎样上下楼梯才不会撞倒？"

教师小结：上下楼梯也应该遵守规则，靠右走，不拥挤。

2. 了解生活、游戏、学习中应该遵守的规则

（1）看视频录像（幼儿在园上课、游戏、生活中遵守规则的情景录像）

教师提问：

1）他们哪些地方做的对？如果不这样做会怎样？

2）在幼儿园吃饭的时候，小朋友应该遵守什么规则？你是如何做的？

3）在幼儿园睡觉的时候，小朋友应该遵守什么规则？你是如何做的？

4）在幼儿园看图书、上课、游戏的时候应该遵守什么规则？你是如何做的？

（2）观察图片，比较正误

1）请幼儿分组观察、讨论：图片上的小朋友哪些做的对？哪些做的不对？

2）请幼儿把图片按正误放在不同的分类盒里。

3. 拓展知识，了解生活中应遵守的更多的规则

智力抢答：将幼儿分为两队，比比哪队得到的红花多。

游戏规则：教师提问题，说"开始"后，幼儿举手抢答。

抢答题举例：

1）在动物园喂动物吃东西对不对？为什么？

2）在图书馆应该怎样看书？

3）在楼梯口打闹对不对？为什么？

……

教师小结：生活中处处都有规则，我们都应该遵守规则。

【活动结束】

请小朋友当宣传员，把知道的规则告诉更多的人，让大家都来遵守规则。

【设计评析和具体指导】

《幼儿园教育指导纲要》指出，应在共同的生活和活动中，以多种方式引导幼儿认

识、体验并理解基本的社会行为规则，学习自律和尊重他人。活动的方式是多种多样的，可以通过学习活动、游戏活动、生活活动进行。社会活动单一的说教比较枯燥，但本次活动结合幼儿的日常生活和已有的经验，让幼儿自己体验、自己观察、自己判断来感悟规则的重要性，并学会自觉遵守生活中的规则。在活动中，老师要注重调动幼儿的积极性、主动性和参与性，引发幼儿的共鸣，使活动的效果不仅停留在认识层面上，更体现在幼儿对行为的认知和改变上。

## 活动三　小鸟——我们的朋友（大班）

**【设计意图】**

春暖花开的季节，鸟儿又开始活跃在我们的视野里。大班的孩子已经不仅仅满足于认识鸟和知道鸟的基本习性，他们开始有了更多的疑问和好奇，常常会问"这是什么鸟，它爱吃什么？它飞得快吗？鸟可以帮助我们做什么？为什么鸟越来越少了……"针对孩子的提问，结合环境保护这一社会活动的重要教育点，选择组织了"小鸟——我们的朋友"这一活动。设计该活动旨在引导幼儿初步了解鸟和人类的关系，激发幼儿爱鸟的情感，懂得保护鸟类的一些措施，以此进一步加深幼儿的环境保护意识。

**【活动目标】**

知道鸟是人类的好朋友，积极参与到保护鸟类的讨论中；具有爱护、关心鸟类的情感和行为，加深环保意识；通过自主收集资料、集体交流、小组合作、师幼互动等形式，提高幼儿自主学习的能力。

**【活动准备】**

发动幼儿和家长搜集关于鸟的资料和图片，了解关于鸟的知识；PPT 课件、小鸟受到危害的图片、各种保护鸟类的图片。

**【活动过程】**

1. 活动导入

教师："最近大家通过查阅资料、上网等了解了很多鸟类的知识，下面就来考考大家。"

2. 在抢答游戏中了解鸟对人类的帮助

（1）教师提问幼儿回答

围绕鸟对人类的帮助提出相关问题。例如：谁是"森林医生"？哪些鸟会捉害虫？猫头鹰有什么本领？什么鸟是歌唱家？谁是空中邮递员……

（2）小结

这么多小鸟都对人类有帮助，所以说小鸟是我们的朋友，我们应该关心、爱护它们。

3. 讲述故事《小鸟的故事》，激发幼儿的情感体验

（1）幼儿安静地倾听

（2）教师提问

1）小鸟受伤时你有什么感受？

2）小姑娘和老爷爷给小鸟治伤时，你有什么感受？

3）鸟妈妈给小鸟喂食时，你有什么感受？

4）小鸟最后飞向蓝天，你又有什么感受？

通过提问、讨论，激发幼儿不同的情感体验，并让幼儿用语言、动作等模仿小鸟的情绪、动作。

（3）表演

幼儿发挥想象，表现小鸟飞向蓝天的动作和情绪。（播放《小鸟、小鸟》音乐，在欢快的主题音乐中感受小鸟的快乐、自由）

4. 利用课件，了解鸟类面临的灾难

1）观看课件，了解鸟类面临的灾难。

2）教师提问："小鸟还受到了哪些伤害？"

5. 讨论

组织幼儿讨论：我们应该怎样保护小鸟？采取小组竞赛形式，让幼儿汇报、分享他们集体合作讨论的结果。

【活动结束】

1）小结：鼓励大家都来争当"爱鸟小卫士"，用力所能及的行动爱护鸟类。

2）活动延伸：带领幼儿用实际行动履行"爱鸟小卫士"的职责。

【设计评析和具体指导】

社会领域的教育教学活动需要如水般的渗透，必须以幼儿发展为中心，与幼儿的体验、经验真正融合，力求在自然状态下，寓教于乐，寓教于行。本次活动即遵循了这一教学理念，在交流、知识整合、真实故事中明理，在讨论、竞赛游戏、延伸活动中实践。同时，幼儿的学习应该是自主、自发的过程，尤其是大班幼儿，自主学习更加重要。活动中引导幼儿课前收集资料，竞赛中展示自己的知识经验，讨论等都是自主学习的重要途径。幼儿在获取知识的同时，可以养成好的学习方法和学习习惯。

在这一典型的社会领域活动中，有语言表达、社会认知、科学知识的学习，音乐表演的参与，良好的情绪情感的渗透。多领域活动相互整合，让活动更加丰富、生动，也为幼儿提供了彰显个性和能力的机会。

本章思考题

1. 幼儿园社会教育活动的特点有哪些？

2. 幼儿园社会教育活动的原则有哪些？

3. 幼儿园社会教育活动的内容有哪些？

4. 幼儿园社会教育活动设计与指导的原则是什么？

5. 幼儿园社会教育活动设计与指导的方法有哪些？

6. 设计、评析一个幼儿园社会教育活动案例。

# 第 四 章
# 幼儿园科学教育活动设计与指导

　　幼儿学科学是在探究具体事物和解决实际问题中，尝试发现事物间的异同和联系的过程。幼儿科学教育的核心是激发幼儿的探究兴趣，体验探究乐趣，发展初步的探究能力。幼儿园科学教育活动要充分利用自然和实际生活机会，引导幼儿通过观察、比较、操作、实验等方法，培养幼儿发现问题、分析问题和解决问题的能力。幼儿园科学教育活动应主要通过幼儿直接感知、实际操作、亲身体验等方式进行。本章主要从幼儿园科学教育活动的概念、意义、目标、内容、途径，幼儿园科学教育活动的设计与指导的原则、方法以及幼儿园科学教育活动设计与指导案例分析等三个方面进行阐述，重点是掌握幼儿园科学教育活动设计与指导的原则和方法，学会设计与指导幼儿园科学教育活动。

## 第一节 幼儿园科学教育活动概述

### 一、科学与幼儿园科学教育活动

　　科学是关于自然界、社会和思维的知识体系，同时也指人们用科学的方法探索世界、获取知识的过程，它是人们实践经验的结晶。

　　幼儿园科学教育活动，指的是幼儿在好奇心和科学兴趣的指引下，运用自身的感知器官，主动地和周围的物质世界相互作用，通过感知、操作、思考和交流，探索、发现和理解周围世界中的事物和现象。

### 二、幼儿园科学教育活动的意义

#### （一）幼儿园科学教育对于社会发展的意义

　　在幼儿园中进行科学教育，是学前儿童发展的需要，是学前儿童全面发展教育必不可少的组成部分，也是人类社会进步的必然要求。当今社会正处在一个以知识创新和应用为特征的知识经济时代，也是一个充满了竞争和挑战的时代。现代社会充满变化，我们要帮助幼儿适应现代社会的变化和发展。例如在幼儿学习"保护色"时，我们首先让幼儿了解不同的动物有不同的保护色，如老虎、变色龙等，我们的目的就是引导幼儿在遇到紧急情况的时候学会保护自己。幼儿期的科学教育是整个科学教育体系的奠基阶段，它对提高一个民族的科学素养，培养出科技人才、智能型的劳动者，对人的一生会有很大的影响。因此，社会的发展要求我们重视学前儿童科学教育。

### （二）幼儿园科学教育活动对于幼儿发展的意义

幼儿园科学教育对幼儿个体发展的意义，不仅表现为对认知发展的促进作用，还表现为对幼儿整体发展的促进作用；不仅对童年期的发展很重要，而且对人一生的发展都会产生影响。

1）幼儿园科学教育活动能够促进学前儿童认知、情感和个性的全面发展。学前儿童科学教育能够使儿童的各个方面都获得全面发展：激发幼儿对周围的事物、现象的兴趣、好奇心和求知欲；使幼儿能够综合运用各种感官、动手动脑，探究问题；促使幼儿用适当的方式表达、交流探索的过程和结果；爱护动植物，关心周围的环境，亲近大自然，珍惜自然资源，有初步的环保意识。

2）幼儿园科学教育活动会给儿童的一生带来深刻影响。学前儿童科学教育对个人发展的意义还表现在为儿童一生的发展打下了重要的基础。一方面，儿童早期的科学经验为其将来理解抽象的科学知识提供了具体的表象支持，从而成为引导儿童通向科学世界的桥梁。另一方面，童年时的科学经历，会给人的一生留下深刻的影响和美好的回忆。

3）幼儿园科学教育活动还有助于发现有科学潜能的儿童并促进其良好发展。学前儿童科学教育活动中能够发现一些具有科学潜能的儿童，并为其早期发展创造良好的条件。教师在教育教学过程中如能及时发现这些儿童，并且加以正确处理，就能够使他们在这方面的潜能得以充分的发展，并进一步提升。

## 三、幼儿园科学教育活动的特点

1）幼儿园科学教育活动是让幼儿在主动学习、主动操作、主动感知中获取科学经验，并在获得科学经验的同时获取了科学的知识和方法，培养幼儿对科学教育的兴趣。

2）幼儿园科学教育活动确立了幼儿的学习主体地位，强调通过幼儿自己的主动探究来学习科学，以乐学-会学-会用为价值取向。

3）幼儿园科学教育活动充分挖掘幼儿生活范围中能够理解、值得探究的事物，同时还扩展了幼儿的探究内容以及现代科技的内容。

4）幼儿科学教育活动明确了教师的主导地位，强调教师的作用在于为儿童创设心理氛围，充分利用周围的自然环境和丰富的科学环境，开展各种形式的科学探索活动，综合运用各种方法帮助幼儿在与物质材料的相互作用中探索科学。

## 四、幼儿科学教育的概念与依据

### （一）幼儿科学教育的概念

幼儿科学教育是能引发、支持和引导幼儿主动探究和发现的过程，让幼儿获得有关周围物质世界及其关系的经验，使幼儿获得乐学、会学、会用这些有利于其终身发展的长远教育价值。幼儿园科学教育活动的制定一定要依据幼儿科学教育的概念，有目的、有计划地开展各项活动。

### （二）幼儿学科学的特点

#### 1. 幼儿具有好奇好问的特点

儿童天生具有好奇心，好奇心是儿童学科学的内在动机和原动力。幼儿学科学离不开他们的好奇心，教师应注意利用这一点。幼儿生活中所发生的科学探索行为大多出自他们对这个事物的好奇心。

#### 2. 幼儿具有好探究的特点

美国教育家杜威说："儿童有调查和探究的本能"，探究是儿童本能的冲动，好奇、好问、好探究是儿童与生俱来的学习科学的特点。幼儿的科学探索能力会随着年龄及经验的增长和认知的发展而发展。主要表现为：探索的范围不断扩大，从探索直接接触到的事物，逐渐发展到探索各种感兴趣的事物，包括时间、空间；探究的程度不断深入，从以发现事实为主的探究，逐渐发展到以寻找关系和原因为目的的探究。

#### 3. 幼儿具有好动的特点

幼儿具有活泼好动的天性。幼儿喜欢通过自己的活动探索周围的事物，也喜欢通过自己的操作活动了解事物之间的关系。有的幼儿还喜欢动手制作各种物品，在制作物品的过程中，幼儿不仅满足了自己动手的欲望，而且也获得了一些物体属性的知识和操作物体的经验，还能体验到成功的喜悦。

## 五、幼儿园科学教育活动的目标

### （一）幼儿园科学教育活动总目标

《纲要》提出的科学教育目标有：①对周围的事物、现象感兴趣，有好奇心和求知欲；②能运用各种感官，动手动脑，探究问题；③能用适当的方式表达、交流探索的过程和结果；④能从生活和游戏中感受事物的数量关系并体验到数学的重要和有趣；⑤爱护动植物，关心周围环境，亲近大自然，珍惜自然资源，有初步的环保意识。

### （二）科学教育活动各年龄阶段目标

《指南》中提出的各年龄阶段发展目标见表4-1和表4-2。

表4-1　目标1　亲近自然，喜欢探究

| 3～4岁 | 4～5岁 | 5～6岁 |
|---|---|---|
| 1. 喜欢接触大自然，对周围的很多事物和现象感兴趣 | 1. 喜欢接触新事物，经常问一些与新事物有关的问题 | 1. 对自己感兴趣的问题总是刨根问底 |
| 2. 经常问各种问题，或好奇地摆弄物品 | 2. 常常动手动脑探索物体和材料，并乐在其中 | 2. 能经常动手动脑寻找问题的答案 |
|  |  | 3. 探索中有所发现时感到兴奋和满足 |

表4-2　目标2　具有初步的探究能力

| 3～4 岁 | 4～5 岁 | 5～6 岁 |
|---|---|---|
| 1. 对感兴趣的事物能仔细观察，发现其明显特征<br>2. 能用多种感官或动作去探索物体，关注动作所产生的结果 | 1. 能对事物或现象进行观察比较，发现其相同与不同<br>2. 能根据观察结果提出问题，并大胆猜测答案<br>3. 能通过简单的调查收集信息<br>4. 能用图画或其他符号进行记录 | 1. 能通过观察、比较与分析，发现并描述不同种类物体的特征或某个事物前后的变化<br>2. 能用一定的方法验证自己的猜测<br>3. 在成人的帮助下能制定简单的调查计划并执行<br>4. 能用数字、图画、图表或其他符号记录<br>5. 探究中能与他人合作与交流 |

## 六、幼儿园科学教育活动的基本内容

### （一）人体

#### 1. 人体的结构及功能

人体的整体结构：人体由骨骼、肌肉、组织、器官和运动、血液循环、呼吸、消化、泌尿、生殖、神经、内分泌等系统组成。人体外部结构主要包括头、颈、躯干和四肢，还有皮肤、毛发等。人体内脏器官主要位于人体的躯干之中，从上到下分为三个部分：胸腔、腹腔和盆腔。要让幼儿观察、探索人体的结构，并了解其功能，了解人与人之间既有共同的地方，也有不同的地方，初步知道怎样爱护并锻炼自己的身体。

#### 2. 人的心理活动

人在实践活动和生活活动中，和周围的环境发生交互作用，必然会产生这样或那样主观活动和行为表现，这就是人的心理活动。心理活动主要包括：认知过程、情感过程、意志过程。

#### 3. 个体的生命过程

让幼儿知道人是一个自然实体，每个人都经历着从出生、成长到衰老、死亡的生命过程。同时，在任何条件下，都应该注意安全，保护自己的身体不受伤害和损伤，以避免不必要的痛苦。让幼儿知道自己的来历，告诉孩子他是爸爸和妈妈"造"出来的，是从妈妈的肚子里生出来的，也让孩子意识到自己原来是妈妈身体的一部分，让他知道尊老爱幼。让儿童知道食物、空气和水是人生长发育的基本条件；要合理地摄取营养，适当地运动和休息，锻炼身体；还要使儿童养成良好的生活习惯，以预防疾病，健康成长。

### （二）自然生态环境

#### 1. 动物

动物有很多种，如哺乳动物、鱼类、鸟类、昆虫类、两栖动物等，各种动物都有区别于其他种类动物的特征。幼儿要了解各种动物不同的外部特征和生活习性，知道动物是有生命的，它们需要水、空气和食物维持生命，否则就会死去。了解动物生活在不同的地方，有不同的行为方式，不同的繁殖方式，不同的食性。

**2. 植物**

植物的种类也很多，包括花类、草类、树木、蔬菜、水果、药材等。要让孩子了解植物的种类及其特征。

**3. 动植物与环境的关系**

儿童对动植物特别是动物有着特别的感情。我们可以利用儿童对动植物的兴趣，引导他们观察各种动植物的特征，并初步了解动植物与环境以及和人类的密切关系。本单元须达到如下目标。

认识并观察常见动物（包括家畜、家禽和常见的野生动物）的外部特征和生活习性，知道动物世界的多样性，掌握常见的动物分类方法；认识并观察常见植物的典型特征，掌握给植物进行分类的方法（灌木与乔木、落叶与常绿等）；引导儿童探索和初步了解动植物与周围环境之间的关系，初步形成生态和谐的意识；引导儿童探索和初步了解动植物与人类的关系，认识生态平衡对人类的意义；培养儿童热爱自然、热爱动植物的情感，初步形成爱护动植物，保护大自然的意识。

**4. 无生命物质**

无生命物质是指地球上的沙、石、土壤、水、空气等物质以及宇宙中的太阳、月亮、星星等物质和空间环境。无生命物质也是儿童日常生活中要大量接触到的，了解它们的性质对幼儿了解外部世界和大自然以及形成稳定丰富的认知结构都有非常重要的意义。

**（三）自然科学现象**

**1. 天文现象**

天文现象是幼儿比较感兴趣的内容，他们对生存的宇宙充满了幻想与想象。从小就对天空中的太阳、月亮、星星等有着好奇心和兴趣。我们应该给幼儿解释各种天文知识，让幼儿通过观察天文现象，获得相关的经验。

**2. 感受季节气候的变化**

气候和季节的变化是幼儿在日常生活中经常遇到的内容，教师可在不同的季节讲述跟该季节相关的知识内容，让幼儿感受到不同季节的变化，掌握简单的知识。例如，一年有四季，春夏与秋冬，有规律地变化着，不同的季节有不同的天气现象，不同的动植物，当然，地方不同，季节的典型特征、变化不同。

**3. 物理现象**

通过观察和具体材料的操作，了解和认识力、光、热、声、电、磁等物理现象，初步认识这些现象的原理，并熟悉这些现象在生活中的应用，培养儿童对物理科学的兴趣，为儿童日后系统学习物理科学知识打下良好的基础。

**4. 奇妙的化学现象**

在日常生活中有趣的、安全的、简单的化学现象较多，我们可以将这方面的内容纳入幼儿科学教育中来，让他们去探索、去发现。例如，让儿童观察土豆、苹果等用刀切完后，过一段时间后会发生什么样的变化；点燃的蜡烛会出现什么情况；把糖放入嘴里感受甜的味道或放入水杯中观察白糖的溶解过程等。

5. 科学技术教育

1）日常生活中的科技用品。让幼儿认识现代家用电器及其使用方法和主要用途，学会简单的使用方法，知道其在人们生活中的重要作用。

2）了解、熟悉著名的科学家的故事，感受、体验科学家的探索、发明创造的过程。

3）增强幼儿的环保意识，培养其环保行为。

## 七、幼儿园科学教育活动的原则

### （一）教师指导和儿童探索活动相结合

幼儿园科学教育活动是在教师的指导下，幼儿主动学习、主动探究的活动，教师要在幼儿进行探索活动的过程中进行指导，既要让幼儿通过自己的探索活动学习科学，同时也不能忽视教师的指导作用，要把两者有机地结合起来。

### （二）集体活动、个人活动和小组活动相结合

在幼儿园进行科学教育的过程中，教师要采用不同的组织形式，调动幼儿探究的积极性和主动性。集体活动、个人活动和小组活动是幼儿园科学教育活动中三种不同的组织形式，要把三者有机结合进行教育，采用不同的组织形式开展活动，发挥各种组织形式的优点，让幼儿在不同的组织形式中获得科学经验。

### （三）科学教育活动和幼儿园其他教育活动相结合

现在的幼儿园教育，是各种活动的整合教育，科学教育也不例外。科学教育活动应跟幼儿园其他教育活动结合起来，在进行科学教育的过程中，科学教育跟语言教育、社会教育、艺术教育等不同领域内容相互渗透，相互补充，更加调动了幼儿学习科学的积极性和主动性。例如，在幼儿科学教育活动开始时，我们可以用歌曲、故事、儿歌导入活动，在活动结束时，也可以通过歌表演结束活动。

### （四）幼儿园教育和家庭、社会教育相结合

幼儿园教育和家庭、社会教育相结合的原则，是指幼儿科学教育过程中，要充分利用各种教育资源。例如，在认识"各种各样的鱼"时，我们可以把这个工作布置给家长，让家长有机会带孩子去参观鱼，让孩子讲述自己观察到的内容。幼儿园教育和家庭、社会教育相结合的原则，是幼儿教育的一个基本原则。

## 八、幼儿园科学教育活动的方法

幼儿园科学活动的方法即指在组织幼儿科学活动时，指导儿童学科学的方法，也指幼儿在科学活动中所采用的学习方法。即"教师怎样教，幼儿怎样学"的方法。

### （一）观察

在幼儿科学教育中，观察是认识事物的最主要方法。在幼儿园科学教育中，观察一般分为个别物体和现象的观察、比较观察、长期系统观察三种类型。

教师在指导幼儿观察时要注意：①利用观察对象的显著特征激发幼儿的观察兴趣；②引导幼儿运用多种感官感知事物的特征；③通过启发性提问引导幼儿观察；④将观察和操作活动相结合。让幼儿通过对操作对象的操作、摆弄，全面地观察事物，并了解观察对象的变化；⑤要鼓励幼儿用语言表达观察中的发现。

### （二）分类

分类是把一组物体按照特定的标准加以区分的过程，即抽取同类事物中的共同特征进行抽象和概括。幼儿活动的分类是指帮助幼儿把具有某一个或几个共同特征的物体聚集在一起的活动过程。通过分类练习，可以巩固幼儿对各种类别物品特征的认识。在科学活动中，分类的方法主要可以分为挑选分类、根据特定的标准分类和根据自己确定的标准分类三种。

在组织幼儿分类活动时，教师应注意以下几点：①给幼儿提供充足的感性材料，帮助幼儿辨别事物的特征、差异，引导幼儿在看看、摸摸、玩玩、比比中，感知事物的各种属性；②帮助幼儿明确分类标准或鼓励幼儿自己确定分类标准；③提供给幼儿摆弄、尝试分类的充足时间。

### （三）测量

测量是幼儿利用目测或简单的工具，对物体进行简单的、初级的测定活动。幼儿的测量包括大小、长短、粗细、高矮、轻重等内容，如用绳子、尺子测量桌子的高度，用温度计测量气温等。在幼儿科学教育中，可以进行测量的内容有：①测量物体的个别特征；②观察与测量动、植物的生长情况；③观察与测量天气情况，如设置"气象角"，测量记录气温的变化。

教师在组织幼儿测量活动时的指导要点：①教会幼儿使用测量工具；②教会幼儿记录测量结果的常用方法。记录测量结果有图画式和表格式等，幼儿运用这些记录方法记录测量结果，既生动又便于交流。

### （四）科学小实验

科学实验是指在人为条件下，利用一定的仪器或设备，通过操纵变量来观测相应的现象和变化的方法。由于幼儿还不能在逻辑的基础上理解事物之间的因果关系，因此，幼儿的科学实验还谈不上是严格意义上的科学实验。幼儿的科学实验对变量的操纵和控制比较简单，所揭示的是事物之间明显可见的、表面上的因果关系。幼儿科学实验的种类通常为教师演示实验和幼儿操作实验两种。

教师在指导幼儿开展科学小实验时，应注意以下问题：①提供充足、多样的实验材料，以保证幼儿能反复操作；②积极引导幼儿主动参与活动，自主探索，自主建构知识；③引导幼儿在实验中仔细观察，引导幼儿学习记录实验中的发现；④组织幼儿对实验的现象和结果开展讨论、交流，引导幼儿分析实验中观察到的现象，鼓励幼儿解释实验的结果；⑤鼓励幼儿提出问题，但不要急于把问题的答案告诉幼儿，要和幼儿展开平等的讨论，共同探究问题，要从幼儿的立场体会幼儿的疑惑。

### （五）科学游戏

幼儿园的科学游戏是借助于自然界的物质材料，包括水、石、沙、土、竹、木、树叶、贝壳等，以及科技产品、玩具、图片等物，把科学的道理寓于游戏之中，通过幼儿参与有一定规则的、有趣的玩耍、操作活动，达到某一科学教育的要求，促进幼儿的发展，它是进行科学启蒙教育的一种有效方法。

幼儿科学游戏的内容丰富，形式多样。常见的主要有以下几种：①感官游戏。这类游戏主要是让幼儿运用感觉器官，感知辨别自然物体的属性和功能，如"奇妙的口袋"、"神奇的罐子"等就属此种游戏。②操作游戏。这类游戏是指通过给幼儿提供操作玩具或实物材料，让幼儿在自由的操作过程中（有时也要借助于一定的操作规则），获得有关科学经验的游戏。③情景性游戏。这类游戏是教师根据一定的意图，随机选择或创设特定的情景，让幼儿观察、思考，从中发现事物之间的联系，让幼儿运用已有的知识经验反映、再现或表演他们对事物的认识，或运用已有知识经验处理特定情景下遇到的问题。④运动性游戏。这类游戏是寓科学教育于体育活动的游戏。这类游戏适宜在室外进行，活动量较大，如捉影子、吹泡泡、玩水、玩沙、放风筝等。⑤竞赛游戏。竞赛游戏是以发展幼儿思维敏捷性和灵活性为特点，以竞赛判别输赢的游戏。竞赛游戏适合中、大班开展。

在组织指导集体性的科学游戏活动时要注意以下几个方面：①游戏开始前要使幼儿集中注意力，调动幼儿参与科学游戏的热情；②帮助幼儿理解科学游戏的规则；③科学游戏活动中，教师要关注游戏的进展，同时还要关注幼儿在游戏中的反应，必要时对个别幼儿提供一些帮助；④做好科学游戏评价工作。游戏结束时，可组织幼儿交流游戏中自己的所想所见和内心感受等，表扬每一个幼儿在游戏中的出色表现。

### （六）种植和饲养

种植和饲养是幼儿学科学的一项实践活动，是幼儿探索生命科学的重要方法，是幼儿感兴趣和喜爱的活动。在种植和饲养的过程中，幼儿可观察到动植物的生长、发育、死亡等生命现象，生物与非生物的关系，人与自然的关系，获取生命科学的经验，理解有关生物科学的简单概念。在种植和饲养过程中，幼儿能发现动植物是在自己亲自管理和照料下逐渐变化和成长的，易于激发幼儿愉快的情绪体验，使幼儿产生对动植物的积极情感，进而产生保护、爱护动植物的情感和行为。幼儿从种植和饲养中，还能学习简单的种植、饲养技能，培养幼儿爱劳动的品质。

### （七）散步和采集

散步和采集是幼儿喜爱的活动，是幼儿科学教育的方法之一。散步和采集能使幼儿接触到自然界的许多新异刺激，能感受大自然的美，锻炼幼儿的感知和观察力，促进其探索思考，有益于幼儿身心健康发展。

散步和采集活动与其他活动有较大的差别，教师在指导幼儿外出散步时，要注意以下几点：①计划性和灵活性相结合。制定散步活动计划只要确定时间、地点和路途长短等即可，不宜制定过细而具体的要求。②集中和分散相结合。既要保证每个幼儿能充分自由地和大自然直接接触，又要保证幼儿的安全。③散步中引导幼儿观察的内容和采集的对象可以和正规性活动的内容相结合。此外，散步和采集活动可以和游戏、朗诵诗歌、散文和唱歌相结合，这样就更增加了散步的趣味性。

### （八）早期科学阅读

早期科学阅读是指幼儿阅读寓有科学知识的作品，包括科学普及读物、科学故事、科学诗歌、谜语等。早期科学阅读有利于丰富和拓展幼儿的科学经验，激发他们对科学的兴趣，帮助他们理解科学概念。早期科学阅读的内容非常丰富，按照内容，早期科学阅读可以分为科学童话、科学故事、科学诗、科学谜语、科学画册等。

教师进行早期科学阅读活动指导要注意：①早期科学阅读可以由教师结合科学教育的内容指导幼儿阅读，也可以由幼儿选择自己喜爱的作品阅读；②供幼儿进行早期科学阅读的作品，应该是画面大、色彩鲜艳、文字少而浅显的，内容要富于趣味性和新颖性，以吸引幼儿的阅读；③早期科学阅读的作品一般应该围绕一个科学现象或概念展开其情节，避免内容松散，以便使幼儿通过阅读能留下比较深刻的印象。

## 第二节 幼儿园科学教育活动设计与指导的策略

### 一、幼儿园科学教育活动设计与指导的内涵

幼儿园科学教育指幼儿在好奇心和科学兴趣的指引下，运用自身的感觉器官，主动地和周围的物质世界相互作用，通过感知、操作、思考和交流，探索、发现和理解周围世界中的事物和现象的学习活动。

### 二、幼儿园科学教育活动设计与指导的基本特征

#### （一）教育内容要生活化和具有生成性

1. 教育内容的生活化

幼儿园科学教育的内容来源于生活，贴近幼儿生活实际，能使幼儿体验和感受到这些内容对自己和同伴的意义，发现和感受到周围世界的神奇，体验和领悟到科学就在身边。这为幼儿认识周围物质世界提供了直接经验，是理解科学对于人们生活的实际意义的前提和实际背景，为培养幼儿真正的内在的探究动机，保持永久强烈的好奇心和探究欲望，使幼儿获得真正内化的科学知识和经验提供了前提和可能。

2. 内容的兴趣性和生成性

幼儿对感兴趣的东西学得积极主动、效果好。兴趣使幼儿主动地从事某种活动，

从中获得经验和乐趣。兴趣是学前儿童自觉学习和发展的动机力量。兴趣使幼儿敢于冒险，并使活动得以维持。儿童没有兴趣就缺乏真正的动机。在教育实践中，教师们常常从自己的经验出发选择教育内容，也常常因为许多幼儿不感兴趣而懊恼。因此，教师要改变自己的教育出发点，要花时间寻求幼儿感兴趣的事物和内容，生成科学教育活动，使幼儿科学教育活动成为幼儿感兴趣的活动是引导幼儿主动探究的前提。教师要发现、支持、扩展和利用幼儿感兴趣的活动，发现、保护和培植幼儿可贵的好奇心和探究兴趣。

### （二）教育过程能引导幼儿主动探究

幼儿园现行的科学教育在很大程度上解放了孩子的手脚，孩子运用感官和操作多了，但幼儿的头脑还没有得到真正的解放。幼儿的头脑总是在老师的指挥下运转，听教师的解释，看教师让看的东西，回答老师认为幼儿应该知道的问题。这是一种"只见教师主导教，不见幼儿主动学"的状况，必须彻底改变。真正的主动探究学习，应是幼儿积极主动的与客观事物相互作用，作用的结果不断强化或调整幼儿对客观事物原有的认识过程。科学教育的过程必须成为幼儿的探索性过程，成为幼儿猜想、尝试和发现的过程。

### （三）教育活动的结果要使幼儿获得广泛的科学经验

幼儿认识事物的特点使他们不可能获得真正的科学知识和科学概念，幼儿科学教育活动要引导幼儿经过探究活动获得广泛的科学经验。

### （四）教育价值的可持续性和多项性

任何科学活动和教师的指导策略所应追求和实现的核心目标与价值就是幼儿的可持续发展。在科学教育活动中能否使幼儿获得可持续发展的、具有终生价值的大目标，是我们衡量科学教育活动成败与否的核心原则。科学活动作为幼儿与物的交往和认识活动，它所实现的教育价值是多方面的。

### （五）教育组织方式的多样性和灵活性

科学教育应注重幼儿自发的个别探究和小组探究活动。长期以来，上课或称教师有组织的集体活动是幼儿科学教育活动的主渠道，甚至是唯一渠道。其实，幼儿自发的个别活动和小组活动应受到特别的重视，甚至应成为幼儿科学教育的主渠道。教师应支持和引导幼儿这些活动，集体活动也应在此基础上扩展和生成。幼儿科学教育活动应灵活地渗透于幼儿的一日生活，在幼儿进餐和饮水时，在盥洗和户外活动时都可以进行。

## 三、幼儿园科学教育活动中活动内容的设计与指导

### （一）活动目标的设计与指导

活动目标首先应该依据幼儿科学教育的总目标来设计，同时还应该考虑到阶段性目标和本班幼儿的实际情况，同时结合活动课题提出有针对性的目标。在设计活动目标时，应考虑到如下方面：

### 1. 科学态度目标的设计

科学态度目标包括情感态度及个性品质的培养。例如培养幼儿爱护动植物的情感，培养幼儿节约用水、保护水资源的情感，培养幼儿尊老爱幼的情感，培养幼儿合作的意识等。

### 2. 方法技能目标的设计

方法技能的目标是指通过活动，帮助幼儿发展哪些能力，形成哪些技能，学习哪些方法。例如，培养幼儿的动手操作能力，培养幼儿细致观察的习惯和能力，培养幼儿的语言表达能力，培养幼儿的人际交往能力等。

### 3. 科学知识目标的设计

科学知识是指科学经验的获得、科学概念的学习，包括通过活动，使幼儿获得哪些经验，形成哪些科学概念。例如，在开展"风是怎样形成的"活动时，让孩子知道"风是通过空气流动形成的"，同时，还要知道各种各样的风；在开展"小动物是怎样过冬的"活动中，孩子要掌握不同的过冬方式，有的动物换毛，有的动物南飞，有的动物冬眠，有的动物产卵以后死亡等；再如，在给幼儿介绍动物时，就应该让幼儿知道动物的外部特征、生活习性和动物的种类等；如果介绍植物，就应该让幼儿掌握植物的种类、外部特征和生长习性等。

### 4. 幼儿的接受能力

活动目标的制定应符合幼儿已有的发展水平。活动目标是为特定的幼儿群体设计的。教师在设计活动目标时，首先应该考虑到幼儿的年龄特点、身心发展特点和接受能力，然后再将科学教育活动中的目标具体化。

### 5. 目标的灵活性

幼儿科学活动的目标设计应具有灵活性，能够应付活动过程中突如其来的各种变化。

## （二）活动具体内容的设计与指导

幼儿科学教育中活动内容的选定，就是从幼儿科学教育的内容范围中，选择适合开展集体教学、适合幼儿探究学习的活动内容，以便于教师开展集体教学活动。幼儿科学教育的内容广泛，有些内容适合个别教学，有些内容适合开展集体教学。因此在选择科学教育活动的内容时，一定要注意教育来源于生活，贴近幼儿的实际生活经验，应选择与幼儿实际生活经验相联系的内容，这样既能调动幼儿学习的主动性和积极性，又能培养幼儿良好的生活习惯和态度，还加强了日常生活知识的学习。例如，认识红绿灯，让孩子玩"开汽车"的游戏，不仅能增强孩子学习的积极性和主动性，同时还使孩子养成遵守交通规则的良好生活习惯，还能掌握红绿灯的儿歌等知识。

## （三）活动导入的设计与指导

活动导入环节是幼儿科学教育的重要组成部分，活动导入设计的好，就能调动孩子操作的积极性和主动性，更能调动孩子学习的兴趣。因此，在设计活动导入时，需要教师多动脑筋，想办法，比如，可以通过以下方法导入活动。

1）儿歌导入活动。例如，在"认识手的活动"中，可以用《手指歌》导入活动：大拇哥，食指弟，中三娘，四小弟，小妞妞，去看戏，手心手背，心肝宝贝！

2）谜语法导入活动。在"认识眼睛的活动"中，可以通过谜语"上边毛，下边毛，中间一个黑葡萄"导入活动；在"认识手的活动"中，可以通过谜语"一棵树，五个叉，不长叶来不开花，做事情全靠它"。

3）直接操作材料导入活动。例如，在进行"沉与浮"活动时，给幼儿准备好水和各种各样的材料，让幼儿直接操作材料导入活动。

4）通过简短的指令、提出问题导入活动。可以利用直接指令或提问，开门见山式地开始活动。例如，在认识鸟类时，教师一开始就问："小朋友见过鸟吗？"有时候也可以直接利用指令，如在观察常绿树与落叶树的时候，带孩子到院子里，提出要求："仔细找一找，看看哪些树是常绿树？"

5）通过演示现象导入活动。例如，在认识磁铁时，教师可以演示"同极相斥，异极相吸"的现象，引起孩子的兴趣，导入活动。

### （四）活动过程的设计与指导

活动过程是引导幼儿主动学习、积极探索实现行动目标的过程，所以教师应灵活、熟练地实现从每一个环节向下一个环节的过程。在活动中教师要注意观察幼儿的活动情况，了解幼儿的兴趣，进行随机教育。在活动基本部分，教师要注意提问的设计。

教师所设计的问题，对于启发幼儿的思维能力、想象能力会起到很大的促进作用。教师应注意在教学过程中更多地使用开放性问题，封闭式问题尽量少用。同时，教师设计问题时应该注意：问题要抓住事物的本质特征；要引起幼儿的关注，为每一个环节做好铺垫；要从幼儿回答的多种可能方面来做准备；所设计的问题要有层次性，使每一个幼儿能在原来的基础上得到发展；教师所设计的问题要注重情感性，以免扰乱教师自己与幼儿的思路，得到反面的结果；问题的语言要具体、明确生动，要让幼儿能听懂，方便幼儿回答。

### （五）活动结束和延伸的设计与指导

活动结束部分时间大约需要 2~3 分钟，这部分设计应既能够让孩子轻松快乐地结束活动，还要结合活动的具体内容，同时又能够让幼儿有所延伸。活动结束可以用以下方式来进行。

1）以儿歌、歌曲的形式结束。例如，在"认识小手的活动"中，活动结束可以用"我是一个大苹果"：我是一个大苹果，小朋友们都爱我，请你先去洗洗手，要是手脏别碰我。

2）以舞蹈的形式结束。例如，在"动物猜猜看"的活动结束时，通过舞蹈"找朋友"结束，让孩子在欢快的表演中结束活动。

3）以相互展示自己的作品结束。一般情况下，制作活动结束时，可让小朋友相互展示自己的作品，讲述自己的作品，例如"制作不倒翁"。

4）提出要求或建议，让孩子在活动结束以后继续探索。

5）以与幼儿一起总结并评价这次活动结束。

# 第三节 幼儿园科学教育活动设计与指导案例及评析

## 活动一 磁铁的秘密 （大班）

**【设计意图】**

设计本活动的主要目的是想让幼儿教师掌握教案涉及的基本步骤，通过新颖的导入方式，引起幼儿的兴趣。启发式教学在幼儿教育中的运用，学前儿童科学教育的内容与日常生活的紧密结合，也是幼儿教师应该掌握的。

**【活动目标】**

1）激发幼儿动手操作的兴趣，培养幼儿积极探索的科学态度。

2）培养幼儿动手操作和发现问题、解决问题的能力。

3）通过探索知道磁铁有磁性，磁性大小与磁铁大小有关。

4）让幼儿体验探索的奥秘，初步认识 N、S 两极，通过操作感知同极相斥，异极相吸。

**【活动准备】**

1）小鱼卡片（带回形针的和不带回形针的两种）、系着磁铁的鱼竿、木偶。

2）磁铁（大小若干）、铁钉、回形针、木条、贝壳、毛线、纸。

**【活动过程】**

1. 活动导入

钓鱼游戏导入，引起幼儿兴趣。"今天老师带小朋友去钓鱼，小朋友想去吗？""那我们快点行动起来吧。"

2. 活动展开

（1）探索磁铁有磁性

通过游戏钓鱼，教师提问："为什么有些顽皮的小鱼总是钓不上来呢？钓上鱼来的小朋友，拿着小鱼看一看，你发现什么了？"

"在鱼的嘴上有铁做的回形针，我们的鱼竿上系着一块磁铁，当我们用系着磁铁的鱼竿去钓鱼时，带回形针的小鱼就被钓上来了，没有回形针的鱼就钓不上来。"通过钓鱼，幼儿知道磁铁可以吸住铁制的回形针。

（2）教师提问

"磁铁可以吸住回形针，还能吸住什么吗？"

让幼儿分组坐在座位上，拿着磁铁在桌上的物品中开始进行探索。探索后，让幼儿说一说，他们还发现磁铁可以吸起什么，幼儿回答后，教师总结，磁铁可以吸住铁制的物品。

（3）磁铁具有的磁性大小和磁铁本身大小有关

教师用大磁铁把纸张吸在了黑板上，也请小朋友用手里的小磁铁吸一吸看看，幼儿尝试，发现小磁铁根本吸不住大纸。教师提问，为什么小朋友的磁铁吸不起来呢？幼儿回答。教师总结，大的磁铁磁力大，吸东西的能力就强，小的磁铁磁力小，吸东西的能力也就弱。

（4）认识南北两极

让幼儿观察磁铁，看他们发现什么了，并让幼儿回答。再让幼儿拿磁铁相互吸一吸，看看有什么新发现，幼儿进行新的探索。教师提问："相互吸一吸后，发现了什么，有什么感觉？"幼儿自由回答。磁铁有两个极，在磁铁的两端有字母表示，N 代表北极，S 代表南极。当两块磁铁相同的两极相遇时，是相互排斥的；两块磁铁不同的两极相遇时，是可以吸住的，再次让幼儿实验，教师让幼儿个别演示操作并讲述。教师操作，并教顺口溜：相同两极扭扭头，不同两极牵牵手。

（5）磁铁在生活中的运用

教师出示木偶："咦？小朋友，你们看这是谁来了？""大家好，我是叮叮，你们知道我是要去干什么吗？我帮奶奶去买了一盒绣花针，正要给奶奶送去呢，唉呦，都怪我不小心，瞧，我把针撒了一地，这针这么小，撒在地上怎么找呀？快请小朋友帮帮我吧！"教师提问："谁能想个好办法来帮帮他？"幼儿回答并动手操作。感受快乐，发散思维，磁铁除了可以找到细小的针，还可以干什么呢？分组讨论并回答。

"小朋友想一想，生活中有哪些东西可以用到磁铁？比如铅笔盒上的磁铁，妈妈包上的小磁扣，门后的门吸等。可是有一点，小朋友们要注意，家电、手表、收音机、磁卡等不是磁铁的好朋友，不要用磁铁靠近它们，不然会把它们损坏。"

【活动结束和延伸】

小朋友现在知道了磁铁的小秘密，我们来做一个"碰一碰"的游戏吧，现在每个小朋友就是一块小磁铁，大家自己看看胸前的标记，看看自己是 N 极还是 S 极，小朋友想想，刚才我们说的顺口溜是什么？我们一起说。当两个一样的极碰到一起时，两个小朋友就摆摆手，两个同极遇见就搂在一起抱一抱，现在我们放音乐一起游戏吧！

【设计评析和具体指导】

该活动通过钓鱼游戏导入，激发幼儿探究的兴趣性，幼儿通过动手操作，了解了磁铁的性质，培养幼儿动手操作和发现问题、解决问题的能力。结合磁铁在日常生活中的运用，让幼儿对磁铁的性质和应用有了全面的认识，特别是教师关于磁铁性质的自编儿歌"相同两极扭扭头，不同两极牵牵手"，足以说明幼儿教师的工作也是主动学习、主动探索的一个过程。

## 活动二　声音的秘密（中班）

【设计意图】

该活动是一节正规性科学活动，属于自然科学现象的内容，是物理现象的内容之一，通过该内容的设计，让幼儿教师对其他的物理现象，如电、光、磁、热等科学活动的设计有了全面的认识。

**【活动目标】**

1）了解、分辨乐音和噪声，养成轻声说话的好习惯。

2）能自由地选择材料进行对声音的探索，知道物体震动可以产生声音。

**【活动准备】**

各种音乐的声音资料；各种乐器若干；各种盒子、皮球、哨子等；大鼓四面；小玩具若干。

**【活动过程】**

1. 活动导入

1）小朋友们好！今天来到这里听到你们甜美的声音，老师也想用最好听的声音为小朋友唱一首歌！

2）下面请小朋友听听大自然中还有什么声音？

3）小朋友边听边随着自主地做动作。

2. 活动展开

（1）声音的产生

1）教师："这些奇妙的声音是怎么产生的呢？老师为小朋友准备了鼓和各种小玩具，我们一起去敲一敲，看一看敲鼓时小玩具有什么变化？"（小朋友可以自主地实验，教师巡回指导）

2）"请小朋友收好玩具，轻轻地坐到小椅子上。看刚才小朋友专心的样子，谁来告诉老师敲鼓的时候玩具有什么变化？鼓面有什么变化？"

3）"下面咱们再来做一个小实验，请小朋友手摸着自己的喉咙，不发出声音的时候有什么感觉？自由说一句话，又有什么感觉？"

4）教师总结：声音就是由物体的震动产生的。

（2）声音的特征

声音的大小：

1）教师："下面老师请小朋友轻松一下，听老师打两段节奏。"（打两段节奏，一段声音大，一段声音小）

2）教师："声音为什么会有大有小的变化呢？大的声音是怎样产生的？小的声音是怎样产生的呢？我们再回到鼓边敲一敲、试一试。"（实验中，小朋友自主说出轻轻敲鼓声就小，重重敲鼓声大；轻轻敲，鼓面震动小，重重敲，鼓面震动大）

3）教师："小朋友刚才敲鼓时发现了什么？"

"科学家叔叔把震动的大小叫做振幅，振幅越小，声音越小；振幅越大，声音越大。小朋友真聪明，这么快就懂得了这么多科学知识，快鼓励鼓励自己吧！"

声音的音色变化：

声音不仅有大小的变化，还有音色的变化，请幼儿通过游戏感受各种物体发出不同的声音。

噪声和乐音：

1）讨论听过的乐音和噪声并提问小朋友听到不同的音乐有什么不同的感受。

2）在生活中，应该怎样做才能减少噪声的污染，拥有更美的环境。

【活动结束和延伸】

老师和小朋友一起歌唱出教室。

【设计评析和具体指导】

教师通过甜美的歌曲导入活动，引起孩子对乐音的兴趣，然后让孩子听自然界的声音，给孩子提供各种教具探索声音是怎样产生的，进而探索声音的大小跟力气的关系，同时进行情感教育减少噪声，养成轻声说话的好习惯。

## 活动三　认识沙石（中班）

【设计意图】

认识沙石是学前儿童科学教育内容下自然生态环境中的无生命物质的一个内容，通过对该内容的设计，让幼儿教师对无生命物质教育活动在幼儿园的开展有一个全面的认识。

【活动目标】

1）通过观察、讨论等活动，发现沙、石的用途以及它们和人们生活的关系，培养幼儿对周围环境的探索兴趣。

2）发展幼儿的观察力和语言表达能力，学习用沙、石来表现各种造型，培养幼儿的创造性。

3）通过幼儿自身的探索活动，初步认识沙子和石头的特征，知道沙子和石头是多种多样的。

【活动准备】

（1）知识准备

平时散步、参观、春游及秋游活动时，引导幼儿观察用沙、石做的各种建筑，看石人、石马、石子路，看工人用水泥、沙子造房子，帮助幼儿积累经验；游戏中让幼儿玩沙，科学桌上放置幼儿捡的各种石头。

（2）物质准备

每人一块石头，每组一个盆，放上水，给幼儿各种形状、大小不一的石头，黄沙（粗的和细的），玩沙工具若干，有关石头建筑的图片，沙盘两个（分别装干沙和湿沙）。

【活动过程】

1. 活动导入

实物导入：出示石头和一盘沙，引起幼儿的探索兴趣。

2. 活动展开

（1）探索活动：沙、石的由来

1）提出问题，让幼儿讨论：是先有石，还是先有沙？

2）做沙、石的实验。

将一团捏在一起的湿沙，用吹风机吹，观察其变化。

教师小结：地球上的沙，由于湿度的变化和挤压，可变成岩石，而岩石经过风吹、日晒或水浪的冲击可变成大石头。大石头可再变成小石头，小石头可变成粗沙。粗沙进一步又可变成细沙。所以，可以说沙是石头变的，石头也是由沙变的。

3）让幼儿再次做上述沙、石实验，验证是否正确。

（2）探索活动：认识石头

1）让幼儿自己玩自己的石头（每人一块，颜色、大小、形状不一）。

2）启发提问：①石头是什么样的？（硬硬的）②摸上去有什么感觉？（粗糙、光滑）③你手里的石头是什么颜色的，什么形状的？④把石头放在水里看看有什么变化？

3）教师帮助幼儿整理，形成认识："听了其他小朋友的发言，你发现什么？"（引导幼儿说出：石头是多种多样的，颜色有……，形状有……）

教师小结石头的特征。

4）讨论：石头有什么用？

铺路、铺地、筑防洪堤、做假山、石桥和石凳、石栏杆（教师出示一些图片让幼儿看），还可用来做工艺品。

教师小结得出结论：人们的生活离不开石头。

（3）探索活动：认识沙

1）请幼儿到大沙盘里玩沙。

教师提问："这是什么？它与石头有什么不同？"

2）让幼儿玩干沙和湿沙。

教师提问："感觉有什么不一样？你发现了什么？"（干沙捏不拢）

3）给幼儿看各种不同的沙子。

让幼儿触摸粗沙、细沙，问他们有什么不同感觉。

4）讨论：①在什么地方看到过沙子？（土地上、海边、电视上的大沙漠里……）②沙子有什么用？能为人们做些什么？（造房子、给小朋友玩建筑游戏……）

**【活动结束和延伸】**

幼儿创造性活动：请幼儿集体用沙子和石头来建筑美丽的公园（分成小组进行），在玩中结束活动。

**【设计评析和具体指导】**

《纲要》中指出：幼儿是教育活动的积极参与者而非被动接受者，活动内容必须与幼儿兴趣、需要及接受能力相吻合。该活动贴近幼儿的生活，有较强的趣味性，整个活动体现了"在玩中学"及"在玩中探索"的教育思想。活动设计由浅入深，由易到难，循序渐进，层次感突出：从最初的探索沙、石的由来到玩沙、石再到用沙子和石头来建筑美丽的公园，层层递进，引导幼儿将所获得的经验应用于生活之中。在活动中，教师既关注幼儿的积极参与和主体地位的体现，又注重教师主导作用的把握，让活动紧紧围绕中心进行，有条不紊。

本章思考题

1．幼儿科学教育活动的特点有哪些？
2．幼儿园科学教育活动的原则有哪些？
3．幼儿园科学教育活动的方法有哪些？
4．幼儿园科学教育活动设计与指导的原则有哪些？
5．幼儿园科学教育活动设计与指导的方法有哪些？
6．分别设计、评析一个幼儿园科学教育活动案例。

# 第五章
## 幼儿园数学教育活动设计与指导

　　集合、数、量、形、时间、空间是物质世界的重要特征，是幼儿认识世界的重要内容。幼儿园数学教育活动是幼儿探索物质世界、发展思维的重要途径，是幼儿全面发展的重要手段。幼儿数学教育要让幼儿体验数学的有用和有趣，应主要通过幼儿直接感知、实际操作、亲身体验等方式学习。本章主要从幼儿园数学教育活动的概念、意义、目标、内容、途径，幼儿园数学教育活动设计与指导的原则、方法以及幼儿园数学教育活动设计与指导案例分析等三个方面进行阐述，重点是掌握幼儿园数学教育活动设计与指导的原则和方法，学会设计与指导幼儿园数学教育活动。

## 第一节　幼儿园数学教育活动概述

　　当今社会，数学不仅是现代科学技术的基础和工具，而且是幼儿认识自然科学的基础。学前儿童数学教育是对幼儿进行全面发展教育的重要组成部分。它是幼儿在教师或者成人的指导下，借助直观教具和材料，通过儿童自身的操作和建构活动，对客观世界中的数量关系及空间形式进行感知、观察、操作、发现并主动探究的过程。能够让幼儿产生学数学的兴趣，帮助幼儿形成大量的数学感性经验，主动建构表象水平上的初步数概念，掌握简单的数学方法和技能，发展幼儿的思维能力以及养成良好的学习习惯。

### 一、数学与幼儿园数学教育活动

　　数学是一门研究客观世界中数量关系和空间形式的科学。其本身具有抽象性、逻辑性、精确性和应用性的特点。幼儿园数学教育活动是通过一定的途径和方法，让幼儿获得一定的数学知识、经验，形成数学技能的活动。数学是一门系统性、逻辑性很强的学科，有着自身的特点和规律，需要教师有目的、有计划的设计和组织数学环境和活动，启发、引导幼儿系统地学习数学知识。同时幼儿的年龄特点和数学教育的特点决定了数学教育不仅通过教学活动实现，而且也要渗透在幼儿的一日生活及其他各领域的教学活动中。

## 二、幼儿园数学教育活动的意义

### （一）帮助幼儿认识周围世界

我们生活的现实环境中，世间万物都以一定的数、量、形存在着。幼儿从出生到成长的过程中，生活的环境越来越大，从家庭到社区、幼儿园、公园、商店等。接触的范围越来越广，从父母亲人到左邻右舍、老师、同伴、生活中形形色色的人。幼儿只有在掌握简单的数学知识和技能的基础上，才能正确地认识周围的环境事物，表达自己的感知体验。比如，孩子对于自己手指长短的认识，对玩具形状的认识，知道太阳是圆的，去幼儿园的时间在白天等。所以通过幼儿园数学教育活动，可以让幼儿把抽象的数学知识运用在认识周围环境和生活中的具体形象的事物中，满足幼儿认识世界的需要。

### （二）激发幼儿兴趣、培养幼儿的好奇心和探究欲望

幼儿自出生后周围的一切事物对于他们来说都是新奇的，所以幼儿对一切新鲜事物都充满了兴趣和探索的欲望。幼儿园数学教育活动为幼儿提供了探索的环境和材料，在对材料的观察、摆弄、实验、发现、探索的过程中，幼儿的兴趣、好奇心和探索欲望得到了满足。例如，幼儿通过对积木的摆弄获得了图形建构的知识，满足了对建筑物形状的好奇心。

### （三）发展幼儿思维能力，培养幼儿思维品质

苏联教育家加里宁提出：数学是思维的体操。数学本身抽象性、逻辑性、精确性和应用性的特点，使得幼儿在学习数学知识的过程中，需要把感知过的材料进行分析与综合、抽象与概括、判断与推理，然后由感性认识上升到理性认识。在这个过程中，教师通过创设良好的环境、充足丰富的材料、生动有趣的活动形式，激发幼儿思维的主动性和积极性，培养幼儿思维的敏捷性和灵活性，初步发展幼儿抽象思维能力和推理能力。

### （四）为幼儿进入小学学习数学奠定良好的基础

数学作为普通教育中一门重要的基础课程，幼儿园数学教育活动无疑为幼儿进入小学学习打下了坚实的基础。虽然幼儿园数学教育活动在数学教育目标、方法、和任务上和小学数学教育存在很大的差异，但是幼儿园数学教育可以让幼儿接触到一些粗浅的数学知识和概念，逐渐积累数学的感性经验。为幼儿以后形成正确的数学概念打下基础。研究表明，入学前受过学前教育的幼儿在语文、数学两门学科上的成绩要远远高于没有接受过学前教育的幼儿。

## 三、幼儿园数学教育活动的依据

### （一）幼儿数概念发展的特点和规律

幼儿数概念的发展既有连续性，也有年龄阶段性。大致分为三个发展阶段：

第一阶段：对数量的感知动作阶段——3岁左右

1）对数量能做到笼统的感知，对差别明显的物体的量能够区分，而差别不明显的物体的量，区分则有一定的困难。

2）能够口头数数，但范围限制在 5 以内。

3）在成人的教育下，逐渐学会手口一致地点数数量在 5 以内的物体，但说不出物体的总数。

这个阶段幼儿主要通过对实物的摆弄和操作来初步比较、感受物体的数量，还没有真正掌握数概念。

第二阶段：数词和物体的数量间建立联系的阶段——4～5 岁

1）点数后能够说出物体的总数，开始有了最初的数群的概念，后期开始掌握数的守恒。

2）前期幼儿能区分物体的大小、多少等量，中期能够认识第几、前后顺序。

3）能够按数取物。

4）能够认识数与数之间的关系，有了数序观念，能够比较两个数的大小，能够用实物表示数的分解与组合。

5）后期能够进行简单的实物运算。

这个阶段幼儿所反映出来的特征说明他们已经能够在较低水平上达到形成数概念的指标。

第三阶段：数的运算初期阶段——5 岁以后

1）对 10 以内的数大部分幼儿能够保持"守恒"。

2）计算能力发展较快，大部分幼儿开始由表象运算过渡到抽象的数字运算。

3）基数概念、序数概念、运算能力会有不同程度的提高，后期幼儿一般能学会 100 以内的数数，个别还能学会 20 以内的加减运算。

这个阶段幼儿已经开始形成抽象数概念，并且开始从表象向抽象的数的运算过渡。

### （二）幼儿学数学的特点

幼儿时期思维主要处于具体形象思维阶段，后期才刚刚出现抽象逻辑思维的萌芽。幼儿对物体的认识往往需要借助于具体直观的材料，但数学知识的学习却要求幼儿摆脱具体事物的其他无关特征方能获得抽象的数学知识。认知理论创始人皮亚杰认为幼儿的逻辑包含两个层面：动作的层面和抽象的层面。因此，幼儿逻辑思维的发展依赖于动作和具体事物，就是说幼儿在学习数学知识的过程中外部操作活动必须内化为头脑中的思维活动。主要表现为：从具体到抽象、从个别到一般、从外部动作到内部动作、从同化到顺应、从不自觉到自觉、从自我中心化到社会化六个方面。

## 四、幼儿园数学教育活动的目标

幼儿数学教育目标是根据儿童的发展、社会的要求、学科的特性及学习心理学的理论四个依据制定出来的。包含三个层次：幼儿园数学教育总目标、幼儿园数学教育年龄阶段目标、幼儿园数学教育活动目标。

### （一）幼儿园数学教育总目标

幼儿园数学教育在五大领域划分中隶属于科学领域，《纲要》明确规定了幼儿科学教育的总目标（详见第四章第一节），数学作为科学领域的一个重要组成部分，其总目标也应该遵循该领域的目标发展要求。

### （二）幼儿各年龄阶段数学教育目标

《3～6 岁儿童学习与发展指南》中将数学认知分成三部分，分别从不同的年龄阶段进行阐述（见表 5-1～表 5-3）。

**表 5-1　目标 1　初步感知生活中数学的有用和有趣**

| 3～4 岁 | 4～5 岁 | 5～6 岁 |
| --- | --- | --- |
| 1. 感知和发现周围物体的形状是多种多样的，对不同的形状感兴趣<br>2. 体验和发现生活中很多地方都用到数 | 1. 在指导下，感知和体会有些事物可以用形状来描述<br>2. 在指导下，感知和体会有些事物可以用数来描述，对环境中各种数字的含义有进一步探究的兴趣 | 1. 能发现事物简单的排列规律，并尝试创造新的排列规律<br>2. 能发现生活中许多问题都可以用数学的方法来解决，体验解决问题的乐趣 |

**表 5-2　目标 2　感知和理解数、量及数量关系**

| 3～4 岁 | 4～5 岁 | 5～6 岁 |
| --- | --- | --- |
| 1. 能感知和区分物体的大小、多少、高矮、长短等量方面的特点，并能用相应的词表示<br>2. 能通过一一对应的方法比较两组物体的多少<br>3. 能手口一致地点数 5 个以内的物体，并能说出总数。能按数取物<br>4. 能用数词描述事物或动作。如我有 4 本图书 | 1. 能感知和区分物体的粗细、厚薄、轻重等量方面的特点，并能用相应的词语描述<br>2. 能通过数数比较两组物体的多少<br>3. 能通过实际操作理解数与数之间的关系，如 5 比 4 多 1；2 和 3 合在一起是 5<br>4. 会用数词描述事物的排列顺序和位置 | 1. 初步理解量的相对性<br>2. 借助实际情境和操作（如合并或拿取）理解"加"和"减"的实际意义<br>3. 能通过实物操作或其他方法进行 10 以内的加减运算<br>4. 能用简单的记录表、统计图等表示简单的数量关系 |

**表 5-3　目标 3　感知形状与空间关系**

| 3～4 岁 | 4～5 岁 | 5～6 岁 |
| --- | --- | --- |
| 1. 能注意物体较明显的形状特征，并能用自己的语言描述<br>2. 能感知物体基本的空间位置与方位，理解上下、前后、里外等方位词 | 1. 能感知物体的形体结构特征，画出或拼搭出该物体的造型<br>2. 能感知和发现常见几何图形的基本特征，并能进行分类<br>3. 能使用上下、前后、里外、中间、旁边等方位词描述物体的位置和运动方向 | 1. 能用常见的几何形体有创意地拼搭和画出物体的造型<br>2. 能按语言指示或根据简单示意图正确取放物品<br>3. 能辨别自己的左右 |

### （三）幼儿园数学教育活动目标

幼儿数学教育活动目标在表述上要从三个方面出发：情感目标、能力目标、技能目标。目标表述过程中应注意以下几个问题：目标表述要和总目标、年龄阶段目标达成一致；目标表述要具有可发展性，紧密联系活动内容；目标表述尽可能体现以幼儿为主体，从幼儿角度进行描述；目标表述要具体，具有可操作性，语言简练、精确，便于教师把握。

## 五、幼儿园数学教育活动的基本内容

### （一）感知集合

感知集合及其元素，进行物体的分类；认识"1"和"许多"及其关系；用对应的方法比较两组物体相等与不等；初步感知集合间的并集、差集关系及包含关系；对物体进行有规律的排序。

### （二）10 以内的数概念

10 以内的基数（包括数的实际意义、认数、数的守恒、相邻数和 10 以内自然数列的等差关系等）；10 以内的序数；10 以内的数的组成；认读和书写 10 以内的阿拉伯数字。

### （三）10 以内的加减运算

10 以内的实物加减；创编应用题；10 以内的加减列式运算。

### （四）认识几何形体

平面图形：圆形、正方形、三角形、长方形、半圆形、椭圆形、梯形；立体图形：球体、圆柱体、正方体、长方体；平面图形之间的简单关系；平面图形和立体图形之间的关系；平面图形和立体图形的搭建；图形的等分。

### （五）量

比较大小、长短、粗细、高矮、厚薄、宽窄、轻重、容积等量的特征；量的正、逆排序；量的守恒；量的相对性和传递性；自然测量。

### （六）空间与时间概念

空间方位：上下、前后、左右、里外、远近等；空间运动方向：向前、向后、向左、向右、向上、向下等；时间概念：早晨、晚上、白天、黑夜、昨天、今天、明天、星期、年月日的名称及顺序；认识时钟（时针、分针、秒针及其功用，认识整点和半点）。

## 六、幼儿园数学教育活动的原则

### （一）联系幼儿生活

抽象的数学知识表现在我们周围生活的各种事物和现象中。生活中处处有数学，数、量、形的知识表现在幼儿的生活中，帮助幼儿解决生活中的问题。

### （二）知识的系统性和逻辑性

数学知识是经过严格论证的科学真理，概念、法则、规律一般都表现为彼此紧密联系、前后连贯，形成了系统严密的逻辑体系。因此，在活动过程中，教师要遵守知识的系统性和逻辑性原则安排教学内容。

### （三）发展幼儿的思维结构

数学教育活动不能只局限于对幼儿进行具体的数学知识和技能的教学，而应该指向于幼儿思维结构的发展。数学知识的学习和幼儿思维结构的建构应该是同步的、相辅相成的，只有具备了相应的思维结构，才能够学习、理解具体的数学概念和知识；反过来说，学习、理解具体的数学概念和知识，也能促进幼儿思维结构的建构。

### （四）注重幼儿的动手操作与探索

皮亚杰认为：知识来源于动作。建构主义的数学教育主张在数学教育活动中提供充足的材料，创设相应的环境，通过幼儿自身的操作和探索获得经验，并逐步建构抽象的数学概念。因此，在数学教育活动中，教师要为幼儿创设良好的环境，提供丰富、充足的材料，让幼儿在动手操作、实验、合作和交流中获得发展。

### （五）面向全体，注重个别差异

幼儿园数学教育活动面向全体幼儿，让他们都能掌握一定的数学知识和技能。由于幼儿个体之间在先天遗传和后天影响的事实上存在一定的差异，教师要充分了解每个幼儿不同的发展水平，在数学活动内容的安排上，要体现出层次性，以满足不同孩子的发展需要，增强幼儿自信心和学习数学的兴趣。

## 七、幼儿园数学教育活动的方法

### 1. 操作法

操作法是指提供给幼儿合适的材料、教具、环境，让幼儿在摆弄、实践过程中进行探索，从而获得数学感性经验和逻辑知识的一种方法。操作法是幼儿学习数学的一种十分重要的方法。运用操作法应强调以下几点：幼儿动手操作前明确操作的目的、规则和具体操作方法；为幼儿操作活动创设必要的物质条件；体现年龄差异；观察、引导幼儿操作，评价、讨论操作结果；与其他方法有机结合。

### 2. 游戏法

游戏法能将抽象的数学知识寓于幼儿感兴趣的游戏中，是幼儿学习数学的一种十分重要的方法。游戏法可以分为以下几种：操作性数学游戏（操作玩具和实物材料）；情节性数学游戏（有一定的情节、内容和角色，通过游戏表演情节完成）；竞赛性数学游戏（适用于中、大班）；运动性数学游戏（数学概念与体育运动的结合）；多感官的数学游戏；数学智力游戏。

### 3. 比较法

比较法是通过对两个（组）或两个（组）以上物体的比较，让幼儿找出它们在数、量、形等方面的相同和不同的一种教学方法。比较法是幼儿数学教育中普遍采用的一种方法，一般分为：①直接比较和间接比较。直接的比较指对两个（组）物体的量或数的比较，间接的比较指两个（组）以上物体的量或数的比较。②对应比较和非对应比较。对应比较：重叠比较、并放比较、连线比较；非对应比较：单排比较、双排比较、变式比较。

### 4. 讨论法

讨论是引导幼儿有目的、探讨性地主动学习数学的一种重要方法。讨论法按时机分为随机性讨论、有计划的讨论；按功能分为辨别性讨论、修正性讨论、交流性讨论、归纳性讨论。运用讨论法应注意：以操作体验作为讨论的基础；注重讨论的过程；体现个别差异。

### 5. 寻找法

寻找法是让幼儿从周围环境和事物中寻找数、量、形及其关系或在直接感知的基础上按数、形要求寻找相应数量的实物的一种方法。寻找法具有三种形式：在自然环境中寻找；在准备好的环境中寻找；运用记忆表象来寻找。运用寻找法应注意：应根据具体的教学内容及幼儿的年龄特点适时适宜的选用，避免追求形式；寻找法可以和游戏法相结合，特别适用于年龄小的幼儿；教师要对幼儿的寻找进行必要的引导和启发。

### 6. 讲解演示法

讲解演示法也是幼儿园科学教育活动常用的方法。教师运用讲解演示法应注意：必须突出重点，讲解演示应围绕要求幼儿掌握的知识和技能，不要使其他细节分散幼儿的注意；讲解时语言要简练、生动形象、通俗易懂和准确；演示的直观教具应是真实、美观、整洁并为幼儿所熟悉的物体，以免用新奇的教具分散幼儿的注意；讲解演示法可与操作法、发现法等结合使用。

## 第二节　幼儿园数学教育活动设计与指导的策略

### 一、幼儿园数学教育活动设计与指导的内涵

幼儿园数学教育活动设计与指导是指教师依据幼儿园数学教育的总目标、各年龄阶段目标以及幼儿身心发展特点、数学学习的规律，预设具体的幼儿园教育活动目标，筛选幼儿园数学教育活动内容，拟定活动实施方案，并组织、实施活动方案的过程。设计是指导实施幼儿园数学教育活动的前提条件，活动实施过程是幼儿园数学教育活动设计的体现，二者共同构成幼儿园数学教育活动。

### 二、幼儿园数学教育活动设计与指导的理论基础

#### 1. 认知发展理论

认知发展理论创始人是瑞士著名心理学家让·皮亚杰。该理论强调学习者内部的因素，认为学习是一种组织作用，是对情境的认知、顿悟和理解，是知觉的再构造或认知结构的变化。

皮亚杰认为，有机体认知发展的过程就是其内部结构与环境不断相互作用的过程，

在这种与环境的相互作用过程中，儿童通过对客体的操作，积极地建构新知识，通过同化和顺应的相互作用达到符合环境要求的动态平衡状态。因此，在幼儿园教育活动设计中要注意：活动中为幼儿提供实物，鼓励幼儿自己动手操作；发挥幼儿活动主体性，鼓励幼儿在活动中自我建构。

### 2. 最近发展区

苏联心理学家和社会文化历史学派的创始人维果斯基关于"最近发展区"和"教学应该走在发展的前面"的观点，对于幼儿园教育活动的设计与实施起到了重要的作用。

维果斯基认为，幼儿自身发展中具有两个水平，一个是幼儿现有的发展水平，另一个是幼儿在帮助下能够达到的水平，这两个水平之间的差异就是"最近发展区"。教师认识到幼儿的最近发展区，在幼儿园教育活动设计中就要努力为幼儿提供一个在最近发展区内的活动环境，在与幼儿共同学习和共同建构的过程中，获得更高水平上的发展。

## 三、幼儿园数学教育活动设计与指导的基本原则

幼儿园数学教育活动设计的原则是指设计教育活动应遵循的基本准则，它既是教育思想、教育理论观点的体现，又是教育活动客观规律的反映。在设计幼儿数学教育活动的过程中，要注意遵循以下原则。

### 1. 发展性原则

发展性原则是指在设计幼儿数学教育活动中要考虑到幼儿全面的整体的发展。教师在设计数学教学活动时不仅要考虑到幼儿的现有水平和接受能力，而且要促进幼儿在现有水平上获得发展。值得注意的是，在数学教育活动中，发展性原则还要体现在促进幼儿身体、情感、社会性等方面的发展上。

### 2. 系统逻辑性原则

系统逻辑性原则是指在设计数学教育活动中要考虑到数学知识本身的系统性、逻辑性，合理选择数学教育活动内容。苏联教育学家克鲁普斯卡娅提出"数学知识就像链条，掉了一小环，下面的就不好懂了……"。因此，教师在设计数学教育活动时要考虑到内容的适宜性，循序渐进，借助于具体形象化的教具让幼儿理解抽象化的内容。

### 3. 科学性原则

科学性原则是指教师设计幼儿数学教育活动时要考虑到内容和方法的科学性。数学本身的抽象性、严密性特点决定了幼儿教师在选择数学知识内容进行数学教育时要把抽象的数学概念用通俗化的、形象化的语言来进行描述，才能让幼儿理解。教师在解释概念时要注意不能曲解概念和措辞，如，"皮球是圆形"是错误的解释，正确的应是"皮球是球体"。有的老师在联系生活时措辞不准确，如把"三朵花"说成"三个花"。教师在实施数学教育活动的过程中选择的方法也要根据活动的性质不同而不同。如，复习课多采用操作法、游戏法、讨论法等比较合适，新授课则要加入教师讲解的过程才可以让幼儿理解抽象的数学知识。

## 四、幼儿园数学教育活动中活动内容的设计与指导

### （一）活动名称的设计与指导

幼儿园数学教育活动名称是教师对所设计活动内容的概括。活动名称要体现趣味性、生活性，能够激发幼儿兴趣，让幼儿在听到活动名称时就能够把注意力转移到活动中来。活动名称的设计包含两种方式：生活化的命名、科学化的命名。

数学教育本身的知识比较抽象，概念性强，直接以数学知识的概念命名呈现给孩子比较难理解。所以幼儿园数学教育活动设计时经常会采用生活化的命名，让孩子容易理解。例如，设计图形分类的数学活动，用"图形宝宝找家"命名比用"图形分类"命名更加吸引孩子，引起孩子的兴趣。

### （二）活动目标的设计与指导

幼儿数学教育活动目标是教师在活动中希望幼儿在情感、技能、知识三方面达到的结果，是一种预测，也是活动所要努力的方向。活动目标分为三大部分：情感目标、技能目标、知识目标。情感目标旨在让幼儿感受生活中有趣的数学现象，培养幼儿积极参与活动的态度，养成良好的生活、学习习惯，体验用数学的方法解决生活中问题的乐趣，形成健康人格。知识目标旨在帮助幼儿学习粗浅的数学知识，丰富生活经验，发展思维能力。技能目标旨在培养幼儿正确操作和使用数学材料的能力和习惯，锻炼幼儿运用数学方法灵活地解决现实生活中的实际问题。

设计数学教育活动目标应注意：活动目标要具体化、形象化、体现可操作性，避免过于笼统、抽象，使教师在教学过程和教学效果评价时无法使用；活动目标表述应突出重点，注意语言的使用；活动目标要阐述结果，语言表述要注意上下一致，阐述对象为幼儿或者教师；活动目标的制定要符合幼儿年龄阶段水平，具有可行性。

### （三）活动具体内容的设计（选择）与指导

幼儿园数学教育活动中活动内容的选择是影响教育活动效果和幼儿发展的重要因素。幼儿数学教育内容选择要参照《指南》中规定的内容范围和教育建议，结合幼儿实际年龄特点，围绕感知集合、数、数的运算、量、几何形体、空间、时间几个方面进行。同时考虑到幼儿的兴趣和经验，结合幼儿现实生活选择恰当的数学教育内容。

### （四）活动导入的设计与指导

幼儿园数学教育活动导入是活动的开始，目的是引起幼儿的兴趣，集中幼儿的注意力，为正式开始教育活动引路。活动导入要注意：导入方式要具有吸引力，导入语言体现趣味性，能够造成悬念或者激发幼儿的兴趣，让幼儿把注意力全都转移到教育活动中来；导入时间不要太长，一般控制在 3 分钟以内；导入方式要准确，选择导入方式时要结合教学内容，能适时引出教学内容。

### （五）活动过程的设计与指导

幼儿园数学教育活动过程是整个教育活动的重点部分，也是核心部分。通过活动过

程培养幼儿社会性情感、形成数学技能、掌握粗浅的数学知识概念。活动过程的设计要注意：

1）活动过程设计时要把握知识的重难点，过程中突出重点，强调难点。幼儿借助直观形象的材料理解数学知识是活动的重点，抽象的数学概念的学习是活动的难点。

2）活动过程设计时环节过渡要自然合理、衔接紧凑。数学活动的教学环节可以分成两大部分：学习新知识和对知识的巩固练习。

3）活动过程设计时方法多样化，抽象的数学知识要借助于多种具体形象的方法。数学教育活动中教师经常将操作法、游戏法、寻找法、讨论法等结合使用，让幼儿在与材料和同伴的相互作用中理解抽象的数学知识。

4）活动过程设计完成后要看是否实现了活动目标。活动过程要围绕活动目标展开，设计的每一部分都应该是目标的体现。

### （六）活动结束和延伸的设计与指导

幼儿园数学教育活动结束是一个完整数学教育活动的完成。教师在设计活动结束时要根据活动目标、活动情境及幼儿的认知特点选择恰当的结束方式，使教育活动自然地结束。

幼儿园数学教育活动延伸是指在活动结束时，教师有意识地引出问题，让幼儿对活动内容继续思考或探索，也可以为引出下一个教育活动做铺垫。数学活动延伸可以和其他领域相结合，也可以渗透在幼儿的区角活动中或者幼儿家庭和社会生活中。活动结束及延伸与活动导入一样也不需要太长时间，教师进行设计时切记不能喧宾夺主。

## 第三节 幼儿园数学教育活动设计与指导案例及评析

### 活动一 5的组成（大班）

【设计意图】

数的组成和分解是大班幼儿数概念教育的一个重要内容。幼儿对数的分解、组成，总数与部分数之间的等量关系，部分数之间的互换、互补关系的理解比较困难。设计本次活动，目的是让幼儿从游戏和操作中感受事物的数量关系并体验到数学的重要性和有趣性。让幼儿在自由宽松的氛围中通过操作探索出5的分解与组成，引导幼儿观察、发现，理解互换、互补的规律，把抽象的数的组成在有趣的活动中完成。

【活动目标】

1）学习5的组成，知道5有4种分合法，进一步理解总数与部分数之间的等量关系及部分数之间的互换、互补关系。

2）培养幼儿分析、推理、概括的能力和对数学的兴趣。

**【活动准备】**

1）小熊猫欢欢玩具，贝贝和晶晶图片各一张。

2）5 的组成的数字卡片、分合号，每个幼儿 5 张竹子图片、2 个小盘子。

3）练习卡、记录纸每人一张。

4）找朋友》音乐磁带。

**【活动过程】**

1）听《找朋友》音乐，自由游戏。音乐结束，每人找一座位坐下。

2）出示小熊猫欢欢玩具，引起幼儿活动兴趣。

师："今天小熊猫欢欢来到我们班，要考一考大家，它采了 5 个竹子，要分给它的好朋友贝贝和晶晶，小朋友分一分，一共有几种分法？"

3）幼儿自由操作。把 5 棵竹子分别放在 2 个小盘里，看有几种不同的分法，并记录在记录表上。如：

$$\overset{5}{\underset{3\quad 2}{\wedge}}$$

4）归纳比较。①把幼儿的操作结果展示在黑板上；②分析理解总数与部分数之间的关系；③归纳比较。引导幼儿观察发现 5 有 4 种分合式，重点分析互换、互补、递增、递减的规律。

5）连线练习。

$$\overset{5}{\wedge}$$

| 1 | 4 |
|---|---|
| 2 | 3 |
| 3 | 2 |
| 4 | 1 |

发放练习卡，引导幼儿巩固练习 5 的组成。让幼儿把左边的图形与右边的图形能组成 5 的用线连起来，看谁连得又对又快。

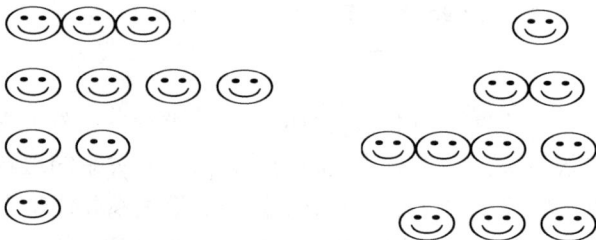

6）碰球游戏巩固 5 的组成。

① 5 的组合：

教师按节奏边拍手边说："嘿嘿！我的 2 球碰几球是 5 球？"

幼儿按节奏边拍手边说："嘿嘿！你的 2 球碰 3 球是 5 球。"……

② 5 的分解：

教师按节奏边拍手边说："嘿嘿！我的 5 球去 3 球剩几球？"

幼儿按节奏边拍手边说："嘿嘿！你的 5 球去 3 球剩 2 球"……

**【活动结束】**

游戏《找朋友》。放《找朋友》录音磁带，每个幼儿拿一个数字卡片，跟随音乐去找组成 5 的数字朋友，音乐结束时活动结束。

活动延伸：在数学区域活动中，投放适宜的材料，让幼儿巩固练习 5 的组成。

**【设计评析和具体指导】**

本活动首先采用了情境导入的方式，引起幼儿的学习兴趣。教学方法上采用动手操作实践让幼儿理解 5 的分解与组成，知道 5 的四种组成方法，调动了幼儿的积极性。通过教师的引导，观察、发现分合式中数的互换、互补、递增、递减规律，理解了总数与部分数之间的等量关系。采用连线方式和游戏练习巩固 5 的组成和分解，培养了幼儿对数学的兴趣。教学环节环环相扣，很好地完成了教学目标。

## 活动二  开心农场（中班）

**【设计意图】**

幼儿的数学经验是在生活情境、游戏情境和幼儿园教学情境中不断获取并得以提升的。按颜色和形状分类、按数取物是大多数幼儿已经掌握的经验，但按照颜色、形状和数量三项特征进行对应计数是大多数幼儿不具备的能力，而且，这样的复杂经验在平时的生活情境中并不容易接触到。因此，这种经验的提升需要通过我们精心设计、组织教学活动来完成。

**【活动目标】**

1）按照颜色、形状和数量三项特征进行 7 以内对应计数，进一步理解数的实际意义。

2）发展仔细观察的能力，对自己的操作结果进行检查验证。

**【活动准备】**

1）毛虫及蚊子图片若干（卡片上的蚊虫数量在 7 以内），摆放在场地中，每人一筐数字卡，每筐 7 张卡片，上面标有从 1 到 7 的阿拉伯数字。

2）苹果卡片，红苹果 7 个、黄苹果 6 个、蓝苹果 5 个、绿苹果 4 个，挂在果树上；4 个动物朋友的水果店，大的色卡和数字磁铁，每人一套 4～7 的数字卡和小色卡，小色卡用来标记颜色。

3）不同标记的农田三块，有菜单的盘子若干（不同难度），四种颜色的萝卜、甜椒和蘑菇若干，胶水。

**【活动过程】**

1. 情境导入，引起幼儿兴趣

教师带领幼儿来到"开心农场"："今天开心农场邀请我们去做客，听说这是个神奇的农场，里边种满了各种各样神奇又好吃的水果和蔬菜，我们一起去玩玩吧！"

跟随音乐进入农场。

2. 游戏情境：消灭害虫（复习认识 7 以内的数字和点数）

（1）教师带领幼儿步入场景一

教师："听开心农场的老板说，农场里草丛很茂密，里边有许多蚊子和毛毛虫，老板想请你们帮忙把这些害虫消灭掉。"

玩"发现毛虫图片后消灭害虫"的游戏，要求：图片上有 1 只蚊虫，就踩或拍一下，有 2 只蚊虫就踩或拍两下，以此类推，图片上有几只蚊虫或者毛虫就做几次相应的踩地或者拍打动作。

（2）7 以内点数，认识 7 以内的数字

教师："害虫消灭掉了，大家都是灭虫小能手，咱们一起数数看到底每个地方消灭了几只害虫吧！"

请幼儿去拿一筐数字卡，自由去点数分别消灭了多少只蚊虫，有几只就在图片上摆上相应的数字卡，最后幼儿和老师共同点数检查。

3. 活动情境：到苹果园摘苹果（学习 7 以内对应计数，进行颜色、数量两项特征的对应）

（1）带领幼儿到"苹果园"

教师："你看到了什么，都有什么颜色的？"

幼儿每人摘一个苹果。

（2）出示动物磁铁，请幼儿按颜色给小动物们送苹果

教师提出送苹果的规则："每位小朋友只能送一个苹果，每个动物宝宝的篮子里只能放一种颜色的苹果。"

（3）共同点数，学习颜色、数量两项特征对应计数

1）请个别幼儿观察、点数宝宝兔篮子里苹果的颜色和数量，并从黑板上取出色卡和数字卡，贴到宝宝兔篮子下方；然后请所有幼儿一起点数并从自己的筐里取出对应的色卡和数字卡。

2）请幼儿观察胖胖猪篮子里苹果的颜色和数量，然后从自己的筐里取出相对应的色卡和数字卡，请一名幼儿上前操作，其他小朋友一起检查操作结果。

3）请幼儿独立操作，分别观察、点数嘟嘟牛、贝贝羊篮子里苹果的颜色和数量，用色卡和数字卡摆放做出记录，教师在黑板上示范用画圈的方式，在多项条件中圈出正确的颜色和数量的计数方法。

4. 新的问题情境：制作午餐，进行正确的颜色、形状和数量三项特征的对应（在过程中带领幼儿检查验证操作结果）

教师："开心农场里还种了好多好多好吃的蔬菜，待会咱们再去摘一些回来做出美味的餐点吧。不过要做出美味的午餐，可必须得认真地看清楚菜谱，不然做出来的菜味道就不好吃了。"（培养儿童认真观察的能力）

要求一：幼儿取一个盘子，仔细观察上边的菜谱，按照菜谱的标记到菜地找到对应的蔬菜，菜谱上有几种蔬菜就要找够几种。

要求二：幼儿按照菜谱上要求的颜色和数量把蔬菜放进盘子里并检查。

要求三：幼儿将蔬菜按自己的喜好摆好造型，粘贴在盘子上。

【活动结束】

完成后收拾、整理教具，活动结束。

【设计评析和具体指导】

本次活动来源于幼儿的生活，抓住了幼儿的兴趣点。活动中的每个环节都给幼儿设计了一点挑战，既保证了他们探索的欲望，也让他们不断获得成功的体验。

整个活动中，教师一直充分尊重幼儿的主动性，为他们营造了一个自主参与、主动学习的氛围，让幼儿自主地参与游戏，并在活动中形成和谐的师幼、幼幼、幼儿个体与教育中介之间的互动，幼儿在主动操作中，经历认知结构的变化，自主建构知识，自我得到了发展。

## 活动三　好玩的图形（中班）

【设计意图】

中班幼儿已经认识三角形、正方形、长方形、圆形、半圆形、梯形等基本的几何图形，对图形有着浓厚的兴趣。本活动是通过让幼儿观察图形激发其想象，并以图形拼摆的形式和运用完整的话表现图形的变化。根据幼儿具有强烈的好奇心、注意力差等特点，通过富有童趣的故事将本节活动的目标重难点贯穿其中，让幼儿感觉这不是在枯燥地学习，而是在玩魔术、听故事，从而更好地激发了幼儿学习的积极性和主动性。

【活动目标】

1）能够用多个图形（三角形、正方形、长方形、圆形、半圆形、梯形等）进行拼图。

2）会用单个图形联想添画。

【活动准备】

物质准备：①每组准备五种大小不同的图形：三角形、正方形、长方形、圆形、半圆形、梯形若干；②纸张若干、彩笔、胶棒等；③装着各种图形的教具小狮子、PPT等。

经验准备：幼儿已经认识了三角形、正方形、长方形、圆形、半圆形等图形。

【活动过程】

1. 活动导入

教师："今天呀，我们班来了一位新朋友，看！（教师出示教具小狮子）仔细观察，它与平常的小狮子有什么不同？（肚子上有个洞）"

教师："谁来摸摸看，小狮子的肚子里有什么？"（各种图形的卡片）

请幼儿上来摸一摸，摸出哪种图形就说出它的名字，并说一说我们生活中有哪些东西是这个形状的。例如，摸出来的是圆形，太阳是圆形的，苹果也是圆形的等。

2. 趣味添画

教师："这些图形发生了什么故事呢？一起听老师来讲一讲吧。"

教师出示PPT，边讲故事边提问。

故事：在图形王国里住着三角形、正方形、长方形、圆形、半圆形和梯形六个可爱的图形宝宝，他们每天快快乐乐地生活在一起。有一天，他们要进行一次有趣的比赛，他们想比比谁的本领大。

首先第一个上场的是可爱的小半圆。"哈哈，我是小半圆，我不仅长得可爱，我还会变魔术呢。"说着半圆就跳进水池里。小伙伴都围过去看，发现水池里多了一只乌龟，半圆却不见了。大家都着急地问"半圆哪去了？"小乌龟很神气地说道："我就是半圆呀，你看我多厉害呀，我还会游泳呢！（教师问：半圆变成了什么？幼儿回答）

三角形听了很不服气地说："你会游泳，我也会。"话还没说完呢，只见三角形扑通一声跳进了水里（师问：猜猜三角形能变成什么？），变成一条热带鱼，也神气地说："看看我多漂亮呀！"（教师问：这条热带鱼是由几个三角形变成的？）

正方形动动手指说："你们两个只能在水里待着，我可比你们强多了，我能变成电视机让大家观看精彩的节目，大家都很喜欢我。"说完正方形摇身一变，变成一台电视机。

长方形也不服气地说："你们都只知道玩，我呀能变成一本书，让大家学习更多的知识。"说着长方形身子一扭就变成了一本好看的故事书。（师：长方形是怎样让自己变成书的？）

圆形看了他们的表演，笑了一下说："你们看看我的吧。"说着，圆形宝宝就爬上树，变成大苹果，一会儿又滚下树变成一朵小花，还飞上天空变成一个大太阳。

教师问："圆形宝宝厉害吧，这些图形有的变成乌龟、小鱼，有的变成电视、书，还有的变成苹果。还有谁没上场呢？"

这时梯形上场了，说："你们都别争了。我们都是能干的图形，如果我们能团结起来，就能变成更多的东西。"

这时图形们都高兴地说："对呀、对呀，我们怎么没想到呢，我们大家一起变出更多的东西吧。"

说着圆形拉着半圆一起变，变成一只小猪。

三角形和长方形一起变成小树。

这些形状宝宝们真能干呀！你看，他们还变成了漂亮的房子呢。

图形宝宝们越变越有劲了，你看，他们又变成轮船在海上游呢。

教师总结："这些图形宝宝本领大不大？他们还能变成很多很多的东西呢，你想让他们变成什么呢？"

请个别幼儿说出自己的想法。

3. 幼儿自由操作，教师进行个别指导

幼儿根据自己的构想自由选择图形进行拼摆、粘贴，教师观察，对能力较强的孩子不断提出更高的要求，对个别能力较弱的孩子给予帮助与指导，鼓励幼儿大胆创作。

【活动结束】

用相机拍下部分孩子的作品，连接到电脑上放映，幼儿与教师欣赏、评价。

1）请幼儿对自己的作品进行讲解（如，我摆的是……，我是用……形状来摆的，等）。

2）教师引导幼儿对他人的作品进行评价（如，××小朋友的作品颜色搭配很漂亮、形状组合很有创意等）。

**【活动延伸】**

教师："哦，原来小狮子是不知道这些图形的用处，所以才把图形吃到肚子里了，那我们一起去把作品粘贴到主题墙上，让小狮子欣赏欣赏吧。"

**【设计评析和具体指导】**

平面图形是幼儿比较感兴趣的知识，本次活动中，教师在幼儿认识平面图形的基础上，让幼儿感知平面图形的建构。生活中任何事物都以一定的形状存在，教师设计活动的过程中，选择幼儿生活中比较感兴趣的事物，结合美术的添画活动完成活动目标。

教师在活动设计中，结合形象生动的故事，让幼儿自由想象和发挥，充分调动了幼儿的活动积极性，发展了幼儿思维。

## 本章思考题

1. 幼儿园数学教育活动的意义是什么？
2. 幼儿园数学教育活动的原则有哪些？
3. 幼儿园数学教育活动的方法有哪些？
4. 幼儿园数学活动设计与指导的原则有哪些？
5. 幼儿园数学活动设计与指导的方法有哪些？
6. 分别设计、评析一个幼儿园数学教育活动案例。

# 第六章

## 幼儿园语言教育活动设计与指导

　　语言是交流和思维的工具。幼儿期是语言发展，特别是口语发展的重要时期。幼儿语言的发展贯穿于各个领域，也对其他领域的学习与发展有着重要的影响：幼儿在运用语言进行交流的同时，也在发展着人际交往能力、理解他人和判断交往情境的能力、组织自己思想的能力。幼儿的语言能力是在交流和运用的过程中发展起来的。在幼儿语言教育活动中，应为幼儿创设自由、宽松的语言交往环境，为幼儿提供丰富、适宜的低幼读物，发展幼儿听、说能力和习惯，培养幼儿阅读兴趣和良好的阅读习惯；应通过多种活动扩展幼儿的生活经验，在生活情境和阅读活动中自然发展幼儿的语言能力。本章主要从幼儿园语言教育活动的概念、意义、目标、内容、方法，幼儿园语言教育活动的设计与指导以及幼儿园语言教育活动的设计与指导案例等三个方面进行阐述，重点是掌握幼儿园语言教育活动设计与指导的原则和方法，学会设计与指导幼儿园语言教育活动。

## 第一节　幼儿园语言教育活动概述

### 一、语言与幼儿园语言教育活动

　　语言是人类在社会上最重要的交际工具。语言是以语音为物质外壳，由词汇和语法两部分组成的符号系统，能表达出人类的思想。对幼儿来说，语言是思维的工具，是认知能力的一种，也是幼儿社会化、个性发展的重要标志。

　　幼儿园语言教育活动是有目的、有计划、有组织地设计教学活动、对幼儿进行语言教育的过程。目标是培养幼儿的语言能力，即语言的理解能力和表达能力。让幼儿在生活中使用语言，把语言当成一种认识周围世界的工具。

### 二、幼儿园语言教育活动的意义

　　语言是人类最重要的交际工具，人们在劳动、学习、工作等活动中都离不开语言。从小培养和发展幼儿的语言，让幼儿正确地运用语言，对幼儿的发展具有十分重要的意义。

（一）语言在幼儿认识和思维过程中发挥着重要作用

1. 语言对思维过程有一定影响

（1）人们对事物的知觉和记忆受语言影响

语言在幼儿的认识活动中起着重要作用，语言的参与可以影响人们对某事件的学习和记忆。幼儿用词语表达获得感性知识，并进行铭记，语言不仅使幼儿有可能直接地认识事物，而且能使他们间接认识不能直接感知的事物，使认识的范围扩大，认识的内容加深；语言还能增强幼儿认识活动的有意性，使幼儿能有目的、有意识地去认识客观事物。

（2）人类的高级心理机能离不开语言

幼儿在做事时，我们经常听见他们喃喃自语。他们是在用语言计划自己的行动顺序和过程。虽然，在一般情况下，人们很少自言自语，把自己的思考过程说出来，但并不意味着人们可以脱离语言进行思维。不出声的思维也需借助不出声的语言——内部语言进行。

2. 思维的结果需要借助语言才能储存和传递

在人类社会的发展史上，每一次文明进步和无数项科技发明都是借助语言文字才得以保留和流传的。

3. 语言为幼儿提供大量的认识材料，又是对幼儿进行教育的重要工具

（1）语言为人们提供大量的间接经验

虽然幼儿主要还是通过对周围事物的直接感知认识世界，但他们的间接经验在不断增多，而且间接经验对开启他们的智慧也有非常重要的作用。

（2）语言本身也是一种重要的认识对象

当幼儿和别人交谈时，他们要感知、理解、评价别人说的话是否恰当，是否正确，在这个过程中，幼儿的注意力、感知力以及分析和判断等思维能力都可以得到锻炼，得到提高。另外，只有幼儿有了一定的语言水平才能听懂老师和同伴的话，接受教育和进行交往。

**（二）幼儿阶段是语言发展的关键时期**

幼儿时期是人类语言发展的关键期，这已经被大量心理学研究和学前教育实践所证明。无论是语音、词汇、语法或语言交际功能，幼儿的各方面语言能力都处于迅速发展时期。在此阶段，如果给予适宜的刺激，再加上适当的指导，幼儿的语言发展就可能取得长足的进步，较前一段有所飞跃。如果错过这一阶段，或者在这阶段给孩子一些不恰当的示范或指导，那么孩子很可能在将来出现语言障碍或形成不良的语言交往习惯。

大家都知道"狼孩"的故事，印度"狼孩"卡玛拉 7 岁回到人类社会，他虽然具备人的生理解剖特点，但不会说话，只会像狼一样嚎叫。经过 7 年的教育，也只学会了 45 个词语。一位名叫基尼的美国女孩，从小被父母关在一间小屋子里，13 岁被人救出来时完全没有语言能力，心理成熟程度只相当于 1 岁儿童。后来有专人对她进行辅导和训练，经过 4 年，她说的话依然支离破碎，接近 2 岁左右孩子说的"电报句"。相反，在日本

侵华时期，我国东北地区许多农民被抓去做劳工，其中有一个名叫刘连仁的，逃进深山老林中藏身，新中国解放多年后被人发现并解救出深山时，由于多年不说话，已丧失了语言能力。但经过一个阶段的训练，他的语言能力逐渐得到恢复。

因此，幼儿语言教育的质量可能对幼儿成年后的语言能力发生影响。

### （三）语言教育对幼儿发展的重要作用

#### 1. 促进幼儿的语言发展

家长或教师对幼儿进行语言教育，随着语言的不断丰富，言语交往能力的不断提高，幼儿学习和运用语言的兴趣也越来越大。一旦产生兴趣，幼儿就可能主动要求学习更多的语言符号，尝试更新的言语技巧。这种兴趣可能影响到他们入学乃至成年后学习和运用语言的兴趣。

#### 2. 促进幼儿的认知发展

小孩子最初基本上是通过直接感知来了解周围事物的。如果事物不在眼前、不在身旁，孩子就不可能认识这些事物的特点。当孩子能理解语言之后，成人开始用语言向他们描述周围的事物，这使他们的认识空间得以扩展，使他们可以通过间接经验来认识世界，同时，使他们不仅能运用形象思维来感知世界，而且能通过语言进行抽象思维。聋哑儿童的听觉器官或发音器官不健全，在他们的大脑无先天缺陷的情况下，认知事物的接受能力普遍较正常儿童有差距，尤其是认知抽象的事物。这正是他们缺少语言这一辅助认知和进行抽象思维的工具而造成的。

#### 3. 促进幼儿的智力发展

中外科学研究表明，人的大脑发育最快的时期是6岁以前的幼儿阶段，6岁以后再进行智力开发效果微乎其微。幼儿语言的发展，促进了幼儿认知和抽象思维能力的发展，是对幼儿进行智力开发的一个有力举措。

#### 4. 促进幼儿的社会性发展

语言教育有助于幼儿社会适应性的发展。通常，言语发展比较好的孩子，往往也比较善于通过协商、说服等比较"文明"的方式与同伴交往，提出请求或化解双方的矛盾。这些孩子比较容易受到同伴的接纳和喜欢。相反，一些言语能力发展不太好的幼儿，在社会交往中有的因不知如何发表自己的意见而退缩；有的则通过动作，尤其是"武力"方式表达自己的情感和态度，试图强迫同伴接受自己的意见。后两类孩子往往比较难以受到同伴的接纳，常处于被排斥和被忽视的地位，很难建立起良好的人际关系。

前苏联心理学家维果斯基提出了"最近发展区"理论，他认为，儿童心理发展存在两种水平：一是儿童目前已经达到的心理发展水平；二是儿童在成人或比较成熟的同伴的帮助下能够达到的发展水平。这两种发展水平之间的距离，即后者高出前者的那一段就是"最近发展区"。教育的作用就在于帮助儿童跨越"最近发展区"，从现实水平提升到更高的发展水平。为此，教师需要帮助幼儿"跳一跳"，才能够得到合适的语言发展目标。实践证明，在正确的教育影响下，幼儿语言的发展是可以加速提高的，同时也使幼儿的智力等方面相应得到加速提高。

## 三、幼儿园语言教育活动的依据

### （一）幼儿语言概念发展的特点和规律

幼儿语言的发展是随着神经系统的成熟和思维水平的提高而发展的，幼儿不同年龄阶段表现出来的语言发展是有所差异的。

1. 0～3 岁幼儿的语言发展特点

刚出生的婴儿能发出一定的音节但是毫无意义。与成人间的交流多以"哭"来进行。随着年龄增长，语言交流倾向明显增强，10 个月以后开始出现有意义的单音节。1～1.5 岁的时期，幼儿的语言处于单音节阶段，无意义的发音越来越少。1.5～2 岁时期，幼儿词汇量迅速增加，出现"词语爆炸"现象，而且由单音节阶段过渡到双音节阶段，开始出现简单的句子。2～3 岁时期，幼儿语言主要处于简单句阶段，能说出结构简单的句子，如，我要喝水、下楼玩等。

2. 3～6 岁幼儿的语言发展特点

3 岁以后，幼儿的语言迅速发展，主要表现在语音、词汇和句子三个方面。语音随着年龄增长越来越准确，而且还会自觉纠正自己的发音。词汇量随着年龄的增长表现为词汇量大增、词类范围不断扩大、对词汇的理解逐渐准确和深化。句子的发展主要表现在语法上，语言表达句子越来越长，含词量不断增加，从完整句到不完整句，除陈述句之外其他句型也相继出现，从简单句到复合句，修饰句表达越来越好。此外，部分幼儿在 6 岁以前还有了一定的早期阅读能力。

### （二）幼儿语言学习的特点

1. 幼儿在模仿中学习语言

美国心理学家阿尔波特提出了模仿说，认为幼儿语言的学习是对成人的模仿，是成人语言的简单翻版。后来怀特赫斯提出选择性模仿说，认为幼儿语言的学习不是对成人的机械模仿，而是有意识地进行选择和模仿。生活中，幼儿对语言的学习积极性非常高，只要幼儿有兴趣就可以随时进行语言的模仿学习。对成人、同伴语言的模仿、对影视广告、广播中语言的模仿，都可以促进幼儿语言的发展。

2. 幼儿在交往中学习语言

幼儿使用语言来作为交际工具。在与幼儿或成人的交往中，幼儿不仅要听懂、理解语言所表达的意思，还要用相应的语言来回应，进行语言的实践，让自身语言得到较快的发展。日常生活、教学活动、游戏活动及其他各领域的教学都可以为幼儿学习语言提供机会。

3. 幼儿在积累中发展语言

语言是在长期的学习、生活实践中循序渐进、慢慢积累起来的，幼儿语言的学习就是从无到有、从简单到复杂、从不理解到部分理解再到全部理解的过程。

### 4. 幼儿语言学习存在个体差异

幼儿年龄阶段发展的差异性决定了幼儿神经系统和思维发展的不同步性。因此，幼儿语言的发展个体间存在早晚差异。幼儿生长环境的不同、个性不同也会导致幼儿语言发展速度的差异。

## 四、幼儿园语言教育活动的目标

### （一）幼儿园语言教育活动总目标

《纲要》中对语言领域提出了以下目标：乐意与人交谈，讲话礼貌；注意倾听对方讲话，能理解日常用语；能清楚地说出自己想说的事；喜欢听故事、看图书；能听懂和会说普通话。

### （二）语言教育活动各年龄阶段目标

《指南》中对语言领域分别从倾听与表达、阅读与书写准备两个方面各年龄阶段提出了以下目标。

### 1. 倾听与表达（见表 6-1～表 6-3）

表 6-1　目标 1　认真听并能听懂常用语言

| 3～4 岁 | 4～5 岁 | 5～6 岁 |
| --- | --- | --- |
| 1. 别人对自己说话时能注意听并做出回应<br>2. 能听懂日常会话 | 1. 在群体中能有意识地听与自己有关的信息<br>2. 能结合情境感受到不同语气、语调所表达的不同意思<br>3. 方言地区和少数民族幼儿能基本听懂普通话 | 1. 在集体中能注意听老师或其他人讲话<br>2. 听不懂或有疑问时能主动提问<br>3. 能结合情境理解一些表示因果、假设等相对复杂的句子 |

表 6-2　目标 2　愿意讲话并能清楚地表达

| 3～4 岁 | 4～5 岁 | 5～6 岁 |
| --- | --- | --- |
| 1. 愿意在熟悉的人面前说话，能大方地与人打招呼<br>2. 基本会说本民族或本地区的语言<br>3. 愿意表达自己的需要和想法，必要时能配以手势动作<br>4. 能口齿清楚地说儿歌、童谣或复述简短的故事 | 1. 愿意与他人交谈，喜欢谈论自己感兴趣的话题<br>2. 会说本民族或本地区的语言，基本会说普通话。少数民族聚居地区幼儿会用普通话进行日常会话<br>3. 能基本完整地讲述自己的所见所闻和经历的事情<br>4. 讲述比较连贯 | 1. 愿意与他人讨论问题，敢在众人面前说话<br>2. 会说本民族或本地区的语言和普通话，发音正确清晰。少数民族聚居地区幼儿基本会说普通话<br>3. 能有序、连贯、清楚地讲述一件事情<br>4. 讲述时能使用常见的形容词、同义词等，语言比较生动 |

表 6-3　目标 3　具有文明的语言习惯

| 3~4 岁 | 4~5 岁 | 5~6 岁 |
| --- | --- | --- |
| 1. 与别人讲话时知道眼睛要看着对方<br>2. 说话自然，声音大小适中<br>3. 能在成人的提醒下使用恰当的礼貌用语 | 1. 别人对自己讲话时能回应<br>2. 能根据场合调节自己说话声音的大小<br>3. 能主动使用礼貌用语，不说脏话、粗话 | 1. 别人讲话时能积极主动地回应<br>2. 能根据谈话对象和需要，调整说话的语气<br>3. 懂得按次序轮流讲话，不随意打断别人<br>4. 能依据所处情境使用恰当的语言。如在别人难过时会用恰当的语言表示安慰 |

### 2. 阅读与书写准备（见表 6-4~表 6-6）

表 6-4　目标 1　喜欢听故事，看图书

| 3~4 岁 | 4~5 岁 | 5~6 岁 |
| --- | --- | --- |
| 1. 主动要求成人讲故事、读图书<br>2. 喜欢跟读韵律感强的儿歌、童谣<br>3. 爱护图书，不乱撕、乱扔 | 1. 反复看自己喜欢的图书<br>2. 喜欢把听过的故事或看过的图书讲给别人听<br>3. 对生活中常见的标志、符号感兴趣，知道它们表示一定的意义 | 1. 专注地阅读图书<br>2. 喜欢与他人一起谈论图书和故事的有关内容<br>3. 对图书和生活情境中的文字符号感兴趣，知道文字表示一定的意义 |

表 6-5　目标 2　具有初步的阅读理解能力

| 3~4 岁 | 4~5 岁 | 5~6 岁 |
| --- | --- | --- |
| 1. 能听懂短小的儿歌或故事<br>2. 会看画面，能根据画面说出图中有什么，发生了什么事等<br>3. 能理解图书上的文字是和画面对应的，是用来表达画面意义的 | 1. 能大体讲出所听故事的主要内容<br>2. 能根据连续画面提供的信息，大致说出故事的情节<br>3. 能随着作品的展开产生喜悦、担忧等相应的情绪反应，体会作品所表达的情绪情感 | 1. 能说出所阅读的幼儿文学作品的主要内容<br>2. 能根据故事的部分情节或图书画面的线索猜想故事情节的发展，或续编、创编故事<br>3. 对过的图书、听过的故事能说出自己的看法<br>4. 能初步感受文学语言的美 |

表 6-6　目标 3　具有书面表达的愿望和初步技能

| 3~4 岁 | 4~5 岁 | 5~6 岁 |
| --- | --- | --- |
| 喜欢用涂涂画画表达一定的意思 | 1. 愿意用图画和符号表达自己的愿望和想法<br>2. 在成人提醒下，写写画画时姿势正确 | 1. 愿意用图画和符号表现事物或故事<br>2. 会正确书写自己的名字<br>3. 写画时姿势正确 |

## 五、幼儿园语言教育活动的基本内容

### （一）学说普通话

《中华人民共和国宪法》第 19 条规定"国家推广全国通用的普通话"，《纲要》中语

言教育总目标中规定幼儿"能听懂和会说普通话"，幼儿时期又是语言发展的关键期，因此，普通话是幼儿语言学习的首项内容。幼儿不仅要学会正确的普通话发音，还要学习按照普通话的方式来进行人际交流。

### （二）谈话活动

幼儿在人际交往的过程中要学会和他人进行交流，谈话活动可以帮助幼儿学习运用口头语言和他人进行交谈。主要表现在谈话活动中幼儿可以发展自身的倾听行为和表述行为，对于促进幼儿发展有特殊功能。

### （三）讲述活动

讲述活动是一种发展幼儿独白语言的活动方式。活动中要求幼儿积极参与到命题性质的讲述实践，独立构思、完整表述、表达连贯，对幼儿的词汇量、组织语言的能力及想象能力有极大的挑战。

### （四）文学作品活动

每个幼儿都喜欢听故事、看图书。借助文学作品进行语言教育活动，可以帮助幼儿理解文学作品所展示的丰富而有趣的生活，体验语言的艺术美，扩充幼儿的词汇量，锻炼幼儿的倾听和表达能力，培养幼儿的想象能力。

### （五）早期阅读活动

早期阅读活动是一种培养幼儿学习书面语言的教育活动。活动中幼儿可以了解书面语言和口头语言的对应关系，对图书中的画面和汉字符号产生兴趣，为幼儿进入小学正式学习书面语言奠定良好的基础。

## 六、幼儿园语言教育活动的原则

### （一）重视完整语言教育观

完整语言教育观强调幼儿语言教育目标是完整的，语言教育内容是全面的，语言教育活动过程应该是真实的，形式多样的。幼儿语言教育活动既强调幼儿口头语言的学习，还要强调书面语言的学习，让幼儿听、说、读、写获得全面发展。

### （二）重视榜样的作用

幼儿语言在模仿中获得。成人、同伴、媒体都可以成为幼儿学习语言模仿的对象。作为成人的家长和老师是幼儿模仿的主要对象，这就要求成人进行语言表达时注意：普通话发音标准、语法规范、语言文明。鼓励幼儿之间相互学习良好的语言行为，充分利用媒体影像资料为幼儿提供语言范例。

### （三）重视幼儿活动中的言语交往

幼儿只有在活动交往中才能验证自己所掌握的语言是否正确。教师要充分利用各种活动，创造幼儿语言交流的机会，让幼儿在主动积极的交往中实践和丰富自己的语言，提高自身修养，发展幼儿良好的个性。

### （四）重视幼儿语言的个体差异

幼儿语言发展存在个体差异，教师要全面了解每一个幼儿的语言发展状况，根据幼儿在语言各方面表现出来的差异，进行针对性的指导，促进幼儿语言各方面在原有水平上得到发展。

## 七、幼儿园语言教育活动的方法

### （一）情境创设法

情境创设法是指教师在语言教育活动中为幼儿创设自由表达、有话就说的语言环境，在环境中让幼儿想说、敢说、喜欢说、有机会说并且能够得到积极应答。

运用情境创设法应注意：教师创设的情景应该是幼儿感兴趣的；教师创设情景方式多样化；丰富幼儿生活经验。

### （二）榜样示范法

榜样示范法是指教师通过自身或者幼儿的规范化语言，为幼儿提供语言学习的榜样，让幼儿在良好的语言环境中自然地模仿学习。

运用榜样示范法应注意的问题：教师示范语言要规范到位，强化幼儿正面语言的模仿；教师要把握好示范的时机和力度；教师除了显性示范外，也要注意一日生活中的隐性示范，在潜移默化中影响孩子。

### （三）游戏法

游戏法是教师运用游戏的方式训练幼儿学习语言的方法。游戏法能够激发幼儿兴趣，提高幼儿参与活动的积极性，促进幼儿语言发展。

针对幼儿的语言发展特点选择的游戏类型也不一样。小班幼儿主要以发音游戏和词汇游戏为主。中大班幼儿主要以词汇游戏、句子游戏和描述性游戏为主。语言游戏方式多种多样，如，绕口令游戏、接龙游戏、悄悄话游戏、故事表演游戏等。

## 八、幼儿园语言教育活动的主要途径

### （一）专门的语言教育活动

专门的语言教育活动是指教师有目的、有计划地以语言教育为主要目的而组织的活动。活动中教师为幼儿提供一种比较正式的语言交际环境，让幼儿在教师的直接指导下进行比较系统的语言学习，以获得基本的语言知识、能力和情感态度。

幼儿园专门的语言教育活动包括：综合教育活动、游戏、区角活动、早期阅读活动四种。

### （二）非专门的教育活动

非专门的语言教育活动是指除专门的语言教育活动外，渗透在其他方面的语言教育活动。主要包含幼儿园一日生活、其他领域教学活动、家庭生活、社会活动几个方面。

# 第二节 幼儿园语言教育活动设计与指导的策略

## 一、幼儿园语言教育活动设计与指导的内涵

幼儿园语言教育活动设计是实施幼儿园语言教育活动的前提条件。所谓幼儿园语言教育活动是指依据一定的语言教育目标，选择一定的语言教育内容和形式，对儿童施加语言教育影响的方案。

## 二、幼儿园语言教育活动设计与指导的理论基础

### （一）自然成熟说

自然成熟说是由伦内伯格提出的语言发展理论，强调遗传因素对幼儿语言发展的决定性因素。伦内伯格认为幼儿的语言发展是受发声器官和大脑等神经机能制约的自然成熟过程。随着年龄的增长，幼儿的发声器官和大脑等神经机能逐渐成长发育，当与语言有关的神经机能逐渐发育成熟时，在外界条件的激活下，就会转变成实际的语言能力。在此基础上，我们可以看出幼儿语言的发展与自身和语言相关的生理器官和神经系统的成熟有关，受到年龄的限制。

### （二）环境理论

阿尔波特提出的模仿说认为幼儿学习语言是对成人语言的模仿，幼儿语言是成人语言的简单翻版。班杜拉等人提出的理论也认为幼儿通过模仿获得语言。巴甫洛夫和斯金纳都认为语言的获得过程中，"强化"起着非常重要的作用，幼儿语言在模仿的过程中还要受到强化才能获得。这些理论都强调幼儿语言的获得和后天环境的影响有重要的关系。

### （三）环境与主体相互作用论

认知理论代表人物皮亚杰认为幼儿语言的获得是先天与后天相互作用的结果。布鲁纳认为幼儿先天的生理成熟和认知的发展为幼儿获得语言提供了基础，后天语言环境和与其他人的交流则对幼儿语言获得起到决定性作用。

## 三、幼儿园语言教育活动设计与指导的基本原则

幼儿园语言教育活动的原则，是指教师在设计与实施语言教育活动时要遵循的基本准则和基本要求，能够保证语言教育活动的效果。语言教育活动设计与指导应遵循以下原则：

### （一）主体性原则

幼儿语言教育活动中，幼儿是活动的主体，教师是活动的引导者、帮助者、支持者。

教师在设计幼儿语言教育活动时，要为幼儿创设宽松、自由的语言环境，激发幼儿参与活动的积极性，发挥幼儿主体性。教师在活动中针对幼儿语言学习中出现的问题要对幼儿提供适当的支持和帮助。

### （二）发展性原则

幼儿语言教学活动的最终目的是促进幼儿语言的发展。教师在设计语言教学活动时，要考虑到幼儿的年龄特点和最近发展区，针对不同年龄阶段侧重于不同方面的教育。如：小班幼儿注重孩子语音、词汇方面的发展，中大班幼儿注重孩子词汇、语法方面的发展。

### （三）生活性原则

幼儿语言的获得要在生活中得到实践、获得发展。语言教育活动的内容要来源于生活，取材于生活中的社会现象和知识经验。教师把生活中幼儿要遵守的规则、要获得的知识经验等设计在语言教育活动中，以文学作品、谈话、讲述或者游戏的方式展现出来。让幼儿在活动中相互交流讨论、表演讲述，既丰富了幼儿的生活经验也发展了幼儿的语言。如：《小马过河》通过故事表演讲述既丰富了孩子的认知经验，又发展了幼儿的语言。

### （四）面向全体、注重个别差异的原则

幼儿园语言教育活动的对象是全体适龄儿童，教师要根据大部分幼儿的语言发展现状和需要来设计和实施适当的教育活动。在设计教育活动的过程中，教师既要照顾到大部分幼儿的发展水平和需要，又要考虑到幼儿的个别差异。在设计教育活动的过程中针对发展水平不同的孩子设计不同的问题。如：针对语言发展水平高的幼儿设计的问题可以难一些，针对语言发展水平低的幼儿设计的问题可以简单一些。

## 四、幼儿园语言教育活动中活动内容的设计与指导

### （一）活动目标的设计与指导

幼儿园语言教育活动目标的制定是语言教育活动中非常重要的一环，目标制定的是否恰当直接影响语言教育活动的设计。语言教育活动的目标设计包含情感目标、知识目标、技能目标三个部分。

情感目标：引导幼儿积极与人交流、想说、敢说、喜欢说的态度。喜欢听故事、看图书，培养幼儿的阅读兴趣和良好的阅读习惯。

知识目标：学说普通话、纠正幼儿语音、丰富幼儿词汇、发展幼儿语言表达能力。

技能目标：发展幼儿的人际交往能力、理解他人和判断交往情境的能力、独立组织自己思维的能力。

### （二）活动具体内容的设计与指导

语言教育活动的内容选材广泛，日常生活中的事物和现象、文学作品等都可以作为语言活动内容来设计。幼儿语言教育内容设计时，教师要了解幼儿语言实际发展过程中

出现的问题或者幼儿生活中出现的现象,幼儿语言教育活动设计主要包括:学说普通话、谈话、讲述、早期阅读、文学作品活动。如:练习发音可以选择绕口令,练习句子可以选择讲述活动或者谈话活动,发展幼儿想象能力可以选择文学作品创编故事等。

### (三) 活动导入的设计与指导

活动导入的目的是为了引出语言教育活动的内容,教师在进行教育活动设计时要根据自己设计的活动内容选择不同的导入方式。如:谈话活动是围绕中心话题展开的,教师在设计导入时要引出话题,可以选择生活经验导入或者情境导入。讲述活动利用凭借物锻炼幼儿的讲述能力,教师在设计导入时可以选择直接导入。

### (四) 活动过程的设计与指导

幼儿园语言教育活动类型不一样,活动过程的设计也不一样。幼儿语言教育活动可以分为:文学作品活动、谈话活动、讲述活动、听说游戏、早期阅读活动。文学作品活动过程的设计包括学习文学作品、理解体验文学作品、迁移作品经验、创造性的想象和语言表达四个层次;谈话活动设计过程包括引出谈话话题、围绕话题自由交谈、拓展幼儿谈话范围、学习新的谈话经验;讲述活动设计过程包括感知理解讲述对象、运用已有经验讲述、引进新的讲述经验、巩固和迁移新的讲述经验;听说游戏的设计过程包括:设计游戏情境、制定游戏的玩法和规则、设计整个游戏过程;早期阅读活动过程包括设计早期阅读活动情境、选择早期阅读活动内容、指导幼儿早期阅读、培养幼儿早期阅读的良好习惯。

### (五) 活动结束和延伸的设计与指导

语言教育活动有其特殊性。幼儿通过专门的语言教育活动进行系统的、正式的语言内容的学习,重点是回归到生活中和其他领域的教学活动中进行实际运用。其次,通过语言教育活动,幼儿不仅获得语言的发展,思想品德认知也会获得提高。因此,教师在设计语言教育活动的结束和延伸时,可以联系幼儿的生活及其他领域的教学活动。如:故事《没有牙齿的大老虎》教学中设计活动结束和延伸时可以联系幼儿日常生活中爱吃糖、吃糖要刷牙的习惯。谜语活动可以延伸到幼儿对生活中常见事物基本特征的认识。

# 第三节 幼儿园语言教育活动设计与指导案例及评析

## 活动一 让爱住我家 (小班)

**【设计意图】**

学会关心爱护家人和朋友是幼儿园教育的重要内容,通过"让爱住我家"的语言教育活动,能够让幼儿充分感受到和家人、好朋友在一起生活、游戏的幸福和快乐,学会关爱家人,关爱朋友。

【活动目标】

1）尝试使用"我最喜欢和……一起……"的句式，表达和家人、朋友在一起的快乐。

2）愿意并能够安静地倾听同伴讲述。

【活动准备】

家庭生活照片、幼儿用书。

【活动过程】

（1）导入：创设情景，引出主题

1）放录音《相亲相爱》，教师带领幼儿边唱边做动作。

2）教师："小朋友们，刚才我们表演了歌曲《相亲相爱》，说一说你喜欢和谁在一起玩儿呀？"

（2）教师展示自己家庭的生活照片并讲述

1）教师："请小朋友猜猜照片上是谁？"

2）教师以"我最喜欢和……一起……"的句式向幼儿介绍照片中的人和事。

（3）请幼儿分享交流各自带来的家庭生活照片

1）请幼儿交流最喜欢和谁在一起，为什么。

2）请个别幼儿看着照片以"我最喜欢和……一起……"的方式表达，教师重复幼儿的话，练习讲述的完整性。

3）请其余幼儿拿照片，根据刚才的句式自由交谈照片上的人和事。

（4）引导幼儿拓展谈话范围，要求讲述完整，认真倾听

1）教师："刚才小朋友说了自己喜欢和谁在一起，以及在家里经常做的一些事情，还说非常喜欢自己的家人。我们就像一个幸福的大家庭。老师像你们的妈妈，你们也像老师的孩子，小朋友之间就像兄弟姐妹，我们相亲相爱在一起，组成一个大家庭。老师知道大家都很爱这个大家庭，下面就请小朋友们找到你的好朋友，说出'我最喜欢和……一起……'并给他一个拥抱。"

2）老师利用大屏幕，让孩子们用"我最喜欢和……一起……"的句式说一说图中的情景：我最喜欢和好朋友一起做游戏，我最喜欢和老师一起唱歌，我最喜欢和爸爸妈妈一起出去玩，我最喜欢和妈妈一起讲故事……

（5）请幼儿将生活照片张贴在阅读区中，便于自由讲述

【活动结束】

提醒幼儿回家后给家人一个拥抱；说一句"我最喜欢和……一起……"的话。

【设计评析和具体指导】

小班幼儿只能说出简短的句子，教师在设计活动时挑选了幼儿最熟悉的家人和同伴来进行句子的表达，符合幼儿的人际交往和情感特点。在活动过程中借助于照片让幼儿对家人和好朋友进行情感表达，选择内容恰当。既促进了幼儿的语言表达，还教会了幼儿情感表达的方式。

## 活动二　小船悠悠（中班）

【设计意图】

中班幼儿在生活中已经认识了不少的小动物，知道了一些关于小动物的生活习性，但这些知识都是零散的。这一时期幼儿的语言表达还缺乏完整性、连贯性，为了让幼儿对已有知识加深了解，可通过趣味性的故事激发幼儿展开想象，并乐意与大家分享交流，从而促进幼儿在语言、情感等方面的发展。

【活动目标】

1）能够认真观察图片，大胆想象并完整讲述图片内容。

2）能用简短形象的语言描述出小动物的样子。

【活动准备】

1）易拉罐、草垫、小木板、鞋、水果皮等实验材料。

2）"小船悠悠"故事。

【活动过程】

（1）谈话导入

教师："小朋友们，今天海龟爷爷要来我们班做客了，我们把它请出来吧！"

教师："海龟爷爷马上就要过新年了，它请了好多朋友来欢欢喜喜过新年呢！大家猜猜看，都会有些什么朋友呢？"（幼儿自由讲述）

（2）活动过程

教师："小朋友们想到了那么多朋友，我们来看看都有谁来了？"

逐个出示动物：大尾巴的小松鼠，尖尖嘴巴的小老鼠，爱撒娇的小猫咪，可爱的小狗，长满刺的小刺猬，机灵的小猴，胖胖的小猪。

1）教师："我们来数一数一共有几个朋友呀？1、2、3、4、5、6、7，7个朋友。"

2）教师："7个小动物都要去和海龟爷爷过新年，大家觉得他们会带什么新年礼物呀？"（幼儿讲述）

3）教师："小动物们带上了礼物，就要准备出发啦，可是海龟爷爷生活在大海里，他们怎么去看海龟爷爷呢？坐船，是一个好办法，要去和海龟爷爷过新年，肯定要坐漂亮又安全的小船，你们能不能帮小动物们想想办法，说一说哪些东西可以做既漂亮又安全的小船呢？"（幼儿自由讲述）

4）教师："大家想到的方法真多，聪明的小动物们也想了很多的办法，我们一起来看一个有趣的故事《小船悠悠》，小朋友们看看，小动物想的办法和我们想的办法会不会一样呢？"

（3）边讲边出示图片，欣赏故事

1）教师："有趣的故事听完了，小朋友们说一说小动物们想了哪些办法呀？为什么他们要用这个东西做小船？"（引导幼儿猜想、讨论：哪只船最牢固？为什么？）

2）教师："让我们再来听听这个有趣的故事吧，小朋友们可以跟着故事一起来说一说。"

（4）操作材料进行试验

根据准备好的材料进行试验，探索、交流什么样的材料最结实。

**【活动结束】**

游戏"开小船"：教师当海龟爷爷，请幼儿分组一起玩开小船的游戏。

**【设计评析和具体指导】**

讲述活动可以促进幼儿规范化语言的发展，幼儿通过讲述活动的训练可以提高书面语言的表达能力。该活动中教师结合幼儿的生活经验和已有的数经验，让幼儿在看图讲故事中既运用书面语言又把平时积累的零星知识整合起来。

## 活动三　我爸爸（大班）

**【设计意图】**

爸爸是幼儿生活中非常熟悉和亲近的人。图画书《我爸爸》以孩子的口吻描写了一个高大、温柔的爸爸形象，他样样事情都能干，像太阳一样温暖。图画书中的爸爸开始被比喻成各种动物形象，最后作者突然笔锋一转，表达了对爸爸深深的爱意。通过这个故事可以让幼儿在理解、体验故事情节的基础上，感受到爸爸对自己的爱，加深了幼儿爱爸爸的情感。

**【活动目标】**

1）理解图画书内容，感受书中爸爸真的很棒。

2）学会用"像……一样"的句式夸夸自己的爸爸。

3）感悟父子间浓浓的爱意，加深爱自己和爸爸的感情。

**【活动准备】**

1）幼儿每人带一张爸爸和自己的合影。

2）完整的图画书和 PPT、小视频。

**【活动过程】**

**一、说说自己爸爸的职业和爱好**

老师出示自己爸爸的照片，向孩子介绍自己的爸爸。然后请小朋友介绍一下他们的爸爸是做什么工作的，有什么本领。

**二、分段欣赏图画书《我爸爸》**

**（一）欣赏图画书第一部分，认识书中的爸爸**

教师："今天我们一起来欣赏图画书《我爸爸》，看一看书中的爸爸是什么样子的。"

教师（出示布朗爸爸的画面）："你们看到画面上的爸爸是什么样子？猜一猜，他会是一个怎样的爸爸？"

幼儿相互交流表达，引出第二部分。

**（二）欣赏图画书第二部分，理解图画书内容，感受书中爸爸真的很棒**

1. 理解图画书内容，感受书中爸爸的本领

（1）出示书中爸爸走钢丝的画面

教师："书中的爸爸在干什么？"

幼儿交流表达，教师小结。

（2）出示书中爸爸参加跑步比赛的画面

教师："爸爸在干什么？跑了第几？"

幼儿交流表达，教师小结。

（3）出示书中爸爸扮马的画面

教师："这是谁？你怎么看出是书中的爸爸？"

教师："爸爸怎么变成马了呢？"（因为他吃得很多。）

教师："小朋友是怎样夸爸爸的呢？（我爸爸吃得像马一样多。）"

（4）出示书中爸爸扮大猩猩的画面

教师："这又是谁？大猩猩在干吗？为什么爸爸又变成大猩猩了？"（因为大猩猩力大无比，像个举重运动员一样。）

教师："小朋友会怎么夸爸爸呢？"（我爸爸像大猩猩一样强壮。）

（5）出示书中爸爸扮鱼、猫头鹰、河马的画面

教师："在书中小朋友的眼里，爸爸为什么还变成了鱼、猫头鹰和河马呢？他会怎么夸爸爸呢？"（我爸爸游得像鱼一样快，像猫头鹰一样聪明，像河马一样快乐。）

2. 尝试用"像……一样"的句式夸一夸自己的爸爸

教师："书中的小朋友夸自己的爸爸吃得像马一样多，游得像鱼一样快，像大猩猩一样强壮，像猫头鹰一样聪明，像河马一样快乐。生活中，我们的爸爸也有很多本领，很多的优点，有很多与众不同的地方。我们也来用'像……一样'这句话来夸一夸自己的爸爸。"（幼儿和同伴自由交流讲述 1～2 分钟，教师倾听，然后组织个别幼儿进行讲述交流。）

**（三）欣赏图画书第三部分，迁移到幼儿的生活经验，引发幼儿感悟爸爸对自己的爱**

教师（出示爸爸扮鬼脸的画面）："爸爸在干什么？爸爸为什么会扮鬼脸呢？"

教师："当你不开心的时候、伤心的时候，你的爸爸是怎么逗你开心、让你高兴的？"（幼儿讲述。）

## 三、完整欣赏图画书

配乐完整欣赏图画书《我爸爸》。

## 四、感悟爸爸的爱

引导幼儿观察图画书中象征爸爸形象的标志：太阳，感悟爸爸的爱像太阳一样温暖，紧紧围绕着我们。观看自制爸爸对孩子表达爱意的视频，感受爸爸对自己浓浓的爱意，加深爱爸爸的情感。

**【活动结束】**

教师："爸爸在生活中为我们做了很多很多。每个小朋友都应该大声地说出你对爸爸的爱，每个小朋友回家后都要对自己的爸爸说一句：爸爸，我爱你！"

**【设计评析和具体指导】**

活动选材新颖,绘本设计图片和内容都让爸爸的角色显得平易近人。图画中夸张的语言、高大的形象、爸爸的各项能力都能让幼儿联想到自己的爸爸,亲切之感跃然而出。教师在活动设计中突出了爸爸的本领,爸爸对孩子爱的表现,进而激发幼儿对爸爸的爱。因为在生活中很多爸爸不太习惯用语言对自己的孩子表达爱,所以在教学活动中教师还可以借助于录像的方式让爸爸们表达对孩子的爱,活动效果会更好。

## 本章思考题

1. 幼儿语言学习的特点是什么?
2. 幼儿园语言教育活动的原则有哪些?
3. 幼儿园语言教育活动的内容有哪些?
4. 幼儿园语言教育活动设计与指导的原则有哪些?
5. 幼儿园语言教育活动设计与指导的方法有哪些?
6. 分别设计、评析一个幼儿园语言教育活动案例。

# 第七章

# 幼儿园音乐教育活动设计与指导

音乐是幼儿感受美、表现美和创造美的一种途径，也是表达对周围世界的认识和情感态度的一种方式。幼儿音乐教育关键在于充分创造条件和机会，在大自然和社会文化生活中萌发幼儿对音乐美的感受和体验，丰富其想象力和创造力，引导幼儿学会用心灵去感受和发现音乐美，用自己的方式去表现和创造音乐美。本章主要从幼儿园的歌唱、韵律、节奏乐、音乐欣赏等活动的设计与指导等四个方面进行阐述，重点是掌握、学会幼儿园各种音乐教育活动的设计与组织。

## 第一节 | 幼儿园歌唱活动设计与指导

### 一、歌唱教育活动概述

歌唱是幼儿表达思想感情的一种方法，是童年生活中不可缺少的内容，又是他们乐于接受的一种艺术形式。幼儿在歌唱中不仅情绪高涨、开心快乐，还在潜移默化中陶冶了情操，启迪了心智。因此，歌唱是幼儿园音乐教育活动中的一个基本活动。幼儿园的歌唱教育活动包括新歌教学、复习歌曲和创新活动。

#### （一）歌唱的教育内容

**1. 歌唱的形式**

不同的歌唱形式可以表达出歌曲不同的演唱效果和艺术感染力。幼儿歌唱的形式可分为以下几种：齐唱指两人或两人以上整齐地同唱一首歌曲，它是幼儿园歌唱活动的一种最主要形式；对唱指个人与个人、小组与小组之间以问答方式，各自唱歌曲中的问句和答句；接唱指将一首歌曲分成几个乐句，由幼儿分组轮流分乐句接唱；领唱、齐唱指由一个人或几个人唱歌曲中较主要的部分，集体唱歌曲中的配合部分；轮唱是指两个声部按一定间隔先后唱，在某一乐句汇齐，共同结束；独唱指一个人单独歌唱；合唱是指两个或两个以上不同声部相配合的集体演唱形式。

**2. 幼儿歌唱的基本技能**

**姿势：**身体自然正直，眼平视，双肩放松，两臂自然下垂，两脚自然分开。发声：

用自然的声音唱歌，比说话声音略大，下巴放松，嘴巴自然打开。呼吸：自然吸气，均匀用气，吸气时不耸肩、不出声、不仰脖，按乐句规律来换气。咬字、吐字：咬准字头、引长字腹、收准字尾。音准：注意听伴奏唱歌，不大声喊叫，听唱配合，唱准音高，不跑调。协调一致：与他人唱歌时不突出自己的声音，不抢拍，在音量、音色、节奏等方面保持协调以及声音表情、脸部表情和动作的协调一致。保护嗓音：懂得自我保护，不大声喊叫唱歌，不长时间连续唱歌，不在剧烈活动后唱歌，生病时不唱歌，不在寒冷及尘土飞扬的环境中唱歌，不迎风唱歌。

### （二）歌曲的选择

**1. 歌词的选择**

1）歌词要为幼儿理解和接受才能正确表达情感，否则会让幼儿不知所云，甚至闹出笑话。

2）歌词结构应相对简单，多有重复，有发展余地，满足幼儿自由编唱的需要。如《在农场》这首歌曲，每段除了小动物的名称和叫声不同以外，所有的歌词都相同，小朋友学会唱这首歌后，主动为这首歌编新歌词，表达爱小动物的了解和情感。

3）歌词易于用动作表现，边唱边做动作不仅有利于幼儿的记忆、理解歌词，而且还能更好地促进幼儿动作的协调性，增强节奏感，有利于幼儿对歌曲情感的表达。

**2. 曲调的选择**

1）音域不宜太宽。幼儿适合的音域范围为：小班 $c^1$—$a^1$，中班 $c^1$—$b^1$，大班 $c^1$—$c^2$。总体来说，歌曲的音域应该控制在上述范围之内。但在处理具体问题时，也不要机械、绝对，要根据歌曲和幼儿的实际作选择。

2）歌曲速度适中。一般以中速或中速稍快、稍慢为宜。由于幼儿的肺活量小，呼吸浅，气息短，加之语言发展有限，呼吸、发声、吐字等歌唱技能不成熟，唱较快、较慢的歌曲都有一定的困难，因而中速较为合适。

3）节奏、节拍简单。适合小班幼儿唱的歌曲节奏主要是二分、四分或八分音符，节拍以 2/4 或 4/4 拍为主；中大班歌曲可有少量的附点音符、十六分音符和切分音节奏；节拍除了仍然以 2/4 拍和 4/4 拍的歌曲为主外，还可选 3/4 拍和 6/8 拍的歌曲。一些从弱拍起的歌曲，可使幼儿感受歌曲的不同风格和感情，也能逐步培养其节奏感。歌曲中的休止符在表达感情、划分乐句上都有一定的作用，学唱有休止符的歌曲，对丰富幼儿的音乐经验，培养幼儿的呼吸、表情技能及对乐句的感受能力都有帮助。

4）旋律相对平稳。幼儿最易掌握的是下行三度或三度以下的音程，级进音程比跳进音程唱得准，下行音程比上行音程唱得准，即使是中大班幼儿也不容易唱准上下跳进及大跳音程。旋律有适当的重复会受到孩子们的喜爱，也便于记忆。

5）结构短小工整。一般小班幼儿的歌曲以 2～4 个乐句为宜，长度一般在 8 小节左右。中大班幼儿的歌曲以 6～8 乐句为宜，长度为 16～20 小节。幼儿歌曲的乐句不宜太长。在中等速度的情况下，2/4 拍的歌曲一般每句以 4 拍为宜；3/4 拍的歌曲一般每句以 6 拍为宜。5～6 岁的幼儿，在速度较快的情况下，偶尔也可唱含稍长句子的歌曲。但总的来说，幼儿的歌曲结构还是以短小为宜。

6）词曲关系较简单。4 岁以前的幼儿所唱歌曲大多数是一个字对一个音的，像说话一样；4 岁以后可以逐步掌握一个字对两个音的词曲关系；5～6 岁幼儿还可逐步掌握一字多音的词曲关系。

## 二、歌唱活动设计的思路

### （一）新歌教学

幼儿学会一首新歌，由新鲜陌生到熟悉掌握，一般要经过对歌曲旋律或歌词的倾听、理解记忆歌词、反复练唱等环节。在新歌教学中可采用以下方法：

1）新歌导入的方法：游戏法、故事导入法、节奏导入法（让幼儿先熟悉歌曲节奏）、幼儿欣赏倾听法（示范法）、谈话法（提问法）等。教师要分析歌曲内容和幼儿已有的知识、经验，选择适当的导入方法，帮助幼儿做好学习的准备，引导幼儿自然地进入歌曲的学习。

2）学唱歌曲的方法：整首跟唱法（幼儿随教师唱）、旋律先行法（先让幼儿熟悉旋律）、难句前置法（先教难点乐句）、分句教唱法、先局部后整体学习的方法（先学感兴趣的部分，再从头到尾学习）。

3）其他教学法：①听画法。听画法就是让幼儿把听到的、联想到的内容通过作画的方式表达出来。②图示法（图片法）。教师可将难点用具体形象的图片来展示，帮助幼儿用直观形象的方法来学习。图示法将音乐材料简单化、形象化，让教唱歌曲过程变得活泼生动。③图谱法。由于幼儿不识字，所以把歌词用图表现出来，将歌谱简单化、形象化。图谱是歌唱教学活动中经常运用的辅助教学工具。

4）练习巩固新歌的方法：①练习方式多样化。巩固练习大多为集体唱，还可用轮唱、二声部唱、领唱方式等。歌唱方式的改变会大大提高幼儿练习的积极性，使歌唱活动变得愉快、轻松。②增加打击乐器。在练习巩固新歌时，增加与歌曲情绪相吻合的打击乐器会烘托歌唱的气氛。③提高伴奏的艺术效果。学唱歌曲时可弹单音旋律，为了让幼儿听清旋律音高，练习时可提高伴奏难度，增加艺术效果。④增加肢体动作。⑤增加表演服装、道具。

### （二）复习歌曲

唱熟悉的歌曲会产生愉悦感，复习是幼儿学习、掌握、巩固、提高演唱水平和歌唱技能必不可少的重要环节。在设计、组织复习歌曲活动时，教师要明确复习的目标，即要在幼儿原来的歌唱水平上适当提高要求，不断提高幼儿唱歌的积极性和歌曲表现力。复习应在愉快、有兴趣的情境下进行，避免单调的重复练习。

#### 1. 复习歌曲的组织形式

1）集体唱——在大家一起唱歌的过程中，幼儿之间可以互相提醒，逐步学会歌曲；对于大家能够熟练演唱的歌曲，齐唱能够造成一种欢乐的气氛，增加唱歌的兴趣。

2）小组唱——可按性别分组，还可根据幼儿意愿指定几名幼儿来唱。部分唱便于教师及时发现幼儿唱歌中出现的问题，帮助他们纠正错误，掌握歌唱技能。

3）独唱——一般从中班后期开始可请一名幼儿在集体面前唱歌，这种能力是需要锻炼的。教师应有意识地为幼儿创造条件，使每个幼儿都有单独演唱的机会。

### 2. 复习的方法

让幼儿学会听前奏、间奏、尾奏，对培养幼儿的音乐记忆力、节奏感、控制力等音乐素养很有作用。在复习歌曲时，可以把它当做导入复习歌曲的手段。小班用弹奏全曲或前奏，让幼儿猜歌名；中班弹前奏或间奏让幼儿回忆，说出歌名；大班弹间奏、尾奏或歌曲中的某一乐句让幼儿说歌名。复习的方法与新歌练习巩固相似，有边唱边舞、佩戴标志唱、游戏方式唱、增加打击乐器等，但由于目标不同，对幼儿的要求和教学效果也有很大的差别。为了让幼儿把握不同音乐情绪的歌曲，丰富音乐知识经验，可以用对比法安排复习内容。如把摇篮曲、进行曲的歌曲先后复习；把圆舞曲、活泼欢快的歌曲先后复习。通过对比演唱，获得不同音乐情绪、不同表现手段的体验，加深幼儿对音乐的理解。

在儿童积累了一定的曲目和活动经验后，采取类比法安排复习。即练习唱同一种音乐情绪的歌曲，如《学做解放军》和《小海军》，虽然都是进行曲，但歌曲的内容、歌唱时咬字、发声的力度，以及对歌曲中某些乐句强弱、连贯的处理，都会让幼儿体验到音乐活动的魔力。

### （三）创新活动

幼儿园歌唱活动的组织目的不在于教幼儿会唱一定数量的歌曲，更重要的是让幼儿在活动过程中获得心智的满足，发掘音乐潜能。让幼儿通过自己情真意切、优美动听的演唱，发自内心地喜爱歌唱，体会歌唱的美好，使幼儿的情绪情感及身心在歌唱中得到激发和培养。创造性的歌唱活动要避免单调重复的复习，运用有趣的、灵活多样的方式，加深幼儿对歌曲形象、内容的理解，从而使幼儿有新意地表现自己对歌曲的体验、理解。创新活动的方式主要有以下几种：

### 1. 创编表演动作

这是创新活动中最常见的一种方式。边唱边做出表情和肢体动作是幼儿唱歌中最常见的现象，也是幼儿年龄特点的集中表现。边唱边表演，不仅可以帮助幼儿加深对歌曲情感的体验、增强节奏感、提高歌曲表现力，还可引起幼儿参与、表现和创造的强烈兴趣。注意事项：①幼儿即兴创编活动与教师引导创编活动应区别开来。即兴创编是幼儿创编在前，而后教师根据幼儿的创编结果，再给幼儿提供自我完善的机会或参考意见。引导创编是教师引导在前，幼儿提出创编意见，然后教师根据幼儿的意见重新设计。②创编的动作不宜太多。教师要把握适度，如果让幼儿无限制地创编新动作，会阻碍幼儿享受活动成果，容易造成幼儿创编兴趣的减退和注意的涣散。避免为创编而创编，偏离教学重点，教学效果离目标相去甚远等情况。③以"反馈"和相互展示、交流等方式来鼓励、丰富幼儿的创编思路。反馈是指教师用语言或动作将幼儿的创编再现给幼儿，把幼儿创编的成果"放大"后，再展现给全体幼儿，激发其他幼儿的创新思维。④教师在引导创编之前要有"样本"。在创编教学中，教师一般并不直接提供自己的样本，而是根据幼儿实际创编情况，灵活地通过提问和提供思考线索、提供改善建议等方式来丰富幼儿的创编思路。⑤以唱为主，表演动作为辅，不可喧宾夺主。

2. 创编新歌词

幼儿歌词创编活动应注意：①所选择的歌词内容要简单、多有重复，幼儿有相关的知识经验才能进行歌词创编；②只教授一段歌词作为创编的样板；③编唱时间不宜太长，以使幼儿"余兴未尽"，期盼下一次活动；④注意集体参与创编和歌唱的密度，以保证大多数幼儿都有动脑、动手、动口参与活动的机会；⑤鼓励幼儿积极参与，使创编达到相对完美的效果。

3. 创编新节奏

在组织幼儿创造性歌唱活动中，引导幼儿用拍手打节奏、增加有节奏的说白、用小乐器演奏等为学过的歌曲伴奏，丰富和提高幼儿歌曲的艺术表现力。如下例：

### 小 青 蛙

1=D 2/4　　　　　　　　　　　　　汪爱丽词曲

5 3 3 3｜5 3 3 3｜5. 6 5 3｜4 2.｜
小青蛙呀，小青蛙呀，在池塘边 玩耍，
咕哇 呱呱，咕哇 呱呱，在池塘边 玩耍，

4 2 2 2｜4 2 2 2｜4. 5 4 2｜3 1.‖ 3 1.‖
东边跳跳 西边跳跳，多么快乐 逍遥。 逍遥。
咕哇 呱呱 咕哇 呱呱，多么快乐

1）可用手拍出歌曲的节拍，为歌曲伴奏。

2）可用手拍出歌曲的节奏，为歌曲伴奏。

3）可创编新的节奏型，拍手为歌曲伴奏：

×××　×　×　｜×××　×　×　｜×××　×××　｜×　　×.｜
×××　×　×　｜×××　×　×　｜×××　×××　｜×　　×‖

4）可先拍节奏型×××　×　×　｜×××　×　×　｜×××　××｜×—｜把这个节奏型当前奏、间奏、尾奏唱歌。

5）可根据上述各种不同的节奏型，配上不同的打击乐器为歌曲伴奏。

6）有些歌曲的节奏比较密集，幼儿难以用手拍出其节奏，可以用唱"哒哒哒"、"滴滴滴"等衬词的方法演唱歌曲的节奏，为歌曲配"唱"，或加上说白的形式也可以使演唱更加生动、有趣。如《我的好妈妈》可按节奏说白：

（说）我的 好妈｜妈 —｜下班 回到｜家—｜劳 动了｜一 天｜多么 辛苦｜呀——｜妈. 妈 妈妈｜快坐 下｜妈. 妈 妈妈｜快坐 下｜请喝 一杯｜茶—｜……

## 三、幼儿园新歌教育活动设计范例

### 活动一 小班唱歌活动：谁饿了

#### 谁 饿 了

1=D 2/4

汪爱丽词曲

```
3 3 3 1 | 5 5 5 | 3 3 3 3  1 3 | 2  — |
一只 大 狗  出 来 了，  肚子 饿 得 咕 咕  叫。
一只 大 猫  出 来 了，  肚子 饿 得 咕 咕  叫。

                                     1.        2.
6  4 2 | 5 5 3 | 2 4. 7 2. | 1 1 1 | 1 1 1 |
看  见 了 肉 骨 头，  咔 吧 咔 吧 吃掉了。吃掉了。
看  见 了 小 老 鼠，  啊 呜 啊 呜
```

【活动目标】

喜欢听老师唱新歌，愿意自己学唱《谁饿了》；理解《谁饿了》歌词，熟悉歌曲旋律；体验学唱新歌及变换歌曲中角色的成功感。

【活动准备】

小狗头饰一个；幼儿了解小动物及它们爱吃的食物。

【活动过程】

1. 律动《小猫》

教师、幼儿分别扮演猫妈妈、小猫表演律动小猫的舞；唱问好歌。

2. 歌曲《谁饿了》

（1）欣赏歌曲

教师："小猫玩累了吧，坐下来休息休息。哎呀，我的肚子怎么在咕咕地叫？肚子怎么会咕咕叫呢？（幼儿讲讲）原来肚子饿了就会咕咕叫了。肚子一咕咕叫就该吃东西了。有一只大狗肚子饿了，肚子饿得咕咕叫，它看见了好吃的东西。那它到底看到了什么？让我们一起来听听歌曲吧。"（教师示范表演：第一遍有节奏地念唱歌词，第二、第三遍演唱。）

（2）提问

1）刚才大狗肚子饿得厉害吗？从什么地方听出来大狗的肚子饿得很厉害？

2）学习有节奏地念歌词：肚子饿得咕咕叫（反复2～3次）。

3）大狗看见了什么？我看看哪只大狗的眼睛里真的看见了肉骨头。纠正发音：肉骨头。

4）大狗怎么样吃肉骨头的？

（3）幼儿扮演大狗听老师唱歌

教师唱，幼儿模仿大狗，熟悉歌词、旋律。

（4）幼儿跟琴唱两遍

第七小节是难点，分句教唱，重复2～3遍。

（5）幼儿扮演大狗学唱新歌

（6）扮演大猫唱新歌

教师："大狗吃饱了真高兴。你们听，汪汪汪，谁来了？（教师头戴头饰，扮演大猫）我的肚子还饿着呢？怎么办？我要去找东西吃了。谁愿意帮助我一起去看看有什么好吃的呢？（从椅子背后拿出小老鼠）这是什么？"教师与幼儿共同扮演大猫演唱新歌。

【延伸活动】

仿编歌曲。鼓励幼儿想象还有谁肚子也饿了，它会找到什么好吃的。

## 活动二　中班歌曲活动：小青蛙

【活动目标】

在游戏中熟悉歌曲《小青蛙》旋律，并用身体动作感受八分音符、四分音符、附点音符的节奏；理解"逍遥"是自由自在的意思，对学唱新歌感兴趣。

【活动准备】

池塘背景图，小青蛙头饰若干，四分音符、二分音符、全音符的节奏卡片。

【活动过程】

1. 欣赏旋律

（1）游戏体验

教师："今天我们来做个小青蛙在池塘里玩儿的游戏。我是青蛙妈妈，你们是我的小青蛙。这就是池塘（投影机放映出池塘），我们怎么玩儿呢？"（师生共同扮演角色做游戏。老师有意识地引导幼儿用不同的节奏跳跳、游游）

（2）感受节奏

教师："小青蛙高兴吗？是怎么在池塘里玩儿的？"（一跳一跳的，它还会游泳，有快有慢）

教师："其实，刚才小青蛙在池塘里玩儿，动作是有节奏、有变化的。看青蛙妈妈再玩儿一次，请小青蛙把妈妈玩儿的不同节奏拍出来。（引导幼儿找对应的节奏卡片）你拍的是哪个节奏？"

然后，小青蛙再次做游戏，用身体动作感受四分音符、八分音符、附点音符的节奏。

2. 欣赏歌曲

（1）故事导入

教师："有一天晚上夜色非常好，青蛙妈妈带着它的小青蛙去池塘看风景、做游戏。它们的心情非常好，高兴地唱起了歌。"

（2）教师范唱

范唱后提问："小青蛙的心情怎么样？听到它在唱什么吗？小青蛙快乐逍遥，那"逍遥"是什么意思？对，就是小青蛙在池塘里很自由、很自在的意思。"

（3）幼儿初步感知歌曲

教师："想不想跟着小青蛙一起去池塘？好，让我们也准备准备，一起去池塘吧。"

（老师再次演唱，幼儿用动作表演）

（4）学唱新歌（引导幼儿轻声跟琴唱）

节奏难点：第二句"在池塘边玩耍"，第四句"多么快乐逍遥"（教师分句唱，引导幼儿辨听、模仿）。

（5）边唱新歌边做游戏

### 活动三 大班歌曲活动：小海军

#### 小 海 军

1 = C  2/4

常福生词
柴木尧曲

**【活动目标】**

通过看歌曲《小海军》图谱，了解歌词内容，喜欢小海军威武的形象；乐意唱出雄壮有力的小海军，有自豪感。

**【活动准备】**

教师准备《小海军》歌曲图谱、海军军演视频、军鼓、海军军帽，幼儿了解一些海军知识，积累一些音乐曲目，包括进行曲。

**【活动过程】**

（1）激发幼儿热爱海军的情感

教师敲军鼓引起幼儿注意，问："小朋友，我敲的是什么鼓？"出示海军帽，问："谁认识，这是哪个军种戴的帽子？"

教师："我们的国家有大片的海洋，小朋友知道是谁保卫我们国家的海洋的呢？对，是强大的海军守卫着我们的领海。下面老师要请小朋友看看我们的海军是怎么保卫祖国的。"（幼儿看视频，边看边交谈）

教师："请小朋友说说你看到了什么？你觉得我们的海军怎么样？"

小结："我们的海军真威武，有他们的守卫，我们的国家才更安全，世界才更和平。我们的海军真了不起！下面请小朋友们欣赏歌曲《小海军》。"

（2）欣赏歌曲

第一遍清唱。提问："这首歌听起来怎么样？你听到了什么？"

第二遍配伴奏唱。提问："听这首歌你有什么感觉？歌里都唱了什么？"请小朋友学一学。

（3）看图谱学习

1）观察图谱，提问歌词内容。解释"敌人胆敢来侵犯"。然后按节奏朗诵法跟教师读歌词。强调附点音符的节奏。歌词跟读2～3遍。教师可用旋律伴奏。

2）教师带领幼儿跟唱。难点可用分句教唱法解决。提示幼儿注意听老师唱，用自然好听的声音唱，不喊唱。

（4）游戏练习

1）给幼儿戴海军帽，用分组、分性别、加模仿动作等方式练习唱歌。注意激发幼儿歌唱的情绪，教师用军鼓伴奏，之后让个别幼儿打鼓伴奏。

2）扮演角色，边玩边唱，引导幼儿用雄壮有力的声音唱。

# 第二节 ｜ 幼儿园韵律活动设计与指导

## 一、韵律活动概述

韵律活动是指幼儿在教师引领下伴随音乐而进行的身体艺术表现活动，其作用是发展幼儿的节奏感和动作的协调优美，学习用肢体动作方式与人交流，享受韵律活动的愉悦。

### （一）幼儿园韵律活动的内容

#### 1. 律动

律动是指身体随音乐做出有节奏的合拍动作，一般是没有情节的、重复的舞蹈动作或模仿动作等。律动动作要与音乐合拍，并能表达出音乐的情绪特点。律动在幼儿园中常作为一种基本训练，为舞蹈或音乐游戏中的某些新动作做准备，也经常作为一种组织教学活动的手段。

律动的内容可分为：基本动作——是指按音乐做一些日常生活动作，如听音乐拍手、点头。模仿动作——是指幼儿模仿特定事物的外在形态和运动状况所做的身体动作，如兔跳、鸭走、花开、叶落等。基本舞步——是构成舞蹈的基本动作。如：小班幼儿要掌握碎步、起踵落地、跟点步等；中班幼儿掌握侧点步、踏点步、踏跳步、踵趾小跑步、小跑步等；大班幼儿掌握进退步、交替步、跑跳步、跑马步、秧歌十字步等。除此之外，还要掌握手和肩的各种动作，如：手腕转动、提压手腕、手臂上下摆、平举、弯曲和划圈等。

2. 舞蹈

舞蹈是幼儿喜闻乐见的一种艺术形式，幼儿园的舞蹈作品，除了要具备舞蹈的一般审美标准之外，还要能引起特定班级幼儿的审美反应，即能使幼儿迅速参与舞蹈过程并充分享受舞蹈过程，在学习和享受这一作品的过程中，顺利地掌握舞蹈的基本动作。

幼儿园舞蹈的形式主要有：集体舞——是指大家一起参与的，强调在队形中进行人际交流的一种舞蹈类型，音乐和动作的难度不大，人人参与，在队形变化中进行人际交流。邀请舞——这是集体舞的一种变形，通常先有一部分人为邀请者，与被邀请者跳完一遍，然后双方互换角色继续跳舞。自编舞——是幼儿在掌握基本舞步和动作的基础上，根据音乐的性质、情绪创造性地自编舞蹈动作，自娱自乐式的一种舞蹈形式。小歌舞或小童话剧——这是一种综合性较强的舞蹈形式，有一定的情节和角色，将说、唱、跳等几种音乐形式综合在一起。

3. 音乐游戏

音乐游戏是一种有规则的游戏，在音乐伴随下，以发展幼儿的音乐能力为主要目标。在音乐游戏中，音乐和游戏是相互促进，相辅相成的。音乐指挥、促进和制约游戏活动，而游戏动作又能帮助幼儿更具体、形象地感受和理解音乐，获得一定的情绪情感体验。如《找小猫》，由教师扮演"猫妈妈"，全体幼儿扮演"小猫"，根据游戏中的情节，模仿轻轻走路、躲藏、猫叫等动作，由"老猫"按照游戏中的情节提示去找"小猫"。再如《长高了变矮了》，幼儿随着乐曲自由地做各种动作，当音乐停在高音处就双手高举，当音乐停在低音处就蹲下。又如《小鸟和大象》，整个音乐分三部分——小鸟的音乐、大象的音乐、小鸟和大象游戏的音乐。在玩此类游戏时，幼儿要根据音乐所展示的情节和内容进行表演。

**（二）韵律活动选材**

1）音乐选择的要求：①旋律优美，音乐形象鲜明，节奏富有特点；②结构工整，音乐形象鲜明，便于用动作表现。

2）动作选择的要求：①体现游戏性；②考虑幼儿的动作发展水平和接受能力。动作的选择和安排要体现循序渐进，由易到难，先从简单的、不移动的、大肌肉的分解动作入手，再逐渐加入移动的、复合的、小肌肉精细动作的学习。

3）道具的选择：注意一要有助于动作表现；二要形象美观、操作简单。

## 二、韵律活动的设计与指导

**（一）韵律活动设计的一般思路**

1. 熟悉音乐

作为韵律活动的音乐应是幼儿熟悉的，对熟悉的音乐幼儿会有亲切感，这就降低了听音乐做动作合拍的难度。在幼儿做动作前，先引导幼儿倾听音乐，感受音乐的节奏、节拍、结构、情绪和风格特点，帮助幼儿掌握音乐内容，为表达音乐做情感和经验上的准备。较为理想的情况是音乐成为"指挥"，幼儿的动作与音乐融为一体，表现出音乐情绪、形象，表达自己的情感。要熟悉音乐除了集中教育活动时倾听，还可在一日生活的其他环节倾听，如进餐、结构游戏、起床后等。教师还可以根据活动目标的要求，在幼儿倾听后，把学习内容中的难点先行处理，即所谓"难点前置"。

### 2. 示范

示范是韵律活动教学主要的方法之一，示范有完整示范和分解示范。所谓完整示范一是教师将幼儿要学习的全部内容完整呈现，二是一套动作的完整呈现。分解示范就是把手上、脚下、头部、腰身动作分开示范。教师准确、优美的舞姿会极大地激发幼儿的审美积极性，让幼儿产生跃跃欲试的学习愿望，同时积累他们的舞蹈动作表象。

根据教学内容不同，完整示范可进行 1～2 次。示范前要使幼儿集中注意，如教师说："小朋友，老师要给大家做一个好看的动作，请你们看仔细，我做了什么动作？"示范后教师应同幼儿交流审美感受："老师表演得好看吗？你觉得我在表演什么？想不想再看一遍？"欣赏后再与幼儿交流："我做得好看吗？请你们学一学。"大家学完后请幼儿交流："谁想说一说你做的是什么动作。"示范这一环节也可以看光盘，速度可根据幼儿的需要调整。初次欣赏时可用正常速度，幼儿要学习时，播放的速度应减慢。

### 3. 幼儿动作练习

动作练习也是韵律活动教学的主要方法之一，幼儿通过身体动作来感知、理解、表达音乐，建立动作表达模式和动力定型，享受表达音乐的快乐。为了降低动作难度，可采用动作分解练习的方式，迁移已有经验学习新动作。如舞步是学习过的，可先复习性地练习，然后再学手的动作，因为手的动作是新的，之后再把手和脚下步伐合起来练习。如果教材由两个或两个以上的动作构成，那么单个动作练习后，还要进行动作串联，使幼儿能连贯地表现作品。

幼儿动作练习时，可以先不给音乐和口令，让幼儿自由练习，之后教师可先用口令帮助幼儿初步找到动作节奏，然后再合音乐。因为真正的节奏感和动作协调优美是在与音乐的配合中培养、锻炼出来的。在组织幼儿动作练习时，教师要注意鼓励调动幼儿的积极性，同时要密切观察大多数幼儿的情绪反应，把握动作重复的次数和对动作质量的要求，遵循动作教学规律，让幼儿学有所得又不厌烦，能体验到自己的成功。

### 4. 舞蹈的队形

集体舞的队形变化从教育角度强调空间转换过程中的人际交流，从审美角度强调队形变化造成的新颖性、对比性和队形本身所包含的象征性审美意义。教学过程中，可以在教动作的同时让幼儿知道如何变队形，之后组织幼儿练习；还可以在动作学完后再学变队形。

### 5. 自由地表达

在掌握教授的动作的基础上，让幼儿按自己的意愿表达，尤其是律动中的模仿动作、舞蹈中的自编动作和音乐游戏中的非规定动作，教师要善于启发调动幼儿的已有经验，肯定、鼓励他们富有个性的表达。

（二）韵律活动中教师的指导

1. 示范

1）教师要明确示范的不同目的，根据不同的目的选择示范的方法。

2）示范者应该是多样化的。如教师或其他成人，本班幼儿或其他儿童，自然、社会的各种事物、现象等都可成为幼儿的示范者。教师可引导幼儿观察兔跳、猴戏、雪花飘落、车轮转动等，在观察、揣摩之后，让幼儿模仿。

3）教师在提供示范时，尽力做到适时、适度、机智、灵活。

4）就动作内容而言，示范有完整示范、分解示范；就方向而言有镜面示范、正面示范；就速度而言有欣赏示范、学习示范。教师要清楚示范的目的，恰当选择。

2. 语言

在示范和动作练习时，教师适当地运用语言提示幼儿做动作或讲解动作，有助于幼儿较快地掌握动作。如教踵趾小跑步，可按语言节奏提示"脚跟脚尖｜跑跑跑｜"教十字秧歌步可提示为"向前走｜退回来｜"。当然也不要过分依赖语言的作用，要尽快培养幼儿听音乐做动作的习惯。语言只是一种辅助手段，再形象也不如示范来得直接，也不要依靠口令和数拍子来跳舞，要让幼儿学习按音乐的速度、力度、情绪来舞蹈。

## 三、幼儿园韵律教育活动设计范例

### 活动一　小班律动：走路

【活动目标】

根据歌词内容有兴趣地模仿小动物的动作，尽量按音乐做动作，体验活动的乐趣。

【活动准备】

自制律动教学用带；小兔、小鸭子、小乌龟、小花猫玩具；小兔、小鸭子、小乌龟、小花猫头饰数量与幼儿人数相等；幼儿较熟悉的歌曲。

【活动过程】

1. 导入活动

教师："今天有几个小动物要和我们一起玩儿，它们是谁呀？（出示小兔玩具）小朋友欢迎欢迎！它是谁呀？小兔问我们知道它怎么走路吗？小朋友学一学。"（让个别小朋友表现，大家看，鼓励。）小朋友看这是谁呀？（出示小鸭子）它怎么走路呢？……依此类推。

2. 熟悉音乐

教师："小动物们一边唱歌一边走路，现在请小朋友听它们的歌。"

放音乐，小朋友可随唱。听完后，教师提问："小兔怎么走路的？小鸭子呢？小乌龟怎么走？小花猫呢？"

教师小结："小兔走路是蹦蹦跳跳的，小鸭子走路是摇摇摆摆的，小乌龟走路是爬呀爬，很慢的，小花猫走路是静悄悄的，没有声音。下面请小朋友和音乐一起唱。"

3. 创编动作

（1）共同创编

教师："让我们听着音乐和小兔子、小鸭子、小乌龟、小花猫一起走路吧。"（在幼儿创编过程中，录音机连续播放歌曲录音带，教师和小朋友一起跳，指导个别幼儿强调动作的节奏。）

（2）分组展示

教师："刚才，我们一起编了几个小动物走路。小动物们可高兴了，想看看小朋友表演，你们愿意吗？"（幼儿分组表演）

每组表演完，教师带领大家鼓掌。点评时强调动作的节奏，让幼儿开心。

（3）律动

教师问幼儿愿意扮演那种小动物，发头饰戴，教师和幼儿一起玩。

【延伸活动】

把创编活动延续到区域活动的表达区中，引导幼儿把不同的对象的动作编到歌里（小动物、人群、马路上的汽车等），培养幼儿创编的兴趣和初步的音乐创造能力。

走　　路

活动二　刷子跳舞（中班）

【活动目标】

能随着音乐愉快地想象并表现刷子；在比较、交流的过程中进一步了解刷子的特征和用途，并用身体动作来表现。

【活动准备】

幼儿学过歌表演"粉刷匠"；用废旧材料自制各种刷子；歌曲《嘻刷刷》、乐曲《单簧管波尔卡》、刷子相关的 DVD 资料。

【活动过程】

（1）复习歌表演《粉刷匠》

1）教师："最近我们幼儿园到处都被粉刷一新，漂亮吗？你们看见工人叔叔是怎么刷墙的了吗？"

2）教师："我们也来学工人叔叔把幼儿园打扮得更漂亮好吗？"（幼儿随歌曲《粉刷匠》表演）

（2）各种各样的刷子

1）教师："刚才我们小粉刷匠表演用的是什么刷子？"提问3～5名幼儿。

2）教师："今天，我们班里开了一家有趣的刷子商店，叫"嘻刷刷专卖店"，我们一起去看看。"

3）教师："这些是小朋友搜集来的各种各样的刷子，谁来给大家介绍一下？"（幼儿介绍自己带来的刷子，并在教师的追问、引导下比较几种特殊刷子的特征。）①窗刷："为什么窗刷柄要那么长？（鼓励幼儿回答）我们一起来刷刷窗吧。"（幼儿在座位上模仿刷窗的动作，教师用钢琴弹奏简单的节奏以引导幼儿的动作更加整齐有力，并带领幼儿配上相应节奏的念白："我刷，我刷，我用力刷。"）②马桶刷："马桶刷是怎么用的？为什么要转着圈刷呢？"（幼儿跟着音乐节奏一起做模仿动作，并配上相应节奏的念白："我刷，我刷，我旋转刷/我转着刷。"）③皮鞋刷："这是什么刷子？怎么用啊？我们一起来刷刷皮鞋。"（幼儿跟着音乐节奏一起做模仿动作，并配上相应节奏的念白："我刷，我刷，我快快刷。"）④牙刷："牙刷怎么用？电动牙刷怎么用？它们有什么区别？"（幼儿跟音乐的不同节奏模仿刷牙，配上相应的节奏念白："我刷，我刷，我轻轻刷。"）

4）律动《刷牙歌》。"刷牙时我们要注意使用正确的方法，我们一起来刷牙吧！"

（3）热闹的刷子舞会

1）教师："今天我们就和刷子宝宝一起开个舞会好吗？你想请哪些刷子宝宝来参加舞会呢？"（幼儿自由回答，说出自己喜欢的刷子宝宝。）

2）"下面我们请出第一个刷子宝宝，看看是谁？"（门铃响，教师迅速穿上围裙扮演小锅刷并表演锅刷舞，注意手臂、腰、身体等部位的旋转，请幼儿欣赏并模仿表演小锅刷的舞蹈，鼓励幼儿在此基础上大胆想象。）

3）车刷舞。①教师（打开DVD资料，出示车刷特写）："这是什么刷子？它有什么用？"（幼儿欣赏车刷"跳舞"的录像片段，教师随着车刷的左右摇摆配以相应的节奏。）②幼儿随音乐《嘻刷刷》自由创编车刷的舞蹈。（教师指导幼儿注意动作的力度，以区别于柔软优美的锅刷舞，也可以引导幼儿两两合作表演。）

4）鞋刷舞。①教师（打开DVD资料，擦皮鞋工作视频）："这是谁？他在做什么？"②幼儿随音乐模仿擦皮鞋，动作的速度、力度随音乐变化。

（4）大刷子工作了

1）引导幼儿结伴表演，逐渐增加人数。

2）教师："太好了，我们大家变成一把大刷子了，现在去幼儿园其他地方打扫打扫，刷一刷吧！"

## 活动三　大班音乐游戏：套圈

【活动目标】

根据歌词、节奏边唱边做动作，动作合拍整齐。体验合作游戏的快乐。

**【活动准备】**

幼儿基本会三人交叉拉手套圈，对歌曲较熟悉。

**【活动过程】**

1. 熟悉歌曲

教师弹奏歌曲中某一乐句，让小朋友猜歌名。猜出后，齐唱一遍。

启发幼儿的歌唱情绪："这首歌唱了什么？我们应该怎样唱？对，应该高兴、有精神地唱，还要唱得整齐。"唱第二遍。

2. 学习游戏

（1）示范游戏

教师："这是一首游戏歌曲，怎样一边唱歌一边游戏呢？下面请另外两位老师和我一起游戏，小朋友看看我们是怎样一边唱歌一边游戏的。"

三位老师做游戏示范。示范一遍后，提问："你们看这个游戏好玩儿吗？什么地方好玩儿？"

（2）学习游戏玩法

1）套圈练习

教师："小朋友最喜欢套圈游戏了，那我们就先来玩套圈。"玩法是一人的左手臂放在右手臂上，另两个人右手臂放在左手臂上，三个人交叉拉手，手拉好后两个人套一人，套过去后两人蹲下，被套的人后退从两人的手臂上迈过去。先让幼儿自由组合玩。教师指导不熟悉拉手方法的幼儿。然后让小朋友边唱边玩套圈。

2）学习其他动作

教师："这个游戏还有其他动作，现在我请两位老师和我再玩儿一次，小朋友看看我们还做了哪些游戏动作。"进行第二遍示范，请小朋友和老师一起唱。示范后，让幼儿练习动作。

（3）玩音乐游戏

1）请两个小组先游戏。教师引导其他幼儿观看，如果有问题，教师引导观看的幼儿分析。

2）集体游戏。边唱歌边游戏，体验活动乐趣。

**套　圈**

王 平 配曲

上幼音配词、整理

1=E 2/4

| 3 | 3 5 | 6 5 3 | 2. 3 | 2 | 3 | 3 5 | 6 5 3 | 2. 3 | 2 |
|---|-----|-------|------|---|---|-----|-------|------|---|
| 三人 | 在 | 一起 | 呀， | | 围个 | 小 | 圆圈 | 呀！ | |
| 先套 | × | × × | 呀， | | 再套 | × | × × | 呀！ | |
| 你呀 | 我呀 | 他呀， | | | 都是 | 好 | 朋友 | 呀！ | |

| 5 5 3 | 2 3 1 | 6· 1 6 | 5 5 3 | 2 1 6 | 1· 2 1 ‖ |
|---|---|---|---|---|---|
| 手 儿 | 拉 着 手 | 呀, | 我 们 | 做 游 戏 | 呀。 |
| 后 套 | × × × | 呀, | 套 人 | 真 有 趣 | 呀。 |
| 大 家 | 套 一 套 | 呀, | 越 套 | 越 欢 喜 | 呀。 |

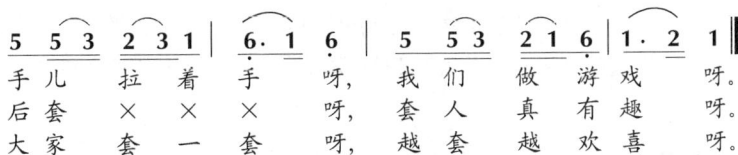

# 第三节 幼儿园节奏乐活动设计与指导

节奏乐是组织幼儿运用各种打击乐器，配合歌曲、乐曲的旋律进行演奏的一种器乐演奏形式。由于乐器的种类多样，音响丰富，形式生动活泼，所以深受幼儿欢迎。它能有效地培养幼儿的节奏感和听辨乐器音色的能力，提高幼儿与群体合作的协调能力，发展幼儿的探索精神和创造力，体验欢乐与成功。

## 一、幼儿园节奏乐活动概述

### （一）幼儿节奏感的发展

节奏感是人从听觉上对音乐张弛运动的感觉，并将这种感觉转化为肌体的运动。人类天生有感受节奏的本能，如心跳、呼吸等，人类的活动中也有各种节奏，如游泳、洗衣服等。

3 岁前和小班初期的幼儿，在音乐的伴随下，无论是拍手、点头、走步，仅能注意手或脚的外部动作，如拍手欢迎、跳跃，与教师为他们提供的音乐没有联系。大家的动作虽然同时开始，但各人按自己的意愿随意地进行，彼此没有关联，属于不合拍阶段。

入园后，幼儿有机会接触到各种节奏乐器，不同的打击乐器有着不同的外形和音响效果，深深地吸引着孩子。他们喜欢拿着小乐器叮叮当当地敲打、玩弄，尽管演奏的方法不对，可他们却十分投入，十分地满足，这是幼儿节奏乐活动的开始。如果让幼儿用乐器为歌曲、乐曲伴奏，他们只是按个人的速度拍打，还不能与音乐合拍。如果教师演奏的乐曲或歌曲有意识地迁就儿童拍击的节拍，则儿童可能做到与音乐的节拍一致。但对于从小就有节奏训练的儿童来说，3 岁时已基本能合上音乐的节拍敲打了。由此可见，及早对儿童进行节奏训练极为重要。

随着幼儿年龄的增长和活动经验的积累，特别在 4～5 岁时，幼儿由于中枢神经系统对动作的控制能力有所增强，动作方面的协调性有了很大提高。他们在教师的提示下，逐渐知道要听着音乐做动作，他们的动作合拍，虽然有些生硬，态度有些紧张，但在感受音乐上有了很高的注意力参与。幼儿开始注意音乐形象、音乐内容与乐器音色、节奏型之间的关系，可以说他们开始有"音乐耳朵"了。

幼儿进入大班后，对节奏乐活动产生了极大的兴趣，对于小乐器的控制与演奏更加自如。在声部合作中，对各声部产生的音响效果十分敏感。在演奏现成的节奏方案基础上，大班幼儿已开始不满足，愿意在老师的帮助下尝试做指挥。在节奏乐的创编活动中，幼儿对乐曲的段、句的理解，段与段、句与句的联系变化等了解更为深刻了，特别是乐曲的选择、节奏型的选择方面，幼儿显得很有主见。十分明显，幼儿的"音乐耳朵"已逐步形成。

### （二）幼儿节奏感培养的主要途径

#### 1. 发现、体验节奏

生活中的走步是四分节奏，跑步是八分节奏，打哈欠是全音符节奏，呼吸、心跳都有节奏，汽车、拖拉机的启动、运行节奏感都很强，小商贩的叫卖声也富有节奏，节奏来源于生活。教师要根据幼儿的年龄特点，尽可能让节奏具体化，一定要避免机械单调地教节奏，造成幼儿反感。把节奏与生活中的种种动作、现象、情景相联系，引导幼儿产生联想，让幼儿在具体的动作中感受每种音符的时值，掌握由此构成的多种节奏。

#### 2. 语言节奏游戏

为了让幼儿体验语言节奏训练的乐趣，教师可利用一日生活中的各种语言训练机会，增加有节奏地读词、读句子，让幼儿感受语言节奏的韵律美。

小班和中班的幼儿刚开始进行语言节奏训练时，可以通过模仿形象的声音，如模仿动物叫来感受语言的节奏，如"喵—喵—"、"汪汪—汪汪—"。也可以让幼儿按不同的节奏说自己的名字或其他小朋友的名字，如"王 丽丽 王丽 丽丽"或"王丽 丽 王丽 丽"，这样既培养了节奏感，又激发了幼儿创造美的情趣。

#### 3. 唱歌活动中的节奏训练

在唱歌教学活动中，可结合歌词、曲调的韵律进行节奏训练。

歌曲中，无论是歌词的节奏或是乐曲的节奏，与日常语言的读词规律都是吻合的。教师可以组织幼儿听音乐拍手表现节奏或按节奏朗读歌词，在此基础上还可以训练幼儿在音乐伴奏下边拍手边有节奏地读歌词。

#### 4. 韵律活动中的节奏训练

韵律活动的基本特点就是按照音乐节奏进行肢体动作，尤其是脚下步伐要"踩在点上"，因此韵律活动不仅训练幼儿动作的协调，更重要的是让幼儿体验合拍做动作的愉悦。韵律活动既培养幼儿的节奏感，又训练动作的协调优美。

#### 5. 节奏乐活动中的节奏训练

通过节奏乐引导幼儿体验音乐，并通过它更好地表现音乐形象、音乐主题。一旦幼儿在活动中真正体会到节奏乐的作用，他们的兴趣便将是深层而持久的。

## 二、幼儿园节奏乐活动设计与指导

### （一）小班节奏乐活动指导

重点让幼儿在游戏中掌握乐器的操作、演奏方法，了解不同乐器的音色。小班幼儿喜欢摆弄小乐器，参加节奏乐活动多半是因为喜欢小乐器。所以，在小班阶段要多让幼儿尽情地摆弄乐器，以满足他们心理上的需要。在摆弄和游戏中，幼儿通过操作、感受，逐步能够区分不同小乐器的音色，并逐步掌握最常见小乐器（碰铃、舞板、小鼓等）的正确演奏方法。例如：小班第一个节奏乐活动是认识小乐器。让幼儿在敲敲、听听、比比中了解碰铃、响板、铃鼓的不同音色，并用形象有趣的语言让幼儿记住小乐器的名称及其声音。如：一碰在一起就响的铃叫碰铃，敲起来"咚咚咚"的叫小鼓，像蚌壳一样的小板叫舞板等。

在掌握乐器演奏方法的过程中，允许孩子有一个探索过程，切忌一味枯燥的练习。

随着幼儿对小乐器的认识，他们也开始对节奏有体验和感知了。节奏乐活动对幼儿的节奏感是有要求的。教师要有计划地在游戏中帮助幼儿逐步积累节奏型，培养幼儿的节奏感，否则节奏乐活动是无法正常进行的。

根据小班幼儿的年龄特点，让他们具体地体验、感知节奏是非常重要的。可以通过模仿动作、语言节奏，用幼儿熟悉、擅长的经验去学习新的内容。例如：小游戏《请你像我这样做》是大家非常熟悉，也是孩子们喜爱的游戏。我们把原来的 请你 像我｜这样 做｜我就 像你｜这样 做｜的对话调整一下，这样语言节奏就丰富了：请你 像我｜洗洗 脸｜……请你 像我｜小鱼 游｜……请你 像我｜洗洗 小手｜等，然后用拍手代替说话。也可以让孩子们在生活中找到音符节奏的原形，这样节奏就不是抽象的教学关系，而是能具体感知的了。根据小班幼儿的年龄特点和学习特点，在教学中可用语言、图形辅助，把节奏演奏方案说出来、展示出来，帮助幼儿了解掌握不同的节奏，由此产生了幼儿园独特的语言谱和图形谱。

### （二）中班阶段节奏乐活动指导

重点让幼儿在理解作品中的音乐形象、音乐内容中进一步巩固对各种乐器音色的了解，并在独奏、轮奏、简单的合奏等演奏形式中初步感知节奏乐的整体音响效果。

在节奏乐活动中，力求摆脱机械训练以及脱离音乐的现象，让幼儿在理解音乐形象、音乐内容的基础上，将乐器的选择、节奏型的选择与音乐的主题紧密联系起来，通过节奏乐的演奏更好地反映作品内容。因此，在中班阶段，选择幼儿熟悉的歌曲为演奏对象。如节奏乐《小乌龟上山坡》，小朋友在熟悉歌曲内容后，引导幼儿用木鱼和沙球来表现歌曲中的乌龟上山和乌龟乐悠悠的情景。

随着幼儿年龄的增长，节奏感有了一定的发展。因此在教学中除了语言谱、图形谱之外，增加动作谱和节奏谱。通过各种图谱来帮助幼儿记忆演奏方案，同时在不同的图谱中，幼儿的各种能力得到了发展，图谱可以从完全逐步向简化过渡。通过节奏乐活动，幼儿对音乐作品的段、句的感受会逐渐敏感，这对于幼儿演奏时的手感也是有益的。

到了中班阶段，二声部朗诵、二声部歌唱等各种声部活动也可以增加进来，使幼儿对不同声部所形成的不同音响效果逐步敏感。教师要有意识地在节奏乐活动中培养幼儿的"音乐耳朵"。另外节奏乐活动中的常规要求也要逐步增加，如：有指挥表演、管理小乐器、收取小乐器、同伴声部间的合作等。这些都是使节奏乐活动顺利开展的保证。

### （三）大班阶段节奏乐活动指导

重点是在积累节奏乐活动经验的基础上引导幼儿尝试指挥、即兴表演、即兴创编演奏方案等。大班幼儿对节奏乐活动的喜爱多是因为对节奏乐所形成的丰富多变的音响效果产生兴趣，因此，节奏乐活动力求培养幼儿创造、多变的能力，在变化中体验音乐的美妙，使幼儿对音乐产生更浓更深的兴趣。如在歌曲活动中，把熟悉旋律、看指挥和即兴表演作为一种表现方法，其演奏能力、声部即兴合作能力、与指挥的配合能力会大大提高。在尝试即兴创编演奏方案时要从局部到整体，从模仿创编到独立创编。

## 三、节奏乐活动设计范例

### 活动一　小班节奏乐：小小鸡

**【活动目标】**

在熟悉歌曲《小小鸡》的基础上，引导幼儿学习看节奏图形谱进行齐奏；培养幼儿用小乐器表演的兴趣。

**【活动准备】**

节奏图形谱（略）、音带、小乐器（碰铃、响板）。

**【活动过程】**

（1）歌表演：小小鸡

教师："夏天来到了，鸡妈妈和小小鸡在草地上做游戏呢。"（师生扮演角色共同表演游戏）

（2）节奏乐：小小鸡

1）听音乐拍节奏。

2）看节奏谱。教师："这是《小小鸡》的节奏谱。上面有哪些小音符，认识吗？"（请幼儿分别找二分、四分、八分音符。引导幼儿从头找，不要遗漏。）

3）看图形谱。教师："今天，我们要用小乐器来表演。（出示两种乐器）用哪一种代表鸡妈妈，哪一种代表小小鸡呢，为什么？"

（出示《小小鸡》的图形谱）"这是《小小鸡》的图形谱。看看什么地方是小小鸡在唱歌？什么地方是鸡妈妈在唱歌？"（幼儿看看、讲讲）

教师小结：开始是小小鸡出来玩了。接着鸡妈妈出来找小鸡。最后，小鸡回来了，和鸡妈妈一起唱歌了（两种小乐器一起表演）。

4）幼儿自由选择声部尝试演奏。教师："现在，我们要来表演了。想为鸡妈妈伴奏的坐在中间，想为小小鸡伴奏的坐在两边。（幼儿选择，并拿好小乐器进行表演）

5）幼儿游戏演奏。

附节奏谱：

## 小　小　鸡

1 = C 2/4

佚　名　曲

| 碰铃 | 5 3 3 | 4 2 2 | 1 2 3 4 | 5 5 5 |
| | × 0 | × 0 | × × | × — |

| 响板 | 5 3 3 | 4 2 2 | 1 3 5 5 | 3 — |
| | × 0 | × 0 | × × | × |

| 碰响 | 2 2 2 2 | 2 3 4 | 3 3 3 3 | 3 4 5 |
| | × × | × × | 0 0 | 0 0 |
| | 0 0 | 0 0 | 0 0 | 0 0 |

| 碰响 | 5 3 3 | 4 2 2 | 1 3 5 5 | 1 — ‖ |
| | × 0 | × 0 | × × | × — ‖ |
| | × 0 | × 0 | × × | × — ‖ |

### 活动二　中班节奏乐：小乌龟上山坡

**【活动目标】**

初步学习按乐曲中的形象选择乐器和节奏型，对乐器音色进一步了解；继续学习看节奏图形谱进行简单的合奏。

**【活动准备】**

节奏卡、节奏图形谱（略）、乐器（小鼓、串铃）、音带。

**【活动过程】**

1. 复习歌曲：小乌龟上山坡

教师："小乌龟去山坡上玩儿，它背了很多好吃的东西，尽管上山很累，但是它很高兴。你们愿意扮演小乌龟吗？下面我们边唱边表演。"

2. 节奏乐：小乌龟上山坡

（1）选择乐器

教师："这么好听的一首歌，如果用小乐器来敲敲、打打，一定会更好听。"

提问：可以用几种小乐器来演奏，为什么？

教师（出示两种乐器）："哪一种代表上山坡的小乌龟？哪一种代表心里乐悠悠的小乌龟？"

（2）选择节奏型

教师（出示两张节奏卡）："为上山坡的小乌龟和乐悠悠的小乌龟选一下节奏。"

（3）看节奏图形谱

提问：（出示节奏图形谱）这是《小乌龟上山坡》的节奏图形谱，大家能看懂吗？（幼儿自由结伴看看、讲讲，老师巡回指导）

教师小结："小朋友都看懂了。第一遍是分奏，第二遍是合奏。这首歌一共有 8 句。

小鼓第一句、第三句的演奏是相同的，串铃第二句、第四句的演奏是相同的，第三句是空强拍打弱拍。

（4）幼儿自由选择声部，徒手练习

（5）幼儿拿乐器演奏，老师指挥

引导幼儿看好指挥，放松表演，并注意倾听演奏效果。

**【活动延伸】**

在区域活动中，继续尝试学习合作表演《小乌龟上山坡》。

附节奏谱：

**小乌龟上山坡**

1=E 2/4

佚 名 词曲

| 3 2 | 1 2 | 3 4 5 | 4 3 2 0 | 3 2 1 0 |
|---|---|---|---|---|
| 小 小 | 乌 龟 | 上 山 坡， | 嗨 嗨 哟， | 嗨 嗨 哟 |

小鼓 ｜ × 0 ｜ × 0 ｜ 0 0 ｜ 0 0 ｜
串铃 ｜ 0 0 ｜ 0 0 ｜ 0 × ｜ 0 × ｜

| 3 2 | 1 2 | 3 4 5 | 4 3 2 3 | 1 — |
|---|---|---|---|---|
| 带 着 | 面 包 | 和 糖 果， | 心 里 乐 悠 | 悠 。 |

小鼓 ｜ × 0 ｜ × 0 ｜ × 0 ｜ × ｜
串铃 ｜ 0 × ｜ 0 × ｜ 0 × × ｜ 0 × × ｜

**活动三 大班节奏乐：阿拉木罕**

**【活动目标】**

在熟悉乐曲的旋律、性质、曲式的基础上，初步学习为乐曲的第一、第三部分配上节奏，使节奏谱完整；体验集体创作的快乐。

**【活动准备】**

活动前幼儿熟悉乐曲，小乐器（响板、铃鼓、碰铃、大鼓），节奏图形谱略，节奏谱底版及音符、乐器图形小卡片。

**【活动过程】**

1. 感受乐曲，听音乐表演

（1）师生共同表演

教师（放音乐的开头）："这段音乐大家熟悉吗？叫什么名字？阿拉木罕是什么意思？对了这段音乐讲的就是一个叫阿拉木罕的新疆维吾尔族的小朋友在欢快地唱歌和跳舞。"

提问：刚才我们用身体感觉了音乐，你感觉到什么了？

（2）听音乐拍节奏

提问：谁愿意把自己的节奏介绍给大家？（个别回答，集体尝试。重点练习切分节奏，知道这个节奏是维吾尔族音乐的特点。）

2．选择乐器，看谱演奏

（1）看懂节奏图形谱

教师："今天，我们一起用小乐器为《阿拉木罕》这段音乐伴奏。"（出示节奏图形谱）

提问：看看我编好了哪几句？（第3、4句）有几种乐器在表演？哪三种？三种小乐器是怎么表演的？（一个一个演）它们表演的节奏一样吗？（一模一样）第四句的最后一小节演奏吗？（不演奏，都休止）

（2）幼儿选择声部，徒手练习乐曲的第二部分

3．分组创编，完成总谱

（1）提问

看看还有哪几句没有编好？（1、2、5、6句）

第1、2、5句写在一起表示什么？（这三句是相同的，编一句就可以了）

第6句是最后一句，在编结束句的时候要注意什么？（要有结束感）

（2）分组创编

教师："我们小朋友分成四组进行创编。先想好用什么节奏，结束句怎么变化，再一起商量小乐器怎么安排，最后把结果插到底版上。"（幼儿分组创编，老师巡回指导）

4．完整表演，体验快乐

1）将幼儿创编出的内容一组一组进行展示，并集体演奏，倾听演奏的效果。

2）配上大鼓，一部分幼儿配上舞蹈表演。

附有待创编的节奏谱：

阿　拉　木　罕

# 第四节 幼儿园音乐欣赏活动设计与指导

## 一、幼儿园音乐欣赏活动概述

音乐欣赏是人们感受、理解、鉴赏和品评音乐艺术作品的一种审美活动,是通过音乐来了解世界的一种认识和思维活动。幼儿音乐欣赏是通过倾听对音乐作品进行感受、理解和初步鉴赏的一种审美活动。幼儿园音乐欣赏教学主要通过欣赏优秀的音乐作品,帮助幼儿提高感受和理解音乐的能力,积累优秀的音乐作品曲目和音乐语汇,享受参与音乐过程的快乐,培养对音乐的探究热情。音乐欣赏不仅可使幼儿接触更多的优秀音乐作品,开阔他们的音乐眼界,丰富音乐经验,发展想象、记忆和思维,而且还能在音乐的欣赏过程中培养幼儿听觉的敏感性和良好的倾听习惯,培养幼儿对音乐稳定而持久的兴趣以及初步的审美情趣和审美能力。因此,音乐欣赏是与其他各种音乐活动紧密联系的一个极富教育价值的重要内容和领域。幼儿园的音乐欣赏一般可以从两方面来进行。一是专为幼儿选听的欣赏教材;二是随机欣赏,在歌唱、韵律和节奏乐活动中的示范、欣赏环节。

### (一)音乐欣赏教材的选择

欣赏音乐主要是通过"听"来进行的,它的外在表现不像唱、动、奏那样明显,更多的需要情绪体验、联想想象、思维理解等内在活动,这就使音乐欣赏教材可以不受幼儿演唱和演奏表现力的局限,因此可从广泛的内容、形式、风格等方面去选择作品,选择恰当的音乐欣赏材料是音乐欣赏活动成功的重要前提。

#### 1. 音乐作品的选择

音乐作品有声乐曲、器乐曲,并且题材、体裁、内容、形式和风格等丰富多样。在选择欣赏作品时,除了要考虑幼儿的年龄特点以及幼儿感知、理解音乐的实际能力和接受水平,更要考虑音乐作品是否具有较强的艺术性。

首先,要考虑幼儿对音乐的可感性和可接纳性。无论是歌曲还是器乐曲,都要注意音乐作品所表达的内容、形式、情感是幼儿熟悉、理解且能激起他们兴趣的;音乐作品的形式应比较简单;结构要单纯、工整且长度适中。给小班幼儿选择欣赏的歌曲应歌词简单,宜于幼儿理解和记忆。选择器乐曲,要注意作品描写或表现的内容应是幼儿所熟悉和感兴趣的,如清锣鼓乐《鸭子拌嘴》描写了鸭子摇摇摆摆、嬉戏、吵吵等形象。为大班幼儿选择器乐曲时,也要注意贴近幼儿的生活,符合幼儿的音乐感知和理解能力。如圣桑的《动物狂欢节》组曲,通过变换的旋律和乐音构成了一个个栩栩如生、活泼可爱的动物形象。快速跳跃的乐音、节奏表现出活泼伶俐的小兔形象;缓慢、沉重的乐音构成了大象笨重迟缓的音乐形象……这样的形象不仅为幼儿所喜爱,更能便于幼儿对作品内容、风格、情绪的把握和理解,从而引起幼儿情感上的共鸣。

其次，选择的音乐欣赏作品必须具有较高的思想性和艺术水平，有较好的演唱或演奏质量。体裁广泛、形式多样、风格各异而富有艺术美的音乐欣赏作品能扩大幼儿的艺术视野，丰富他们的音乐欣赏经验。即使有的作品篇幅较长，结构较复杂，也可以进行适当的删编。同时，选择音乐欣赏作品还需考虑作品在内容、形式和体裁等方面的丰富多样性：内容上可有反映自然界、社会生活和幼儿游戏等的作品；表演形式上可有各种不同演唱、演奏形式的歌曲、乐曲等。

2. 辅助材料的选择

幼儿受年龄特点和知识经验、音乐经验所限，在欣赏过程中，往往需要借助一定的辅助手段，如视觉、运动觉、言语视觉等感知器官的协同活动，以通过丰富和加强听觉感受来体验音乐。一般的辅助材料包括：①动作材料，是指能符合音乐的性质，能反映音乐的节奏、旋律、结构、内容和情感等的身体动作，可以是节奏动作、舞蹈动作、模仿动作甚至是滑稽动作等；②视觉材料，是指形象具体地反映音乐的形象、内容、结构节奏特点的可视材料，可以是图片、幻灯、录像或玩教具等；③语言材料，是指富有音乐所表达的意境的形象性的有声文学材料，可以是故事、散文、诗歌或儿歌、童谣等。另外，选择语言辅助材料还需注意文学材料本身的审美性，并能为幼儿所熟悉、理解和喜爱。

（二）音乐欣赏的简单知识和技能

对幼儿来说，音乐欣赏活动的基本知识和技能主要有以下几方面：

1. 倾听

倾听是幼儿必须具备的一个非常重要的基本技能。它是对幼儿实施音乐教育的基本出发点，也是开展音乐欣赏的前提和基础。听觉是幼儿最先发展的感觉器官之一，利用日常生活和周围环境对幼儿进行倾听能力的培养是最自然和最直接的一条途径。①自然界的各种声音变化：蝉鸣、鸟叫、犬吠、风声、雨声、打雷声、潺潺的流水声、各种动物的叫声等；②日常生活中的各种声音：飞机声、汽车发动声、洗碗声、炒菜声、关门窗声、扫地声等；③人体发出的各种声音：说话、哭和笑、咳嗽、打喷嚏、走路、拍手、跺脚、跑动等；④歌曲、乐曲中的不同模拟音响声：布谷鸟鸣、河水咆哮、雷声隆隆、战鼓咚咚等。

2. 理解音乐作品的内容和基本表现手段

音乐欣赏过程中，要帮助幼儿了解和掌握音乐作品的名称（包括常用乐曲演奏乐器的名称）、主要内容（即音乐所表达的某种感情或情绪的发展及变化）、基本表达手段（节奏、节拍、力度、速度、音色、旋律、结构等）及其在音乐作品中的表现作用。

3. 根据音乐作品展开想象和联想

在音乐欣赏过程中，幼儿要能够根据音响和情感体验唤起对有关生活和意境的记忆和表象，从而产生感情上的共鸣，以进入音乐作品所表达的意境。

4. 分析对比音乐作品的性质、风格

幼儿在积累了一定的音乐欣赏语汇的基础上，要能够对同一音乐作品的前后段落或不同音乐作品的性质、风格、情绪及基本表现手段进行分析和对比，进一步丰富和强化幼儿对音乐作品的感受和理解。

5. 再认欣赏过的音乐作品

对已经欣赏过的音乐作品，要求幼儿能够根据乐曲的片段或全曲进行再认，以培养幼儿音乐的记忆能力和听觉表象能力。再认时，要求幼儿能说出音乐作品的名称，并能借助一定的表现手段或辅助媒介表达对音乐的感受。

## 二、幼儿园音乐欣赏活动的设计与指导

### （一）音乐欣赏前的引导活动

音乐欣赏前，教师采用适当的方法对音乐作品的背景、主要内容和情绪性质进行介绍，调动幼儿已有的知识经验，集中注意力，让幼儿对即将欣赏的作品充满期待，做好倾听前的准备。通常采用以下方法：

1）引导性谈话：教师运用讲解、说明或提示等语言，有效地集中幼儿的注意力，把幼儿的注意力、已有知识经验、情感倾向引向作品内容，以便引起幼儿有关的联想及想象。

2）运用图片、实物等直观教具帮助幼儿了解作品的主要内容。

3）小故事。有些乐曲附有作者对作品的文字介绍，如《骄傲的小鸭子》在乐器演奏前就有一段生动的文字读白介绍了乐曲的内容。教师也可以根据自己对作品的理解，自编小故事来向幼儿介绍作品，以引导幼儿的欣赏。

4）动作体验：有些音乐作品反映了某种游戏活动，教师可引导幼儿随着音乐进行这种游戏活动，帮助幼儿较快地掌握音乐作品内容及情绪特点。

5）利用动画片：幼儿非常喜爱动画片，很多动画片的音乐都适合幼儿欣赏。其故事情节及画面能帮助幼儿较深层地感受音乐所表达的内容。

### （二）初次完整地倾听音乐作品

教师要用自己的情绪带动幼儿投入到安静地倾听音乐作品活动中，如个别幼儿有特别的身体外部反应，只要不影响其他幼儿，教师无需限制其活动。

### （三）交流听音乐的感受

在幼儿倾听音乐后会有一定程度的兴奋，教师要抓住这一时机，与幼儿交流听音乐的感受，如对音乐情绪的感受、对音乐的联想，交流的方式可用语言、动作、表情等。交流的时间宜短不宜长。

### （四）重复、深入地欣赏音乐

幼儿不仅要了解作品的主要内容和情绪，还应理解主要表情手段的作用，较为完整、全面、深入、细致地感知音乐作品，并能记忆和识别音乐的主要音调和风格特征。常用的方法有：

1）在重复欣赏作品之前，对幼儿提出具体的欣赏要求。

2）利用幼儿生活中一切可以利用的因素及幼儿已有的知识和生活经验等，来帮助他们感受和理解音乐的表情手段。

3）进行对比和归类。有意识地让幼儿进行对比，使幼儿对不同的音乐情绪具有较深的印象，帮助幼儿区别音乐的不同情绪。用对比的方法帮助幼儿欣赏音乐，可以从对个别乐曲感性的认识到对相同体裁、风格乐曲的归类，再到对某一类乐曲的一般认识。

4）引导幼儿用动作来表达对音乐的感受。用语言表达对音乐的感受对幼儿来说有难度，通过启发幼儿做一些与音乐情绪相一致的动作，帮助幼儿通过自身的动作反映体验音乐的不同特点。但这种方法不是对所有的音乐作品都适用，一般在形象鲜明、节奏感较强的乐曲中运用效果比较好。当幼儿在做动作时，最好让其自己创造性地表演，不要指定他们做什么动作，在不影响欣赏音乐的情况下，只要求其动作在情绪上与音乐一致，这样就可看出幼儿是否理解了音乐。

5）引导幼儿用自己喜欢的颜色通过画画表达对音乐情绪的感受，如感觉音乐是欢快喜悦的，用红、橙等暖色涂抹，让幼儿边听音乐边画画，把自己想到的事物画出来。

6）引导幼儿注意音乐的部分及整体，而不是只注意音乐中的模拟性因素。幼儿一般比较容易注意作品中的模拟因素，如各种动物的叫声、交通工具的声音等，只让幼儿注意这些细节是远远不够的，教师一定要利用幼儿对这些模拟因素的兴趣，去引导他们感受音乐作品中的各种表现手段的作用。总之，在欣赏音乐作品的第二个阶段中，要让幼儿多听、反复听，只有这样才能使幼儿对音乐作品有较完整、全面、深入、细致的感受，掌握音乐作品的概貌，感受音乐作品的细节，深化审美效果。

## 三、幼儿园音乐欣赏教育活动设计案例

### 活动一　鸭子拌嘴（小班）

**【活动目标】**

欣赏清锣鼓乐《鸭子拌嘴》，感受音乐情趣；喜欢乐器锣、钹轻巧的演奏效果，能用身体动作表现鸭子拌嘴的形象。

**【活动准备】**

经验准备：幼儿会用小乐器锣、钹；认识鸭子。

物质材料准备：乐曲《鸭子拌嘴》、自编故事、绘制鸭子拌嘴图片、电脑、多媒体课件、鸭子头饰若干、云锣、大钹。

**【活动过程】**

（1）帮助幼儿提取已有经验，引发兴趣

1）教师："小朋友，我们有时候高兴，有时候会不高兴。不高兴的时候你怎么说呀？"

2）教师出示图片："小朋友，它是谁呀？鸭子怎样叫？你们学一学。"

3）教师："鸭子们是怎样互相说话的？跟旁边的小朋友学一学鸭子互相说话。""要是鸭子生气了，它们会怎么说话？你们学一学。"

4）教师出示大钹，模仿乐曲中的节奏敲击："这是什么？""这个声音像鸭子说

话吗？"

5）教师出示云锣，模仿乐曲中的节奏敲击："这是什么？""这个声音像鸭子们在做什么呢？"

6）教师："今天老师要请小朋友听一段由钹和锣演奏的音乐，名字叫《鸭子拌嘴》。拌嘴就是不高兴地说话。

（2）完整欣赏，充分感受

1）请幼儿安静地听两遍乐曲。

2）第二遍听后交流：这首乐曲好玩儿吗？乐曲里的鸭子在干什么？

（3）听故事，做游戏，理解乐曲的三个乐句

1）教师讲述故事《鸭子拌嘴》，感受乐曲的情绪。

2）看课件欣赏音乐，说一说鸭子是在音乐的什么时候追逐嬉戏？什么时候摇摇摆摆地走路？什么时候在拌嘴吵架，互不相让？并模仿课件中的鸭子嬉戏、摇摆走路、拌嘴。

3）模仿鸭子，完整地跟着课件表现，教师小结。

4）发头饰，幼儿随乐曲扮演鸭子，按自己的理解做模仿动作。

5）再次强调曲名，让幼儿一起说。

教师："今天我们欣赏了一首很特别的音乐，它叫什么名字？"

【活动延伸】

在区角中提供鸭子头饰、打击乐器、录音机、磁带等，给幼儿更多的时间去充分理解和表现音乐。

## 活动二 中班音乐欣赏活动：赛马

【活动目标】

倾听二胡曲，感受热烈、欢腾的音乐情绪；通过倾听，做模仿动作，理解欢庆、喜悦、紧张激烈的赛马场面；初步了解乐曲 ABA 结构特点。

【活动准备】

经验准备：幼儿认识蒙古族，了解"那达慕"节日；认识乐器二胡。

物质材料：音乐、多媒体课件（那达慕赛马近景、远景画面），幼儿每人一套表示快、慢、快的小图片，每人一张纸。

环境准备：创设草原的氛围。

【活动过程】

（1）展示那达慕远景画面

1）教师："小朋友，你们看这是什么地方？是哪个民族？他们在干什么？"

2）教师小结："这是我国内蒙古人民在传统节日'那达慕'盛会上进行赛马比赛。

3）出示二胡："这是什么？"（教师拉二胡，让幼儿感受二胡的音色）

（2）欣赏乐曲

教师："今天老师要给小朋友听一首二胡曲，名字叫《赛马》。"幼儿初次完整地欣赏乐曲。

（3）交流

听着这首乐曲，你有什么感受？想到了什么？这首乐曲是用什么乐器演奏的？

（4）分段倾听、交流理解

1）教师："下面我们仔细地听，一边听一边想，音乐中发生了什么？（播放音乐时出现赛马近景图片）

2）音乐停止。教师："请小朋友说一说音乐中发生了什么？听音乐的时候，你感觉到一种什么气氛？"

3）教师小结："乐曲开始时描写了赛马的场面，骑手们你追我赶，十分紧张，这段音乐向我们展示了蒙古族人民节日赛马的热烈场面。"

4）教师："你们想学一学蒙古族人民是怎么赛马的吗？"播放音乐，幼儿随音乐用动作模仿。

5）教师："刚才你们在赛马比赛，那音乐的速度怎么样啊？为什么音乐速度那么快呀？"

6）教师："接下来我们继续往下听，这一段音乐表现的是什么呢？跟前面的音乐一样吗？"（播放音乐时出现蒙古草原，人们欢庆的远景图片）

7）教师："刚才听音乐的时候，小朋友想到什么了？"（幼儿谈音乐联想和感受）

8）教师小结："这段音乐非常精彩，旋律不是拉出来的，而是弹拨出来的（教师模仿乐曲演奏两小节），把草原的辽阔美丽和牧民们的喜悦心情都表现出来了。"

9）教师："我们来听最后一部分，这部分的音乐又告诉我们什么呢？"（播放音乐，回放第一乐段的画面，音乐结束后引导幼儿谈音乐联想和感受）

10）教师小结："这一段的音乐情绪更加热烈，好像比赛冲刺一样，最后一声坚定有力，好像到达终点了，比赛结束了。"

（5）再次完整欣赏乐曲，分辨乐曲结构

1）教师："小朋友，二胡曲《赛马》怎么样？好听吗？我们再完整地听一遍，老师还要发给你们一些图片，听音乐的时候找一找，哪些图片给你的感觉很快或慢，把图片贴到相对应的地方。

2）幼儿听音乐，进行艺术同构活动。

（6）模仿表演

听音乐自由模仿骑马，教师和幼儿一起自由做动作。

## 活动三 大班笛子独奏欣赏：姑苏行

【活动目标】

感受笛子独奏《姑苏行》旋律优美、典雅、节奏明快的特点，喜欢欣赏中国民乐；初步理解乐曲中人们游园赏景、欢快嬉戏、流连忘返的情境；用绘画方式尝试表现慢（A段）快（B段）慢（A1段）的曲式。

【活动准备】

经验准备：教师了解笛子独奏《姑苏行》的相关知识；幼儿对苏州有一些了解。

材料准备：笛子、笛子曲《姑苏行》、多媒体、苏州园林视频等。

环境准备：区角张贴苏州园林图片。

【活动过程】

（1）介绍苏州园林

出示一幅苏州园林图片，提问："这是哪里呀？谁去过？这么美的地方，大家想知道吗？"播放苏州园林视频，幼儿边看边谈论。

（2）引入话题

刚才我们看了视频，这是哪儿啊？苏州又叫姑苏。苏州这么美，你到了那儿，心情会怎么样？你会怎么看风景？高兴了会做什么？天晚了，你舍得离开吗？

（3）完整欣赏乐曲，充分交流感受

1）教师：（出示竹笛）"小朋友们看，这是什么？今天老师要请小朋友欣赏笛子演奏的乐曲《姑苏行》。你们在听的时候，想一想，人们在做什么？在音乐里你听到了什么？"

2）请幼儿安静地欣赏民乐《姑苏行》。

3）第一次听完后，请幼儿说一说自己的感受："听了笛子吹奏的《姑苏行》，你想到了什么？这首曲子听起来怎么样？好听吗？"

（4）分段欣赏，理解音乐内容

1）教师："小朋友听一听这段音乐，想一想音乐表现的是什么时间？什么样的情景？"（播放音乐，利用图片暗示，在幼儿回答问题时可让幼儿用动作表示，教师补充。）

教师小结：音乐表现的是一个"晨"字。力度弱起渐强，旋律音域由低向高进行，如旭日渐渐东升，描写出了江南春早、晨雾依稀、小桥流水、一派祥和的迷人景象。

2）教师："这一段音乐表现的是什么？人们是怎样游园的？"（播放音乐，利用图片暗示）

教师小结：A 段，音乐表现的是一个"行"字，表现游人们尽情地观赏精巧秀丽的姑苏园林。

3）教师："下面这段音乐和上一段比较一下，哪个快？请小朋友仔细听。这一段音乐告诉我们什么呢？"（播放音乐，利用图片暗示）

教师小结：B 段，音乐突出一个"舞"字，表现游人喜悦、嬉戏。

4）教师："这一段音乐表现的又是什么？什么时间？人们对秀美的园林有什么样的感情？"（播放音乐，利用图片暗示）

教师小结：A1 段，音乐表现的是一个"归"字，傍晚夕阳西下，游人恋恋不舍，久久沉浸在美景中。

（5）完整倾听，边听边画

1）教师提问："这个音乐有几段？它们一样吗？"

2）教师："下面请小朋友来画音乐，把你听到的音乐里边的美景和人们的喜悦画出来。你听到音乐有几段就画几幅画。"（给幼儿发放绘画材料，反复播放音乐，教师与画完的小朋友交谈）

**【活动延伸】**

绘画：美丽的苏州。

## 本章思考题

1. 分析一首你喜欢的幼儿歌曲适合哪个年龄班幼儿，如果作为教材，这首歌的教育目标是什么？

2. 请选择一首歌曲（年龄班自定），设计以教新歌为主的音乐活动。

3. 音乐游戏有哪些类型？学会二、三个音乐游戏，分析其教育价值。

4. 选择或改编一个简单的民族舞蹈，分析适合哪个年龄班，设计教育活动。

5. 请选择一首歌曲或乐曲，为适合的年龄班设计节奏乐活动。

6. 观摩幼儿园音乐欣赏活动，结合实际，谈谈幼儿园音乐欣赏活动目标的设计。

7. 自选音乐教材（年龄班不限），写出音乐欣赏教育的目标及简单的教学步骤，并进行环节试教。

# 第八章
## 幼儿园美术教育活动设计与指导

美术是幼儿感受美、表现美和创造美的重要形式，也是幼儿表达对自身及周围世界的认知、情感、态度的独特方式。幼儿美术活动是幼儿艺术活动的一部分，是幼儿园教育工作中不可缺少的重要组成部分，是培养幼儿观察能力、思维能力、想象力、审美力以及创造性思维，使之得以全面发展的重要手段。幼儿美术教育重在充分创造适宜的条件和机会，在大自然和社会文化生活中萌发幼儿对美的感受和体验，丰富其想象力和创造力，引导幼儿学会用心灵去感受和发现美，用自己的方式去表现和创造美。幼儿园美术教育活动应充分理解和尊重幼儿对美的表现方式，应注重以体验和想象为主要教学形式。本章主要从幼儿园美术教育活动的概念、意义、目标、内容、途径，幼儿园绘画、手工、美术欣赏教育活动的设计与指导以及幼儿园各种美术教育活动设计与指导重点及案例等三个方面进行阐述，重点是掌握幼儿园各种美术教育活动设计与指导的方法，学会设计组织幼儿园美术教育活动。

## 第一节 幼儿园美术教育活动概述

### 一、美术与幼儿园美术教育活动

美术是与幼儿自然地联系在一起的。孩子们不受任何限制地运用各种材料，甚至用"涂鸦"来表达自己的所见、所想、所感，这几乎是每一个幼儿的天性。幼儿美术教育活动是幼儿艺术活动的一部分，是幼儿园教学工作中不可缺少的重要组成部分。是培养幼儿观察能力、思维能力、想象力、审美力以及创造性思维，使之得以全面发展的重要手段。

#### （一）幼儿美术教育

幼儿美术教育具有美术教育的一般含义，但它又具有幼儿教育的独特特征。广义的幼儿美术教育作为一种社会文化现象，包含对整个社会文化环境间接地影响作用。狭义的幼儿美术教育是指教育者遵循学前教育的总体要求，根据幼儿身心发展的规律，有目的、有计划地通过美术欣赏和美术创作活动感染幼儿，并培养其美术审美能力和美术创作能力，最终促进其人格和谐发展的一种审美教育。

从幼儿美术教育的社会性功能和个体性功能来划分，可以相应的将幼儿美术教育分为美术取向的幼儿美术教育和教育取向的幼儿美术教育。美术取向的幼儿美术教育着眼于美术本身，即以美术为本位，以教育为手段，对幼儿传授美术知识和技能，以发展和延续美术文化。教育取向的幼儿美术教育着眼于教育，即以美术作为教育的媒介，通过美术教育，追求一般幼儿教育的价值。具体地说，就是通过学前儿童美术教育，顺应儿童的自然发展，促进儿童身心健康成长，培养幼儿的道德感、审美情趣、认知能力、意志品质及创造性等。

根据幼儿的身心发展特点和美术教育这一学科本身的性质，我们更倾向于把幼儿的美术教育定位于审美教育，而教育取向的幼儿美术教育的特殊性和主要的教育功能毫无疑问在审美方面。

### （二）幼儿园美术教育活动

幼儿园美术教育活动是幼儿园美术教育的基本形式以及幼儿园美术课程的实施载体，是幼儿喜欢的一种艺术活动，是幼儿认识世界、探索世界的重要手段。它是以儿童为主体，在教师创设的适合儿童身心发展需要和特点的多种形式的活动和与环境材料的互动过程中，引发儿童积极参与、主动探索并大胆表现的教育活动，旨在促进儿童全面、健康、和谐、整体地发展。幼儿美术活动是一种视觉艺术活动，是眼、脑、手共同参与的活动，它不仅能发展幼儿的观察力，同时又能增强幼儿双手的灵巧性，对发展幼儿实际操作能力也有着实际意义。幼儿在不断变化着的美术实践活动中，不断地感受美、探求美、理解美和表现美，从中受到良好的审美教育，激发他们对审美愉快情绪的体验。

## 二、幼儿园美术教育活动的意义

儿童美术是儿童感知世界的一种方式，是他们自我表达的一种语言。幼儿园通过恰当的教育为儿童的全面发展奠定基础是幼儿园美术教育的重要任务。

### （一）发展幼儿对美的感受力、理解力和表现力

美术活动中的审美感知是视觉器官对新上对象的形状、色彩、光线、空间、张力等要素组成的形象的整体性把握。是审美主体一种积极主动的心理活动，是对现实的一种创造性的把握。幼儿的感知能力使得他们在美术活动中，总是选择那些对于他们来说富有审美意义的形象及具有其结构特征的对象作为自己的欣赏对象。他们的审美知觉对杂乱无章或井然有序的存在物具有一定的整合作用——按照他们自己的审美原则，使之成为以某种表现性为灵魂的有机统一体。美术是诉诸视觉的艺术，而通过多种形式的美术教育活动能有效地训练儿童的视知觉，给他们提供充分的视觉资源，发挥他们的视觉感知潜力，使他们获得足够的视觉经验，形成敏锐的审美能力。

### （二）发展幼儿观察力、记忆力、想象力、创造力和实际操作能力

在幼儿阶段，占据其精神世界的主导地位的是带有情绪的想象性。幼儿初期的想象常与知觉过程联系在一起。这是因为他们缺乏足够的经验，因而只能用想象来补充他们所感

知的内容，逐渐地，幼儿开始脱离实际事物在符号意义上进行自由自在、天马行空的想象。他们能通过想勾勒出不在眼前的物体的形象，一边画一边喃喃自语。随着知识经验的丰富以及抽象概括能力的提高，幼儿的绘画作品中开始出现一些创造性因素，并且能根据自己的想象进行加工。在绘画时能够先构思再动笔，在内容上能反映丰富多彩的周围事物。

### （三）促进幼儿情感和人格的发展

美术是儿童表现自我、抒发情绪和情感的一个重要途径，在美术创作中，当幼儿准备在画面上把自己的构思画出来时，他们通常是在情感激发的前提下进行的。美术教育活动为幼儿供了一个情感沟通与满足的机会，从而使美术活动成为他们喜爱的活动。我们有时候会发现，儿童在完成一件美术作品时都会流露出一种愉悦的、放松的，甚至是恋恋不舍的情绪，这种满足感是个人成就感的重要源泉。它将幼儿感受世界的审美能力转化为内心需要和自我发展的内在动力，进而成为行为的一种内在调节，使其人格得到健全完善的发展。

### （四）提高幼儿学习其他学科的效果

幼儿园美术教育不仅注重一般美术知识的传授，培养幼儿的想象能力和动手能力，并把情感教育和行为习惯教育贯穿教育过程始终，注重对幼儿潜移默化的影响。有效地组织美术教育活动可以有目的地培养幼儿良好的行为习惯，如遵守秩序、合作、分享、谦让、尊重、协商解决问题等，而良好行为习惯的养成对于幼儿其他学科的学习有着重要作用。

## 三、幼儿美术能力发展的特点和规律

要开展行之有效的幼儿园美术教育活动，必须要了解和掌握有关幼儿美术能力发展方面的知识，遵循美术教育的规律。下面从绘画、手工、美术欣赏三个方面分别来介绍幼儿美术能力发展的特点。

### （一）幼儿绘画能力的发展

1. 涂鸦期（1.5～3.5岁）

1）未分化的涂鸦（1.5～2岁）。由于动作不协调，握笔动作生硬，儿童在纸上画出的只是一些随机的点和杂乱的、不规则的线条，运笔靠整个手臂的前后摆动来决定线条的方向，常常涂抹出纸外。

2）有控制的涂鸦（2～3岁）。由于练习和生理的发育，儿童的动作逐渐协调，儿童能在纸上画出一些重复的线条。手的腕关节运动较前期灵活，儿童的涂鸦已能控制在整张纸内。

3）命名涂鸦（3～3.5岁）。开始意识到所画的线条与实物或自己的经验之间的联系，有明显表达的意图。在涂鸦时，一边画，一边自言自语地说明自己所画的东西。此阶段末，逐渐形成简单的象形图样，迈向下一个发展阶段。

2. 象征期（3.5～5岁）

之所以称为象征期，是因为这个阶段的幼儿在造型方面，用简单的几何图形和线条的组合来代替实物，只具备实物的最基本部分，没有整体感。比如画人，头是近似圆形的，里边有两个小圆形代表眼睛，四肢用长短不一的单线条代表，这一具有象征意义的形象被称为"蝌蚪人"。幼儿在构思方面不够稳定，画前、画后会出现不一致。在色彩方面，他们的辨色能力有所提高，可以用自己喜欢的颜色来描绘物体，画面上颜色种类逐渐增多，但颜色偏好现象较为普遍，在教师提醒下能注意按照物体的颜色来选择色彩；在涂色时一般不能按顺序均匀涂色，常涂出轮廓线外。在构图方面，他们用随机、偶然的方式把物体安排在画面上，不注意物体的大小比例，后期逐渐出现试图表现物体的空间关系的画面。

3. 图式期（5～7岁）

这一阶段幼儿绘画的积极性很高，乐于用绘画表现自己的经验、经历、情感，绘画的目的较为明确，构思比较稳定。造型方面，能用较为流畅的线条表现物体的整体形象，试图将部分与部分融合为整体，能用细节来表现物体的基本特征。色彩方面，对颜色的认识日趋精细，运用色彩更为大胆、丰富，能注意按照物体原有颜色选择色彩，用色彩表达情感的能力有显著的提高，涂色较为均匀。在构图方面，开始注意物体的大小比例，但还把握不住分寸，形象与形象之间有一定的联系，基本上能反映主题。

幼儿时期绘画的独特性，在象征期和图式期这两个阶段中表现得尤为明显。主要特点为：

（1）拟人化

即把无生命的物体或有生命的动植物画得和人一样，不仅赋予它们生命，而且还赋予它们一切人所具有的特点和本领。例如人和动物在一起吃东西、玩耍；太阳有各种表情；小草会唱歌、说话等。拟人化是幼儿心理发展的表现。

（2）夸张

即幼儿在绘画中常常把自己的感受和情感加以强调和夸张，而对于事物的整体或其他部分注意不够。如儿童画鲨鱼，无论是鱼鳞数量，还是鱼眼的位置、上下颚的关系都不是很准确，但将鲨鱼嘴张得大大的，两排锋利的牙齿让人感到鲨鱼的凶猛无比。这种强调和夸张自己的感觉和情感的画法，是幼儿自我中心心理在绘画过程中的表现。

（3）透明性

透明性是儿童绘画的一个突出特征，从4岁左右一直延续到7岁左右，之后还会时不时出现。幼儿仿佛有"透视眼"似的，会画出衣服下的肚脐、房间里的摆设、飞机里的乘客……另一种现象是儿童在处理两个发生关系的事物时，会在两个事物相交处重叠出一片透明区域，如坐在桌子后面的人的腰部、下肢都可以看见。皮亚杰说过，"透明性"的出现是由于儿童"只描绘原型的理性属性而不考虑到视觉透视"，即画其所知而并非画其所见。

（4）展开式

在儿童画中可以看到拉手围成一圈的人脚丫向各个方向展开的画面，这种形态的视点角度的变化及多视点的形态的组合是儿童绘画的一个重要特征，其目的是选取事物特征表达的最佳表现面。当一个特定的方面不足以全面完善地表达事物的整体意象时，便会出现不同视点的形态组合，如下楼梯的人随着楼梯的方向变成头朝下的状态。儿童将不同视点的形态巧妙地加以组构,说明儿童对事物特征的高度敏感以及表现手法上的变通,儿童画的趣味和魅力也就在此。

总之,幼儿的绘画反映了他们心理发展的水平,表现出一种天真无邪的稚拙美。随着幼儿自我中心的解除,他们逐渐学会了用社会公认的符号,例如透视、明暗等手段来绘画,儿童画的内容也逐渐在逻辑上与客观现实相符合,绘画的发展进入了写实期。

### (二)幼儿手工制作能力的发展

#### 1. 玩耍阶段 (2～4岁)

这一阶段初期,孩子的手工行为并没有明确的目的或意识,只是以纯粹地玩耍为中心,此阶段后期的儿童在进行泥工活动时从拍打黏土过渡到了用手掌把黏土压平,用指尖挖;用手指把纸撕成碎片,或是用剪刀随意地剪出纸条或纸片,并给偶然形成的造型命名,体验自主活动的快乐和手工材料、工具的特性。

#### 2. 直觉表现阶段 (4～5岁)

这时期幼儿的表现欲非常强,喜欢使用剪刀等工具来制作。然而作品谈不上有什么技能,工具使用的稚拙感很明显。他们已有一定的制作意图,能利用黏土的可塑性去展开各种尝试,能用纸张折出简单的物体,也能够运用手、剪刀等工具撕、剪出简单的图形,进而全神贯注地实现自己的意愿。

#### 3. 灵活表现阶段 (5～7岁)

随着幼儿手的精确动作、手眼协调能力的不断发展,此阶段幼儿已不能满足于仅用一两种技能制作简单的物体形象,希望能够用各种工具和材料制作出他们喜欢的较复杂的物体形象,并用几个物体形象构成具有一定情节的场面。

### (三)幼儿美术欣赏能力的发展

#### 1. 本能直觉期 (0～2岁)

这一时期的欣赏(如果可以这样认为的话)主要表现为对形式审美要素的知觉敏感性和注意的选择性,是纯表面的和本能直觉的。主要通过视、听、动的协调活动进行信息的相互交换。从形式上看,美国心理学家范茨的偏爱物实验发现,婴儿对不同物体是有选择的,如对人脸形的视觉选择。在深度视知觉方面,他们表现出更爱看立体的,而不是平面的东西。在颜色视觉方面,三四个月的婴儿已有颜色分化反应,对某些纯度高的颜色表现出偏爱,并伴之以肢体运动和愉快表情。研究表明,婴儿在出生后的较早时期就已经对美术的两个基本要素——形与色有一定的审美感和能力了。尽管这些最初的反应只是一些本能的直觉行为,但这些已为日后更高层次的美术欣赏活动做好了心理上的准备。

#### 2. 感知形象期 (2～7岁)

2～3岁以后的儿童,随着认识能力的发展,其美术欣赏的发展不仅与生理机能有关,而且受其社会认识的制约。在美术欣赏感知和理解方面，表现出以下特点：①对作品内容的感知先于对作品形式的感知；②在教育的干预下，儿童能感知美术作品的某些形式审美特征；③幼儿更喜欢感知描绘熟悉的物体和令人愉快的现实主义美术作品，以及色彩明快的美术作品。

## 四、幼儿园美术教育活动的目标

幼儿园美术教育活动的目标是指导美术活动设计与实施过程的关键准则。它直接或间接地反映着社会文化对学前儿童美术教育的要求。

### （一）总目标

《纲要》明确提出幼儿园艺术教育的目标：能初步感受并喜爱环境、生活和艺术中的美；喜欢参加艺术活动，并能大胆地表现自己的情感和体验；能用自己喜欢的方式进行艺术表现活动。结合学前儿童身心发展的特点和美术教育的内容要求，在这里把学前儿童美术教育的总目标概括为：引导儿童初步学习感知周围环境和美术作品中的形式美和内容美，培养他们对美的敏感性；引导儿童积极投身美术活动并学习自由表达自己的感受，培养其对美术的兴趣以及审美情感的体验和表达能力，促进其人格的完善；引导儿童初步学习多种工具和材料的操作以及运用造型、色彩、构图等艺术语言表现自我和事物的运动变化，培养其审美表现和创造能力。

学前儿童美术教育的总目标体现了审美教育的性质，将培养幼儿的审美心理结构中的审美感知、审美情感、审美创造放在重要地位，并且指出了达到这一目标的途径。

### （二）各年龄阶段目标

《指南》明确了幼儿各年龄段的具体目标：

1. 感受与欣赏（见表 8-1 和表 8-2）

表 8-1　目标 1　喜欢自然界与生活中美的事物

| 3~4 岁 | 4~5 岁 | 5~6 岁 |
| --- | --- | --- |
| 1. 喜欢观看花草树木、日月星空等大自然中美的事物 | 1. 在欣赏自然界和生活环境中美的事物时，关注其色彩、形态等特征 | 1. 乐于收集美的物品或向别人介绍所发现的美的事物 |
| 2. 容易被自然界中的鸟鸣、风声、雨声等好听的声音所吸引 | 2. 喜欢倾听各种好听的声音，感知声音的高低、长短、强弱等变化 | 2. 乐于模仿自然界和生活环境中有特点的声音，并产生相应的联想 |

表 8-2　目标 2　喜欢欣赏多种多样的艺术形式和作品

| 3~4 岁 | 4~5 岁 | 5~6 岁 |
| --- | --- | --- |
| 1. 喜欢听音乐或观看舞蹈、戏剧等表演 | 1. 能够专心地观看自己喜欢的文艺演出或艺术品，有模仿和参与的愿望 | 1. 艺术欣赏时常常用表情、动作、语言等方式表达自己的理解 |
| 2. 乐于观看绘画、泥塑或其他艺术形式的作品 | 2. 欣赏艺术作品时会产生相应的联想和情绪反应 | 2. 愿意和别人分享、交流自己喜爱的艺术作品和美感体验 |

2. 表现与创造（见表8-3和表8-4）

表8-3 目标1 喜欢进行艺术活动并大胆表现

| 3～4 岁 | 4～5 岁 | 5～6 岁 |
|---|---|---|
| 1. 经常自哼自唱或模仿有趣的动作、表情和声调<br><br>2. 经常涂涂画画、粘粘贴贴乐在其中 | 1. 经常唱唱跳跳，愿意参加歌唱、律动、舞蹈、表演等活动<br><br>2. 经常用绘画、捏泥、手工制作等多种方式表现自己的所见所想 | 1. 积极参与艺术活动，有自己比较喜欢的活动形式<br><br>2. 能用多种工具、材料或不同的表现手法表达自己的感受和想象<br><br>3. 艺术活动中能与他人相互配合，也能独立表现 |

表8-4 目标2 具有初步的艺术表现与创造能力

| 3～4 岁 | 4～5 岁 | 5～6 岁 |
|---|---|---|
| 1. 能模仿学唱短小歌曲<br><br>2. 能跟随熟悉的音乐做身体动作<br><br>3. 能用声音、动作、姿态模拟自然界的事物和生活情景<br><br>4. 能用简单的线条和色彩大体画出自己想画的人或事物 | 1. 能用自然的、音量适中的声音基本准确地唱歌<br><br>2. 能通过即兴哼唱、即兴表演或给熟悉的歌曲编词来表达自己的心情<br><br>3. 能用拍手、踏脚等身体动作或可敲击的物品敲打节拍和基本节奏<br><br>4. 能运用绘画、手工制作等表现自己观察到或想象的事物 | 1. 能用基本准确的节奏和音调唱歌<br><br>2. 能用律动或简单的舞蹈动作表现自己的情绪或自然界的情景<br><br>3. 能自编自演故事，并为表演选择和搭配简单的服饰、道具或布景<br><br>4. 能用自己制作的美术作品布置环境、美化生活 |

## 五、幼儿园美术教育活动的基本内容

在幼儿园，美术教育内容一般可以分为绘画、手工和欣赏三部分。

### （一）幼儿绘画教育活动

幼儿园绘画教育活动是教师引导幼儿学习简单的绘画工具、材料的使用方法，运用线条、形状、色彩、构图等造型要素及变化、平衡、强调等造型原理，创造可视的平面形象，表达自己审美感受的过程。从纵向看，绘画教育活动可分为活动准备、创作引导、作业及辅导、作品赏析与活动延伸等几个基本步骤。每个步骤都有特定的要求，需要教师结合幼儿发展的实际水平和教育活动的目标精心设计。

从横向看，绘画从工具、材料和表现技法上，可分为蜡笔画、彩笔画、棉签画、印章画、拓印画、线画等；从教学上可分为观察画、情节画和装饰画；从教师是否命题上区分，可分为命题画和意愿画。

用蜡笔、油画棒、彩色水笔、彩色铅笔等工具在纸上绘画较为普遍，但用其他工具材料绘画让幼儿对绘画活动感到新奇，更能满足他们探索和创造的欲望。

观察画（相当于速写），是以单一物体为主要描绘对象，幼儿从自己所在的角度，从整体到局部、再从局部到整体观察，用各种线条或形状画出自己所看到的物体形象，观察画培养幼儿的美术观察、造型能力，通常是小班、中班幼儿绘画的内容。

情节画，是以一件事情为主要描绘对象，反映一定的主题，表达某种思想感情，培养幼儿的构思能力以及处理物体间相互关系的能力，通常是中大班幼儿绘画的内容。如

"春天来了"、"动物联欢会"、"我的一家"等活动。

装饰画（又称图案画）是指引导幼儿利用各种纹样和色彩在不同的纸形上进行和谐有规律的装饰和美化。如"花手绢"、"漂亮围巾"、"美丽的花瓶"等装饰画活动。

命题画，是由教师确定绘画的主题，幼儿要按活动要求练习掌握某种绘画技巧。从引导幼儿学习观察、造型的角度来分析，命题画其实就是"观察画"；从引导幼儿构思、构图的角度来分析，命题画又是"情节画"；从引导幼儿利用纹样、色彩的角度来分析，命题画又是"装饰画"。如小班绘画活动"下雨了"，"下雨了"由教师命题，幼儿观察下雨时雨丝的长短、方向，然后用自己喜欢的颜色的油画棒进行各种线条练习。从命题的角度看，这是命题画，从教师的引导、指导以及幼儿完成绘画的方式来看，又是观察画。画命题画，可以让幼儿想象、添画一些与主题有关的形象，使主题更加突出，画面丰富。

意愿画是指幼儿自己命题，按照自己的意愿构思、创作的绘画方式。幼儿园的意愿画大多是命题意愿画，从绘画内容来说又叫"情节画"。意愿画大致可分为记忆画和想象画两种。记忆画主要是培养幼儿的视觉形象记忆能力，如"快乐的儿童节"、"我的星期天"等活动；想象画又可分为现实性想象画和虚幻性想象画，如"我长大以后"、"七彩的梦"等活动。每一种类型的绘画活动都有其自身的价值和内在规律，因此教师应研究这些基本教学知识，了解幼儿绘画发展的规律，运用它们对幼儿进行恰当的指导。

### （二）幼儿手工教育活动

由于手工活动所用的材料不同，我们将手工活动分为纸工、泥工和废旧物制作。幼儿园手工教育活动是教师引导幼儿运用贴、撕、剪、折、塑等方法，对各种形态（点、线、面、块状）的具有可塑性的物质材料进行加工、改造，制作出占有一定空间的、可视且可触摸的各种具体形象的一种美术教育活动。它对幼儿手部肌肉的发展，操作能力、审美创造力的发展及耐心细致、乐于实践、协调合作等个性品质的培养都具有非常重要的意义。教师在指导中，应注意遵循幼儿发展规律，结合手工活动的特点，充分发挥手工教育活动的价值。

纸工包括粘贴、撕贴、折纸、剪纸、染纸、纸塑等。纸工操作的主要技能有：会用剪刀、胶水，学会看折纸记号、折叠纸张、浸染等。

泥工材料主要有橡皮泥、彩泥、黄泥、面团，操作的主要技能有团、搓、压、捏、挖、分泥、嵌接、压边、利用辅助材料和工具等。

废旧物制作的内容非常丰富，有点状材料、线状材料、面状材料、块状材料等单一或综合的利用，需要综合运用各种手工技能。

### （三）幼儿美术欣赏教育活动

幼儿美术欣赏活动是幼儿园美术教育的重要组成部分，在促进幼儿良好艺术素养的形成和幼儿的一般发展方面，有着其他活动不可代替的功效，与绘画教育、手工教育共同构成完整的幼儿美术教育体系。幼儿美术欣赏的对象可以是绘画、手工、雕塑、建筑艺术、民间美术、自然环境等多方面内容。

幼儿的美术欣赏活动是一种审美活动。期间经历了感知、想象、理解的心理过程，并由情感因素贯穿全程。幼儿这一审美过程相对于成人的欣赏活动来说，还处于浅表层次，有更多的直觉因素参与其中。教师在指导幼儿进行美术欣赏过程中，应注意从幼儿的欣赏特点出发，帮助儿童掌握一定的欣赏技能，从最初印象到作品的形式美的感受，进而深入体验作品的内在涵义。幼儿园美术欣赏教育的途径有专题欣赏、随堂欣赏和随机欣赏三种主要形式。

# 第二节 幼儿园美术教育活动设计与指导的策略

幼儿园美术教育活动的设计与实施是实现美术教育目标的关键。在设计美术教育活动时，要充分考虑幼儿园美术教育的总体要求，结合幼儿美术能力发展的水平和年龄特征，掌握有效的方法，遵循一定的原则和程序，这样才能保证幼儿在活动中获得积极地发展。

## 一、幼儿园美术教育活动设计与指导的内涵

幼儿园美术教育活动设计就是根据一定的美术教育目标，选择美术教育的内容和方法，对美术过程中的一切事先进行设计，并通过各种组织形式对学前儿童施加美术教育影响的方案。是在分析幼儿美术学习需要的基础上，对学习过程和资源做出系统性安排，从而满足幼儿美术学习需要的过程。幼儿美术教育活动设计应涉及活动目标、活动内容、活动实施和活动评价一系列的过程。幼儿园美术活动的最优化设计即教育者对幼儿园的美术活动进行从整体到局部的精心设计和能动的调整与改进。设计的程序如下：从幼儿身心及美术能力的发展出发，合理地安排美术活动的时间、内容和方法。

学前儿童美术教育活动的指导是在教育活动的实施中采用一系列方式和手段对教育过程进行相应的控制和调整，以期达成幼儿美术教育目标的过程。《幼儿园工作规程》中指出："幼儿园的教育活动应该是有目的、有计划引导幼儿生动、活泼、主动活动的多种形式的教育过程。"它不仅界定了幼儿园教育活动的性质，也明确了教师在教育活动中的指导作用，即有目的、有计划地引导幼儿开展活动。

## 二、幼儿园美术教育活动设计与指导的基本原则

### （一）审美性原则

审美性是美术教育的本质特点所决定的，对于幼儿来说，美术教育与其他学科的学习有所不同，除了通过学习获得一定的知识技能，增长能力以外，还被带到一个美的天地里，使情感世界发生变化，情感变得更加丰富。同时也增加了幼儿的创造性，发展其创造美的能力，这便是美术教育在各种教育中的独特性与优势。所以，美术教育中的审美性应该受到特别重视。在幼儿美术教育中，应牢牢把握一点，即以美的事物和方式启

发幼儿的观察、想象和创造，用美鼓起幼儿的活动热情。

具体做法是：①用美包围儿童。为此，教师应注意为儿童选择不同风格的、自然美的形态让他们去体验、感受。生动感人的语言也是重要的；②创设宽松的心理环境。在审美活动中，主体特定的心境和情绪等直接决定其审美感受的发生发展。因而审美活动需要在轻松、自由、活跃的气氛中进行，儿童在其中能具有自信心并专注于体验与想象；③帮助儿童进行审美情感的积累；④引导儿童利用多种形式感知审美对象的审美属性；⑤启发儿童表达自己的审美感受。

### （二）发展性原则

幼儿美术能力是有规律地由低到高呈现阶段性发展的，这种发展的动力来自两个方面，一是幼儿从自己所做的许多造型尝试中得到成果和发现，如幼儿由涂鸦线中发现有意义的形状，再反过来加以运用。二是随着幼儿视觉理解力的增长，他们对自己初级阶段的造型样式产生不满，于是向更加高级的阶段探索。

教育者必须按照幼儿美术发展的规律实施美术教育，以促进幼儿发展。为此，首先要理论联系实际地研究和掌握幼儿美术发展的一般规律，在此基础上进一步对每个幼儿的当前水平和经过努力可达到的水平做到心中有数。其次，教育者还应研究美术的内容、方法和工具、材料等的性质，以期适时提出符合幼儿发展需要的美术教育目标、方法和材料，逐渐形成美术教育的系统课程。

同时，要保证幼儿享有足够的美术活动的机会和丰富的美术活动的工具材料，接触那些他们能理解又高出他们已有水平的美术作品，使幼儿在不断的尝试探索之中提高自身的美术能力和素质。

### （三）创造性原则

教育是创造性的工作。创造首先是一个过程，同时又是艺术的一个门类。在美术活动中，幼儿用线条、图形和色彩等将自己头脑中的经验、印象和情感转化为美术形象，这一转化过程即创造。除此之外，创造的过程必然具有自主性、求新求异性、超越性的特征。自主性是幼儿艺术创新之魂，即要保证幼儿用自己的方式表达自己的真实感受，也就是说幼儿有权决定自己画什么、做什么和怎么画、怎样做，不是由成人选择和控制，幼儿在成人的导演下活动。求新求异性即引导幼儿创造新异的作品。艺术的生命在于不断地创新，幼儿艺术活动的活力也在于不断地求新求异的创新。超越性就绘画而言，幼儿只要真正获得了绘画创新的自主权，他们就能够驾驭绘画创新，能够通过形象媒介使自己的思维超然物外、超越时空，画出超乎寻常的作品。

## 三、幼儿园各种美术教育活动的设计与指导

幼儿园美术教育活动的设计与指导，包括幼儿绘画教育活动、幼儿手工教育活动和幼儿欣赏教育活动的设计与指导。每种类型教育活动的设计一般包括活动准备、活动过程、活动延伸、活动反思等几个步骤。

活动准备的主体包括教师、幼儿、家长三方。首先教师要做的准备，第一是熟悉教

材内容,分析教材的教学重点、难点。所谓重点就是本次活动大部分幼儿要完成的任务,比如画一幅画,画的是观察画、情节画,还是装饰画?工具、材料是常用的还是第一次用?所谓难点就是幼儿在相关方面具有哪些知识、经验、技能,在完成活动任务过程中,会在哪个环节、哪种技能遇到困难。也就是说,教师备课主要是备教材、备幼儿,教师只有做到对教材熟悉,对幼儿了如指掌,才算把课备到了关键点上,才能明确活动目标。第二是教师要考虑采用什么手段、策略帮助幼儿解决难点,完成活动任务,这就是活动设计。第三是准备相关的教具、工具、材料、环境等实实在在的物质材料。第四是写教案,将活动设计思路形成文字材料,格式要规范。在写教案的过程中,教师可能会出现新的灵感,把原来的设计修改得更完善,目标更具体明确,方法更得当。第五是活动室的布置、桌椅的摆放。

其次幼儿要做的准备,包括幼儿已有的和活动相关的知识、经验、技能以及一些工具、材料的准备。教师要了解幼儿已有的知识、经验、技能,需要补充的,要安排相应的活动。幼儿的准备往往需要家长的配合,应在活动前提前通知,得到家长的协助和支持。如大班绘画"快乐的冬天",幼儿要有在冰上玩儿的经验或者玩雪的经验。活动准备中,有些常用的工具应做到人手一套,如剪刀、彩色水笔等;有些要根据活动的需要,临时准备,如印章画中所用的印章、纸团印章、蔬菜印章等。要发动家长和幼儿在平时收集、积累废旧毛线、布头、挂历纸、各种纸盒、易拉罐等废旧材料。

总之,活动准备充分是幼儿美术活动顺利有效进行的保证。教师在教案中,应该用简洁明了的语言写清楚。

活动过程的设计与指导将在后面具体介绍。

活动延伸在美术教育活动中是指围绕本次活动的主题、目标,在活动后的游戏或美工区(角)中,适当安排一些相关的内容来巩固幼儿所学的新经验、新技能。在活动延伸的设计方面,以绘画教育的活动延伸为例,教师有意识地安排专门的交流时间,让幼儿把自己画的画编成故事讲给同伴、幼儿园的哥哥姐姐、弟弟妹妹或家长听;还可提供手工制作材料,在美术区(角)里让幼儿通过动手制作来反映对绘画主题的感受;可在游戏中提供练习、巩固技能的机会等。除此之外,活动延伸还可把绘画活动与幼儿园的其他各科教育活动结合起来,促进幼儿能力的全面发展。

反思是在活动结束后,教师对目标的达成、活动设计、过程的组织领导等诸多要素进行思考、整理、总结。养成反思习惯利于教师的专业成长和自我成长。

### (一)幼儿园绘画教育活动的设计与指导

幼儿园绘画教育活动过程,包括画前引导、作业辅导、展示交流几个主要步骤。其设计与指导如下所述。

#### 1. 画前引导

画前引导是幼儿绘画前的一个环节,目的是激发幼儿的绘画愿望,明确本次绘画的重点和要求,为绘画活动的顺利进行做好准备。也就是让幼儿知道画什么、怎么画、乐意画。

这一环节包括引导幼儿回忆、提取与本次活动相关的知识、经验、技能；引导幼儿学习本次绘画的重点和难点；交代本次活动的具体要求。

需要注意的是：①导入活动应根据活动目标、本班幼儿的特点和活动内容的特点来设计。②必要的讲解示范。一次绘画活动的重点、难点是需要教师讲解的，必要时应有示范，这是一个需要教师精心设计的环节，既要语言简练、示范动作清楚，让幼儿掌握本次活动的基本技能，又要避免幼儿简单模仿。③绘画程序、技能要求、习惯要求应根据本次绘画的特点、所使用工具材料的特点以及幼儿实际水平等有所侧重。

总之，画前引导在绘画活动中是关键环节，要求教师在活动方式、语言、动作等方面仔细推敲，让幼儿在最短时间内燃起绘画热情，按照活动的要求进行绘画创作。

2. 作业辅导

幼儿作业的方式包括小组作业和个别作业。

在幼儿明确向教师表示自己需要帮助的时候，教师再有针对性地进行辅导，比如如何构思、如何造型、如何使用色彩、如何构图，教师的作业辅导一般是针对个别幼儿的，运用范画、其他小朋友的作业引导或讲解说明，不能代替幼儿作画，不剥夺幼儿尝试的机会，要让幼儿自己画，教师要尊重、等待，不越位。

3. 展示交流

在组织展示交流时，小班幼儿作品可以教师评价为主，中大班幼儿作品可采取教师评价与幼儿评价相结合的方法。在评价的过程中，教师应注意把评价的标准慢慢教给幼儿，并帮助他们学习积极地评价同伴的绘画作品。幼儿自身评价与相互评价，不仅有利于其评价能力的提高，还有利于其社会性的发展。

教师对幼儿作品的态度、标准直接影响幼儿参与美术活动的兴趣和积极性，也影响幼儿对作品的态度和对美的鉴赏能力。一般从以下几方面来评价，即符合同龄幼儿的一般水平，有童趣，有一定的艺术性（表现为线条有力、连贯，图形、形象清晰完整，画面饱满、均衡，色彩明快，内容丰富、充实）。教师的评价应以鼓励为主，结合不同幼儿的发展水平，以欣赏、发展的眼光来对待幼儿的作品。

**（二）幼儿园手工教育活动的设计与指导**

幼儿园手工教育活动与绘画活动的结构基本相同，可分为创作引导、制作及指导、作品展示与应用、活动延伸等几个基本步骤。

1. 创作引导

创作引导是幼儿开始制作前的一个重要环节，目的是让幼儿知道做什么、怎么做、乐意做，为手工活动的顺利进行做好铺垫。主要包括教师与幼儿互动，引导幼儿回忆、提取与本次活动相关的知识、经验、技能；引导幼儿学习本次手工操作的重点和难点；交代本次活动的具体要求。

需要注意的是：①创作引导应根据活动目标、本班幼儿的特点和活动内容的特点来设计。②必要的讲解示范。一次手工活动的重点、难点是需要教师讲解的，必要时应有示范，这是一个需要教师精心设计的环节，既要语言简练、示范动作清楚，又要让幼儿掌握本次活动的基本技能、操作顺序。③手工操作顺序、技能要求、习惯要求应根据本次手工的特点、所使用工具材料的特点以及幼儿实际水平等有所侧重。

总之，创作引导在手工活动中是关键环节，教师在教学方法、语言、动作等方面要仔细推敲，让幼儿在最短时间明确本次活动的要求，调动已有的经验和相关技能进行手工操作。

2. 制作及指导

幼儿制作的方式：小组制作和个别制作。

在幼儿有明确意愿的前提下，教师对个别幼儿进行指导。包括：

1）指导幼儿构思，即"你想做什么？"在引导构思中，教师要充分尊重幼儿，不要随意打断或否定幼儿的构思，要以观察为主。在集体中，教师可恰当地使用提示来指导幼儿制作。

2）指导幼儿造型。造型主要是通过综合运用手工技能来进行的。造型的准确性受到小肌肉发展的限制，也受到手眼协调能力的限制，所以教师在辅导幼儿如何造型时，应注意帮助幼儿选择最适合自身水平的造型方法。

对小班的幼儿，可引导他们表现某物体的基本特征。对于中班幼儿，可在原基础上分析较复杂的物体，掌握物体的每一部分的形状，再组合成一个整体。

对于大班幼儿应注意引导他们观察物体的细节、大小比例关系、不同侧面、不同角度的变化，较清楚地做出结构较为复杂的物体。

当然，在指导幼儿如何造型时，教师要针对每个孩子的实际水平，不能强求一律，片面追求"像不像"，特别是年龄小的幼儿，他们对物体有了清晰的表象，但受手眼协调和操作技能的局限，很难准确地表达自己的想法。

3）如何使用色彩。色彩的主要作用是表现情感。幼儿对色彩的运用逐渐由主观到客观，种类由少到多，由杂乱到有主调。

教师在指导幼儿如何使用色彩时，除了要教会幼儿认识色彩、调配色彩外，还要启发、引导幼儿大胆使用色彩来表现自己的情感和感受，不要一味地用物体的固有色。另外，教师可以经常带领幼儿玩一些色彩游戏，增强其色彩敏感性。

上述构思、造型、色彩三个方面，在不同的幼儿身上，有不同的发展水平，形成了每个幼儿自己的手工特点。教师要在了解幼儿手工特点的基础上，有针对性地进行指导，让每个孩子在原有的水平上富有个性地向前发展。

3. 展示及应用

手工是幼儿进行自我表达的方法，教师对幼儿作品所持的态度、标准，直接影响审美活动的氛围、幼儿参与活动的兴趣和积极性，影响幼儿对作品的态度及对美的鉴赏力。艺术的宽容性、开放性和自主性要求教师要尊重幼儿，尊重个别差异，接纳不同水平，以真诚喜悦之心发现、接纳、欣赏幼儿的作品，教师的接纳、赞许和分享是对他们的最大鼓舞。教师还要引导幼儿互相欣赏、分享，以此促进幼儿的社会性和审美能力提高，同时也营造了宽松和谐，充满爱、充满鼓励的精神环境。

展示及应用的方式有：作品展览、美化环境、作品展示（如请其他班的小朋友欣赏）等形式，教师要对一般水平的幼儿予以特别关注，有针对性地进行个别教育。

### 4. 活动延伸

活动的延伸是指围绕一次活动的主题、目标，在课后游戏或美工角中，适当开展一些相关的活动来巩固幼儿初学的新经验、新技能，丰富日常手工活动的内容，也便于教师针对个别幼儿一对一地进行辅导。

活动延伸的设计：教师可有意识地安排专门的交流时间，让幼儿把自己的作品编成故事讲给同伴或爸妈听；教师提供手工制作材料或绘画工具材料，给幼儿提供练习、巩固技能的机会。除此之外，活动延伸中，还可以把手工活动与其他领域的活动结合起来，促进幼儿能力的全面发展。

### （三）幼儿园美术欣赏教育活动的设计与指导

幼儿美术欣赏活动，是对美术作品、自然景物、环境布置的具体可视形象的欣赏。美术作品的选择应注意复制品的印刷质量要尽可能与原作接近，并且画幅要尽可能大一些，以便让幼儿能看清楚。作品可用幻灯、投影、电视录像和电影等方式呈现给幼儿。指导幼儿欣赏美术作品，教师首先要加强自身的美术修养，了解作品产生的时代背景、作者要表达的思想感情及作品的表现手法等。在自然景物和环境布置的欣赏中，最好能让幼儿身临其境，这样可以激发幼儿的审美情感，陶冶其情操。

在欣赏活动中，教学方法的运用很关键。首先，教师要注意调动幼儿审美的积极性，启发要做到饱含感情、充满兴趣。活动开始时，教师不要急于作讲解分析。因为教师的讲解极易给幼儿造成思维定势，影响幼儿自身主动的感知和体验。其次，教师不要过多过深地讲解分析，避免对幼儿进行填鸭式的灌输；应主要通过提问的方法，对幼儿加以引导，使他们沿着一定的程序积极地进行思考、联想、感受，提高审美能力。教师的总结应事先设计好，做到言简意赅、通俗易懂，使幼儿能理解；语言要充满联想，以调动幼儿的情感与想象。幼儿园美术欣赏活动主要分为：作品描述、形式分析、阐释意义和作品评价等几个步骤，每个步骤的设计与指导如下：

### 1. 作品描述环节的设计与指导

对作品的描述，就是要儿童说出他们看到的东西，不涉及作品的含义及其价值的认定。幼儿对第一印象的描述很重要，教师要给儿童足够的时间观看欣赏，然后让他们说出自己的真实感受。教师提出的主要问题是："你看到了什么？"

在描述阶段，教师要耐心倾听儿童的讲述，让儿童充分表达。只有当儿童需要帮助时，教师才可以用启发、提问的方式给予线索启迪，引导他们观察、想象并进一步地陈述清楚。

在一般性描述的基础上，要对作品的特征和要素的识别方面作进一步的观察，包括在主题、形象、材料等方面作出较为详尽的描述。在陈述过程中，儿童往往会简单地说"我看见有花";"有一个小朋友";"我看到花瓶了"……实际上，这时儿童所见的还只停留在一般性认知方面，它并非审美知觉，教师需要提出一些补充性问题，例如，这些花是什么样子的？你有什么感觉？这是什么季节？有什么样的风光？

引导幼儿运用一些形象、生动的形容词，比如"干净漂亮的房间"、"淡淡的云"、"清清的河水"、"悠闲地散步"、"神气的大公鸡"等。

2. 形式分析环节的设计与指导

美术作品所表现的美的形式包括造型、色彩、构图等形式语言，以及对称、均衡、节奏、韵律、变化、统一等构成原理的应用。形式分析就是分析美术作品的这些具有鲜明个性的形式。通过形式分析，可以加深儿童的审美体验，提高审美理解能力，因而形式分析是幼儿美术欣赏教育的关键环节。

色彩和线条是构成一幅绘画作品的重要因素，但在分析作品中，需注意它们之间的相互关系。形体轮廓的大小、线条的粗细曲折变化、色彩的深浅明暗，它们之间的节奏与韵律、对称与均衡、多样与统一所构成的形式美，是一种整体关系。凡是优秀的作品，总会表现出运动性、变化性和统一性。要善于发现作品中那些最突出、最重要的部分，注意到它们与那些次要的、较为隐蔽的视觉点的互相衬托关系，感受作品的情感和情调。

在分析阶段，要求儿童表达自己的感受。教师的主要问题是"你喜欢什么？为什么？"启发儿童对作品形式美的感觉。在此过程中，教师的作用尤为重要。教师不仅自己要对美的形式有一定的理解和欣赏能力，体验作品美的意味。同时还要用启发诱导性的语言，引导儿童反复多次地深入感知、体验作品，也可以自己用通俗易懂的语言，进行浅显而简明的描述，让幼儿真正地理解这些艺术语言与形式美原理的内涵。再则，儿童对欣赏的基本艺术语言和形式美的原理的认识可以经由美术创作来获得。例如，在欣赏梵高的作品《星月夜》中，可以让幼儿尝试用波浪形、螺旋形的线条来画画，体验线条的运动和变化。

教师在用问题引导儿童进行形式思考以后，要进行小结，以帮助幼儿理清思路，进一步加深印象。

3. 阐释意义环节的设计与指导

阐释意义是指探讨一件美术作品所蕴含的内在意义，帮助儿童把握具象的艺术形式所再现的东西，或抽象艺术形式所表达的微妙的情感、情调、意义或意味。

首先是具象性的作品。具象性作品是画家对现实中最美好、最典型的事物形象的再创造。由于画中的形象栩栩如生，很容易刺激儿童的感官，引发他们原有的知识经验，产生种种联想。例如：齐白石画的瓜果、蔬菜、鱼虾；李可染画的牧童放牛；卢梭的《睡着的吉卜赛女郎》等，都深深地吸引着儿童。可以从整个画面的形象、色调、构图等方面来感受作品的韵味，通过人物的神态、身体动作和画面背景来感知作品所表现的主题，使幼儿通过欣赏对美的事物更加敏感，对人物情感体验更加丰富。当然，对具象性作品的欣赏大多是需要联系一定的社会历史背景的，对这类作品的欣赏不必苛求儿童完全按照创作者的原意来理解。

其次，是抽象性的作品。抽象画虽然没有真实的物体，也没有具体的人物，有的只是各种线条、形状、颜色的不同组合，但这些由"有意味的形式"所构成的视觉品质，这些形式层面的东西恰恰最容易为儿童所理解、欣赏和接受。

在阐释意义阶段，教师的指导应注意以下两点：

第一，探讨美术作品所蕴含的意义，必须在整体与部分的辨证运动中进行。即根据美术作品的各个部分来理解美术作品的整体，又根据美术作品的整体来理解美术作品的各个部分，这是一个循环往复的过程。教师在引导幼儿欣赏作品之前，可以对作品的意义有预先的设计，这种意义是教师个人对作品的解释，在引导幼儿欣赏过程中，又不停地被修正着，形成一个或多个合理的解释。教师为了扩大儿童对作品的文化内涵的理解，还可以适当地介绍作者的小故事、作品创作的背景等，帮助他们更深入地理解作品所蕴含的意义。

第二，虽然教师在引导幼儿欣赏美术作品之前，已有对作品意义的预期，但这并不意味着儿童必须无条件地接受教师的这种预期。儿童仍然可以有自己的理解，而且，教师还必须鼓励儿童不要拘泥于教师的解释，甚至不必拘泥于创作者原有的创作意图，而是要求儿童根据自己对作品所传达信息的体验和理解，充分发挥想象力、创造力，发表自己的见解。这时，教师可以这样提问：画家为什么要这样画？这幅画使你想到了什么？你能说出这幅画的画家想要表达什么观点和思想吗？请你为这幅画取个名字。

4. 作品评价阶段的设计与指导

对学前儿童来说，评价作品阶段不是重点。如果儿童能够对优秀的作品说出自己的喜欢之处，说出自己对作品含义的某些理解，或是吸收作品的某些方面进行自己的创作，应该说就已经达到目的了。

教师在评价阶段可以作较为综合性的、具有一定指导意义的总结，帮助幼儿加深印象，提高审美判断能力。

# 第三节　幼儿园美术教育活动设计与指导案例

## 一、幼儿园各种类型绘画教育活动设计与指导案例

### （一）观察画的设计与指导

观察画的基本任务是发展幼儿对周围事物、现象的观察能力，巩固和学习新的造型技巧，使幼儿学会从特定条件的相互联系中去描绘物体，表现细节。

1. 选择主题

指导观察画主题的选择很重要。主题的选择应考虑孩子的兴趣和生活经验，应符合孩子的心理发展特点和知识、经验、技能水平等。

小班幼儿的心理发展特点是无意注意占优势，生活经验贫乏，小肌肉发育不完善。

因此，小班主题的选择应注意游戏化的特点，利于幼儿在积极状态下练习，体验绘画的乐趣，掌握绘画的技能。主题的范围应贴近幼儿生活，是幼儿可以理解的、形象简单的物体。如游来游去的小蝌蚪、好吃的糖果、甜甜的圆饼干等。

中班主题选择范围广一些，除画个别形象外，还可以过渡到简单的情节画，帮助幼儿把一个主体与其他事物结合起来，开拓幼儿的视野。如"我长大了"、"花儿朵朵"。

大班的主题选择应注意充分调动幼儿丰富的生活经验，命题新鲜、有趣，能激发幼儿绘画的愿望。主题的范围广泛，可让幼儿画一些间接接触到的事物，如"我的一家"，教师可通过电视、图片、故事等扩大幼儿的生活范围，激发幼儿的创作表现。

2. 观察与欣赏

确立主题之后，教师应有意识地组织幼儿观察和欣赏命题画的主体（或指导家长带领孩子观察欣赏），扩大他们相关的知识范围和经验，为幼儿提供各种与主题有关的资料，启迪幼儿的情感，储备丰富的作画素材。如大班观察画"可爱的小猫"，教师有机会要带领幼儿观察猫，组织幼儿观看小猫生活的录像，平时提供有关小猫的图片，这些都为幼儿储备了充足的绘画资料，有利于幼儿头脑中表象的积累，同时也激发了幼儿的创作愿望。

3. 主题设计

主题应有系列的设计，以帮助幼儿获得新的造型技巧。如幼儿学习画人，中班主题画"镜子里的我"、"我和雪娃娃照张相"、大班画"操场上的小朋友"、"我熟悉的人"，从脸的造型到学习画正面、背面的人，再到学画不同姿势、不同年龄、不同职业的人。

4. 教师辅导

在观察画创作中，教师可以从造型、色彩、构图方面对幼儿给予有针对性的指导。在作业及作业辅导中已介绍，不再赘述。

下面请大家分享两个观察画活动案例，以便对这一活动有更进一步的了解认识，初步把握观察画活动设计的要领。

## 活动一　跳舞的小陀螺（小班）

【活动目标】

结合游戏引导幼儿观察小陀螺的色彩和旋转，学画小陀螺的运动轨迹——不同方向、大小、色彩的圆形；鼓励幼儿大胆作画，体验美术活动的乐趣。

【活动准备】

音乐磁带，幼儿人手一只小陀螺，教师一只大陀螺，彩笔若干，作为背景的衬纸，小兔头饰一个。

【活动过程】

1. 画前引导

（1）观察、体验陀螺旋转

1）与幼儿一起转陀螺，播放背景音乐，在游戏中感受陀螺转动形成的圆形线条。

教师:"小朋友,你们会和小陀螺玩儿吗?"

2)引导幼儿转动陀螺,观察陀螺旋转形成的不同颜色、大小的圆形。

(2)学习圆形的画法

1)请个别幼儿说说小陀螺是如何"跳舞"的。幼儿每说一种,老师就请大家转动陀螺模仿。

2)教师示范圆形的画法。根据音乐的节奏变化,教师用大陀螺转出不同颜色、大小、方向的圆形线,并将其"记录"在黑板上。

2. 作画

1)教师出示小兔头饰,以小兔的口吻引出作业要求:"我想看小朋友画的小陀螺跳舞,你们能画出来吗?"

2)幼儿作画。听着音乐表现自己观察到的圆形线条。教师引导幼儿观察陀螺上的颜色、方向、大小。

3. 作业欣赏

让幼儿听音乐扮作小兔,蹦跳到其他小朋友的画前去看一看,选择一个自己最喜欢的交给老师,说一说喜欢的原因。

## 活动二　游乐场里的小朋友(大班)

【活动目标】

引导幼儿画出人的不同姿态,激发幼儿画人物动态的兴趣;培养幼儿细致观察及大胆作画的好品质。

【活动准备】

在早操或户外活动时,请幼儿注意看人物四肢动作的变化规律;玩具小人若干,彩笔或蜡笔、图画纸。

【活动过程】

1. 画前引导

1)组织幼儿观察,回忆在户外活动时的开心场面,引导幼儿说出头、身体、四肢的动作变化。①说说、做做自己喜欢的游戏动作是怎样的?②做操时的动作是怎样的?(可用动作表达出来)③请个别幼儿将自己的动作简单地画出来,引起幼儿学画人物动态的兴趣。

2)为进一步丰富幼儿有关人物动作的表象,组织幼儿欣赏儿童游戏活动时的照片。

3)请幼儿利用玩具小人摆出各种动态,并用较完整的语言说明自己摆的是什么动作。

2. 幼儿绘画

1)提出作画要求。把自己在观察中印象最深和喜欢的动作画下来(也可借助玩具小人进行作画),并注意动作的要领,即头、身体、四肢的位置变化,提醒幼儿把人画在纸的中间,要画得大一些。

2）鼓励幼儿大胆作画，重点指导能力较弱的幼儿画出人物的头、身体、四肢的基本动作。

3. 展示交流

让幼儿把自己的画向小朋友讲一讲。将幼儿的小人剪贴作品粘在大图画纸上并添画背景，幼儿自由观看评价。

【活动延伸】

在体育及舞蹈中加深幼儿对身体动态的兴趣。

### （二）情节画的设计与指导

情节画的目的是为了给幼儿提供充分表现自己对周围生活的认识和情感的机会，让幼儿把心中的思想和情感率真地表现出来。幼儿园的情节画通常是有主题的意愿画，这些主题不以实物为对象，而是以幼儿丰富的想象和鲜明的记忆为依据。如"七色的梦"、"在我的眼睛里"结合了命题画的特点，幼儿在创作时，必须选择过去观察或描绘过的形象，独立构思，以一定的情节内容来反映主题。

不同年龄班的情节画教学，教师采取不同的指导方法。小班幼儿绘画无目的性，有些幼儿还停留在涂鸦阶段，因此小班意愿画较少，如"快乐涂鸦"，目的是萌发幼儿对美术活动的兴趣，了解幼儿的绘画特点和水平，为以后有针对性、有层次地开展绘画活动做准备。中班幼儿一般处在绘画的象征期阶段，教师应根据幼儿以图形来表征事物的绘画特点来进行命题意愿画的教学。大班幼儿随着思维能力的发展、技能的完善，绘画的目的明确，处于绘画图式期阶段。教师应注意引导幼儿画出主体后，添画相关背景，表现一个明确的主题。有的幼儿可能在绘画中缺乏表现技能，教师应及时予以适当的支持，但不要在幼儿作品上直接涂画，更不能包办代替。大班的命题意愿画相对较多，安排活动时教师应注意难度适中，尽量减少幼儿在表现技能上的障碍，使幼儿能迁移已有经验进行创作。

下面是情节画活动案例，让我们共同分享。

### 活动一　玩玩画画（小班）

【活动目标】

通过对不同绘画方式的感知及色彩的运用，体验自由涂画的乐趣。

【活动准备】

五张绘画作品，各色水粉、水粉笔、棉签、蜡笔，纸团、瓶盖、玩具模型、球等，抹布。

【活动与引导】

1. 画前指导

教师和幼儿一起欣赏涂鸦作品，说一说喜欢哪幅画，画上都画了什么？

2. 作画指导

让幼儿自己选择材料，启发幼儿尝试运用多种色彩、各种绘画形式表达自己的意愿。

1）用水彩笔、棉签、蜡笔、纸团、瓶盖、玩具模型、小球等各种物体蘸上颜料进行涂画。

2）为幼儿提供不同性质的音乐，让幼儿自己根据听到的音乐感受选择色彩涂画。教师提醒幼儿颜料不能入口。

3. 展示交流

将幼儿的作品展示在一面墙上，幼儿之间交流各自使用的材料、绘画内容，教师将幼儿的语言记录在画旁边作为说明。

【活动延伸】

与幼儿共同收集材料，认为什么东西还可以用来画画，就将它带到幼儿园，随时涂画。

## 活动二　我眼里的世界（中班）

【活动目标】

通过观察、想象，画出自己喜欢的事物，画面上主要形象突出。

【活动准备】

图画纸、彩笔、油画棒，绘画作品三幅，教师组织幼儿到附近的公园游玩并提醒幼儿用眼睛认真观察，可用绘画的形式记录下来；组织幼儿看《动物世界》、《自然奥妙》。

【活动过程】

1. 画前引导

1）逐一出示作品请幼儿欣赏，让他们说说看到了什么？

2）教师："我们的眼睛看到好多东西，有动物、花草和大树，还有楼房、幼儿园、公园里好玩的滑梯……那你们想不想把它们画出来呀？×××，你想画什么？××，你呢？把什么画出来？好，下面我们就来画'我眼里的世界'。"

2. 幼儿作画

1）引导幼儿先把自己大大的眼睛画在纸上，可以画一只也可以画一双。指导幼儿合理布置画面。

2）指导幼儿将看到的事物画在眼睛的轮廓里，鼓励幼儿想象，自由表现。

3. 展示交流

1）幼儿将自己的作品讲给同伴听，告诉同伴自己的眼睛看到了什么？

2）请两个小朋友在集体面前讲述。

3）将作品放在作品栏中，请其他班幼儿欣赏。

## 活动三　长大以后（大班）

【活动目标】

充分发挥想象，用自己喜欢的工具画出心中的梦想，画面安排主题突出。

【活动准备】

范画四幅，彩笔、油画棒、记号笔、绘画纸、笔管（吹画工具）、音乐磁带。

**【活动过程】**

1. 引导幼儿构思、构图

1）教师："小朋友，再过二十年、三十年你会是什么样子？到那时候你想成为什么样的人？那时候我们的城市会变成什么样？我们的世界会有什么变化？"

2）请幼儿欣赏想象画，说说这些作品表现了小作者的哪些美好梦想，画面是怎样安排的？

3）引导幼儿展开丰富的想象，以"我长大了想做什么，假如我是……"为话题画出未来的梦想，画出美好的愿望。

2. 作画指导

播放背景音乐。

1）了解幼儿的意图和心愿，帮助幼儿构思。

2）当幼儿构图中遇到困难时，借助范画适当地引导。

3）鼓励幼儿尝试用吹画方式表达。

3. 展示交流

将幼儿作品布置成艺术画廊，鼓励幼儿互相表达，共同分享心中的梦想。

**（三）装饰画的设计与指导**

装饰画也叫图案画，是运用变形的各种纹样、谐调的色彩画出有规律、有节奏的图案，用以装饰日用品和美化环境。装饰画能培养幼儿认真、细致、有条理的作业习惯。由于装饰画有较严格的要求，较大的难度，所以在课题安排上要循序渐进，引导幼儿的经验步步迁移，技能逐渐提高。装饰画的指导，可从以下几方面进行。

1. 装饰概念的理解

装饰画是一种绘画形式，教师应运用欣赏、手工的形式让幼儿理解装饰概念。如"小雨伞"、"花毛衣"、"糖纸"、"民族服饰娃娃"等专题欣赏活动都有助于幼儿对装饰概念的理解。在日常生活中可结合散步、外出参观，引导幼儿观察具有特点的事物，帮助幼儿积累对称、均衡的概念。教师还可以和幼儿共同收集一些装饰漂亮的日用具（杯子、瓷瓶、盒子、服装、手帕、围巾等）和一些图片（广告画、糖纸、礼品包装纸等），布置图案欣赏角，培养幼儿对图案的审美鉴别能力，丰富幼儿有关图案的记忆表象。

教师可以从手工活动开始，让幼儿初步尝试按照装饰规则进行装饰。在教幼儿对称装饰时，教师可适当提供给幼儿一些剪好的图案（花、树、小兔），用粘贴的手法把这些图案贴在相应的对称点上，这样降低了幼儿靠绘画表现对称的难度。在欣赏、粘贴、印章画等活动开展之后，幼儿对装饰图案的概念有了初步的理解，再让幼儿使用绘画手段进行装饰，利于幼儿掌握装饰的技能。

2. 装饰纹样由简到繁

在装饰画中，幼儿对装饰纹样的掌握是关键的。纹样中变形的方法及夸张是幼儿学习的重点。掌握单独纹样后,再启发幼儿把单独的纹样按一定的规律变化成为中心纹样、边纹样、角纹样。另外,还可教给幼儿一些线条、圆点、图形等装饰变化的方法,如曲线用双色、点搭配构成图案。细小的图案纹样补充在装饰画中,与大纹样搭配,使图案有疏有密,画面饱满。

3. 装饰色彩的协调搭配

在最初的图案画中,教师可有意识地在每组桌上投放两种色彩的笔。它们可以是对比色、同种色的搭配,也可以是冷暖色的区别,每组幼儿用不同的色彩,产生不同的色彩效果。然后对比分析,哪两种色彩搭配鲜艳,哪两种色彩搭配柔和、协调,哪种色彩看起来很热烈,哪种色彩看起来冷清。在幼儿对色彩有了一定的感性知识时,教师再投放全套的、多色的笔,让幼儿自己选择、配色。

4. 被装饰物可以从有规则到无规则

可选用长条纸、正方形纸、圆形纸、长方形纸、椭圆形纸、菱形纸等,再逐渐学习在不规则纸样上装饰。如把纸剪成手套、裙子等形状,也可往立体化方向发展,如在瓶子上装饰,训练幼儿的变通能力。

下面是装饰画的活动案例,让我们共同分享。

### 活动一 小班装饰活动:漂亮的纸筒

【活动目标】

鼓励幼儿尝试用多种材料、多种方法在纸筒上作画装饰;使幼儿感受到绘画的多种方式及可能。

【活动准备】

卷筒纸芯若干,各色油性笔、颜料、油画棒、水彩笔等,各种彩瓶图片或实物若干,已经完成的纸筒画组合作品。

【活动过程】

1. 画前引导

1)欣赏彩瓶图片或实物,感受柱状物体上装饰画的美。

教师:"这个花瓶好看吗?上面画了什么?颜色漂亮吗?"

2)讨论活动:怎样在卷纸筒芯上画画。①讨论在纸筒上可以画什么(人、花、小草等);②可以用什么材料来表现(颜料、记号笔、油画棒等)。

3)欣赏已经画好的纸筒作品,进一步感受有趣的纸筒画,激发幼儿创作的欲望。

4)教师示范、讲解。

2. 作业与辅导

幼儿自由选择材料,自由创作。教师巡回指导,帮助幼儿构思,大胆作画。

3. 展示交流

幼儿互相欣赏各自的作品,并向老师及同伴讲述自己的作品。

### 活动二　妈妈的花头巾（中班）

**【活动目标】**

引导幼儿在观察的基础上自由想象，设计出妈妈的花头巾；用学过的或想象的花纹、线条以及2～4种颜色装饰头巾；在绘画过程中体验爱妈妈的情感和绘画活动的乐趣。

**【活动准备】**

长方形、正方形纱巾、围巾三条，装饰图案纸卡五张，画纸、水彩笔每人一套，《我的好妈妈》歌曲磁带、轻音乐磁带。

**【活动过程】**

1. 创作引导

1）教师："我们的妈妈漂亮吗？妈妈戴上漂亮的头巾就更漂亮了。"

2）请小朋友逐一欣赏纱巾、围巾，分析纹样、色彩搭配，激发审美情趣，学习装饰方法。①你们看，这条纱巾好看吗？哪里好看？②这上面有什么图案？图案是怎样分布的？③这上面有什么颜色？这些颜色搭配起来好看吗？

3）教师："母亲节快到了，小朋友为妈妈设计一条漂亮的头巾吧！请你想一想，你要设计什么样的？有什么图案？用什么颜色？"

2. 作业与辅导

1）放背景音乐，将范例贴到黑板上做示范。

2）教师巡回观察幼儿作业情况，指导个别幼儿构思、构图、选择纹样、搭配色彩。

3. 展示交流

1）将幼儿作业贴到展板上，说一说自己的想法。

2）大家一起唱《我的好妈妈》，表达爱妈妈的情感。

## 二、各种手工活动的设计与指导案例

幼儿园的手工教育活动由于活动准备、创造引导、作品展示与应用等环节与绘画活动的设计要求相似，下面就制作及指导环节谈谈教师的指导。

### （一）纸工制作活动的设计与指导

1. 折纸的设计与指导

折纸取材方便，彩纸、旧挂历纸、废旧纸等均可用来折叠，但要注意纸质要薄而有韧性，容易断裂的纸会影响幼儿折纸的兴趣。折纸活动要按照由浅入深的规律，由易到难地安排。

小班要选择折法简单的物体，教幼儿学习简单的基本技能，训练幼儿手指的灵活性和准确性，如边对边折"书"，角对角折"松鼠"，两边向中心折成"门"。练习中，教师要注意要求幼儿对齐、抹平，这是折纸的基本要求，为以后更复杂的折叠奠定基础。

折纸活动的特点是容易忘记。因此，到中班时，应引导幼儿学习看图折纸。在幼儿第一次学看图折纸时，先出示一个样品，使幼儿对要折的物体有整体的概念，然后，边教幼儿识图边演示，让幼儿理解如何按照步骤图上的符号折纸。演示时，教师用的纸要大些，要有反正面，手的动作要明确，每折一下都要指明折叠的依据和标准部位，语言要简洁清楚，待幼儿已理解图示后，教师可逐步过渡到仅演示重点难点，其他部分让幼儿自己看图折。

大班幼儿的折纸，增添了组合折叠。教师应把指导重点放在几个部分的插接上，引导幼儿思考如何才能使插接的部分不松散，如何要一样大，折时要仔细对齐，部位要准确。

2. 粘贴的设计与指导

粘贴是用各种图形的彩色纸、自然材料和废旧材料粘贴，形成对称、均衡、协调的装饰画面。

根据小班幼儿的知识范围、生活经验、动作协调性，粘贴的内容只要求幼儿表现某个物体。如"大树小树"、"热带鱼"，幼儿粘贴的图形是教师事先准备好的，粘贴前先教幼儿将图形摆放在纸的适当位置上，再将图形逐个取下，在反面涂上浆糊，贴在原摆放的位置上。

中班幼儿的粘贴主要包括自然物和各色彩纸的粘贴，有时与剪贴结合在一起。教师在准备图形材料时要注意颜色、图形、大小、数量都不能太多，每一类型只需有 3～5个。材料太多、太复杂容易使幼儿把很多时间花在翻找材料中，从而影响完成作品的进度。另外彩纸粘贴主要靠色块拼贴出形象，选择材料要尽量注意色彩的搭配。幼儿粘贴时往往怕粘不牢，用很多浆糊堆积在图形反面。因此教师要引导幼儿涂抹浆糊时要稀薄、均匀，特别是图形的边缘都要涂到，使作品既贴得牢又整洁。用自然物粘贴时，先引导幼儿想一想所用物品像什么，可以做什么，然后设计画面，选择材料，分步骤涂胶水，如铅笔屑粘贴、葵花籽皮粘贴等。

大班的粘贴材料更为丰富，随着幼儿手眼协调能力和手指小肌肉的发育，粘贴活动通常与剪贴废旧物制作活动结合在一起。在指导时注意引导幼儿临摹、仿制与独创相结合，给幼儿提供充分的探索空间，运用自己掌握的技能技巧来实现自己的构想。

3. 撕贴活动的设计与指导

撕纸是一种平面造型的训练，可以锻炼幼儿手对形状的控制能力。撕纸的材料可以是普通彩纸、白报纸、手纸等。纸张不宜太韧、太厚。一般来说，要求幼儿所撕的物象应该是特征明显、外形简略的。撕纸和绘画、粘贴等活动结合，会增强活动的趣味性和整合性。

4. 剪贴活动的设计与指导

剪贴的关键是剪。为此，幼儿首先要学会使用剪刀。从小班下学期开始，幼儿可以学用剪刀。剪纸的方法可有以下三种：①目测剪。用目测剪的方法所剪的对象大多是轮廓简单的物体。在小班和中班初期以学剪直线和曲线为主。剪的材料可以是纸张，也可以是适宜剪的其他平面材料，如橘子皮、树叶等。②按轮廓线剪。轮廓线可由教师画，也可由幼儿自己画，物象应大些，凹凸不能太多。剪时应左手转动纸片，防止边剪边拉使物象周围不整齐。③折叠剪。折叠剪可分对折剪和重叠折剪两种。剪出的作品具有对称、均衡感。折叠次数不宜太多，否则幼儿会剪不动。

5. 染纸活动的设计与指导

染纸是幼儿喜爱的操作活动。通过将具有吸水性的纸张折叠、浸染，呈现色彩的奇妙变化。染纸的主要材料是宣纸、无纺布、纸手帕、国画颜料、广告色。操作中注意浸染的时间要短，浸染后打开的动作要轻，以免将纸拉破，打开后将染纸放在毛毡或旧报纸上吸水、晾干。

下面请同学们分享三个纸工活动案例，以便对幼儿园纸工活动有进一步的了解和认识。

### 活动一　有趣的染纸（小班）

【活动目标】

初步掌握染纸、打开的方法，感受颜色晕染的审美效果。

【活动准备】

宣纸、颜料、抹布，大班幼儿和教师的染纸作品，背景音乐。

【活动过程】

1. 创作引导

1）欣赏教师表演小魔术"白纸帕变变变"，激起幼儿对染纸的兴趣。

2）解密。出示一张方形宣纸，折叠成不同的形状，并蘸少许颜料后将纸打开，让幼儿感受色彩晕染变化的奇妙。

3）欣赏教师和大班幼儿的染纸作品，提问：你最喜欢哪幅作品？为什么？什么样的颜色在一起很漂亮？

2. 制作指导

播放背景音乐。

1）我帮妹妹做裙子。教师为幼儿提供大小不一的裙子状宣纸，幼儿操作，尝试蘸色（少一点）、荡一荡（或用干布吸水）、铺平慢慢打开。

2）花手绢。教师指导幼儿将方形纸折成对称形状。染色后引导幼儿发现图案是对称的。

幼儿根据各自的兴趣，自主选择染纸内容。幼儿操作时，教师提出要求：要用抹布及时将手上的颜料擦干净，宣纸蘸色后要轻轻打开以免撕破。

3. 展示交流

幼儿相互欣赏漂亮的染纸并讲解自己的作品。

【活动延伸】

喜欢染纸的小朋友继续在区域中进行染纸探究活动。

### 活动二　我的飞机（大班）

【活动目标】

学习、探索纸飞机的折叠方法，体验折纸、玩纸飞机的快乐。

【活动准备】

折好的大飞机范例三个，教师用纸三张，收集各种飞机图片，白纸、彩纸、彩笔、彩色粉笔，《小飞机》、《我爱祖国的蓝天》歌曲磁带，幼儿知道几种飞机的名字、用途。

【活动与指导】

1. 创作引导

1）出示各种飞机的图片，引起幼儿对飞机的兴趣。

教师："你喜欢飞机吗？你见过什么样的飞机？能说出飞机的名字吗？请大家做一做飞机飞行的动作。"

2）演示范例，激发兴趣

教师出示折好的纸飞机，请幼儿让飞机飞起来。

2. 制作指导

1）将幼儿分成三个组，启发幼儿将范例拆开，研究折叠方法。

2）引导小朋友说出飞机的折法，教师带领幼儿操作（播放背景音乐）。

3）让幼儿自己折一折。先折好的小朋友继续探究折飞机的多种方法。教师在幼儿需要帮助时给予指点。

3. 展示应用

1）请幼儿四人一组，进行纸飞机的试飞比赛，二人做试飞员，二人做裁判员，用彩色粉笔画出起飞线，在飞机落地点用粉笔做下记录，轮流玩后记录优胜者，规则和玩法由幼儿自己商量确定。

2）选出每组的优胜者参加试飞的决赛。

3）赛后引导幼儿想一想：为什么有的纸飞机飞得远？有的纸飞机飞得近？鼓励幼儿探索使飞机飞得更远的折法。

【活动延伸】

幼儿在区域活动中继续探索各种折飞机的方法，幼儿互相学习，共同游戏，体验折纸探究的快乐。

（二）泥工制作活动的设计、指导及案例

不同年龄班的泥塑活动，教师的指导要有所侧重。小班幼儿开始接触泥工活动，先要让幼儿玩泥，在玩泥的过程中体验泥的性质：泥土是黏粘的、软的、可塑性大，能塑成各种形象。教师在与幼儿一起玩泥的过程中，引导幼儿用搓、团、压等技能塑造一些熟悉的、外形简单、容易表现的物体。如"棒棒糖"、"一盘点心"、"黄瓜"等。中班幼儿在已学会搓、团、压的基础上进一步学习分泥、连接、捏边和在整体上捏出小部分的技能，以及塑造组合物体，如"饺子宴"、"池塘里的小鸭子"、"娃娃跳舞"等。大班幼儿在技能上要学会砌合、押拉和正确地使用辅助材料，并要求更细致、更牢固、更准确地塑造出物体的形象。在泥塑制作活动中注意培养幼儿的卫生习惯，操作时要卷起长袖，随时将泥块放在泥工板上，以免弄脏桌子。

下面请同学们分享三个泥工活动案例，让我们走近泥工教育活动。

### 活动一　泥巴真好玩（小班）

【活动目标】

感知橡皮泥的可塑性；学习橡皮泥的捏制方法。

【活动准备】

橡皮泥、泥工板，蛋糕、饼干、饺子、黄瓜、茄子、西红柿等实物或照片，牙签、小木棍等辅助材料。

【活动过程】

1. 创作引导

邀请一名幼儿到娃娃家做客，请其他幼儿一起准备蛋糕、饼干、饺子、黄瓜、西红柿、茄子等招待客人。

2. 制作指导

1）捏泥体验。教师给每组幼儿提供实物或照片，作为泥塑的范例。巡回指导时鼓励幼儿自由地玩橡皮泥，尝试运用辅助材料，自由选择小组进行创作。

2）蔬菜组：让幼儿先将橡皮泥搓成长圆形或圆形做茄身、西红柿身，再搓个圆形并压扁当茄子蒂或西红柿蒂，粘在圆形的西红柿或长圆形茄子上。

3）点心组：引导幼儿探索运用搓圆再压扁的方法，捏制饼干、蛋糕，再借助辅助材料装饰美化。

3. 展示应用

将幼儿捏好的作品送到娃娃家，丰富娃娃家的玩具，并请小客人品尝。幼儿之间可互相欣赏作品，体验成功的快乐。

【活动延伸】

在区域中继续投放泥工材料，满足幼儿探索的愿望。

### 活动二　可爱的小动物（中班）

【活动目标】

根据动物的基本特征，按比例分泥，用泥塑造自己喜欢的动物形象。

【活动准备】

组织幼儿到动物园观赏动物或看录像，激发幼儿热爱小动物的情感，了解各种动物的外形特征；彩色橡皮泥、泥工板、小刀、牙签、辅助材料。

【活动过程】

1. 创作引导

请幼儿欣赏收集的各种动物玩具及图片，引导幼儿边玩边讨论动物的外形特征，说说自己喜欢什么动物，引导幼儿发现多数小动物的头是圆形的。

2. 制作指导

让幼儿每人选一个动物玩具或图片，引导幼儿先观察动物的身体分几部分，然后把泥分成大小不同的几块，根据动物的身体各部分的形状塑造小动物。提醒幼儿利用辅助材料使动物更形象。如：狮子头上的毛用牙签插成，公鸡的尾巴用真实的羽毛替代等。

3. 展示应用

将幼儿的作品布置成"可爱的动物园"，请幼儿互相参观、欣赏、评价，再请幼儿当解说员，讲给前来参观的弟弟妹妹听。

【活动延伸】

在区角活动中，教师为幼儿提供橡皮泥及辅助材料，幼儿自由创作。

## 活动三　小小艺术家（大班）

【活动目标】

尝试用搓、捏、推、压、切等方法用彩泥塑造多种物体形象，体验合作的乐趣与成功。

【活动准备】

彩泥（或面泥）、泥工板、辅助工具、木签。

【活动过程】

1. 创作引导

教师请幼儿欣赏彩泥作品，说说这些泥塑好看吗？你喜欢这些泥塑吗？你们喜欢玩泥吗？你捏过什么？

2. 示范讲解

请小朋友观察：

1）指偶：搓一个大小合适的泥球套到自己的手指上，用另一只手将泥球捏成猫头的形状，用木签刻出眼睛和鼻孔，剪一小块布粘到小猫脖子上。观察后说说这个指偶是怎么做的。

2）小泥人：把橡皮泥搓成一个圆球做头，在上面画或粘出五官，再捏出各种形象（长方体、三角体、圆锥体），画上自己喜欢的图案，用竹棍串起来。请幼儿说说这个小人儿是怎么做出来的。

3. 制作指导

教师："你想做什么？（鼓励幼儿大胆想象，如《西游记》人物、《喜羊羊与灰太狼》人物等）你要用什么材料？材料在哪里？"

教师鼓励幼儿自己分组，研究合作方式。

巡回指导幼儿，允许一些幼儿模仿范例制作。

4. 展示交流

1）玩一玩，演一演。对完成群塑的小组成员让其借助自己的作品，想象人物对话，进行表演，享受欢乐。

2）对幼儿的泥塑作品给予积极的肯定，鼓励幼儿大胆创新。

**【活动延伸】**

在区角活动中幼儿继续自己喜欢的泥工活动。

### （三）废旧物制作活动的设计、指导及案例

废旧物制作的材料大都是日常生活中的物品和自然物。在制作过程中，除引导幼儿学习必要的造型技能外，重点要引导幼儿对材料进行想象，即启发幼儿思考：这些材料可以制作什么形象，即"因材施艺"，或者引导幼儿就自己的设想来选择合适的材料，即"因意选材"，培养儿童的想象力、创造力。

下面请同学们分享两个活动案例，探讨活动的特点及对你的启示。

## 活动一　小小艺术家（中班）

**【活动目标】**

尝试用不同颜色、形状的树叶搭配来创作不同的形象。

**【活动准备】**

1）图画纸、颜料、剪刀、浆糊、抹布。

2）教师与幼儿一起到户外收集各种树叶，回来后指导幼儿将树叶用水洗干净，擦干、压平。在幼儿洗树叶的过程中，引导幼儿观察、感知树叶的形状、颜色、边缘、叶脉等异同之处，分类放在盒子里。

3）了解有关落叶树和常绿树的知识。

4）《秋日私语》背景音乐；《秋天多么美》歌曲磁带。

5）树叶粘贴画、印画五幅；图片若干。

**【活动过程】**

1. 创作引导

1）出示不同的树叶，引导幼儿联想、思考、议论，每种树叶与什么东西相似？（柳树叶像眉毛，还像热带鱼、银龙鱼；杨树叶像小丑鱼，枫树叶像金鱼的尾巴，还像章鱼，还像珊瑚。）

2）请幼儿欣赏几种树叶作品，树叶贴画、树叶印画、树叶项链等，启发幼儿想一想树叶还能做什么？

3）请幼儿欣赏教师收集的资料图片，激发幼儿的审美情趣。

4）交代任务：你想用树叶做什么？

2. 制作指导

请幼儿根据自己的意愿选择小组操作。

1）在纸上先用树叶拼摆各种造型，确定主题。

2）树叶粘贴要将少许浆糊涂在树叶背后，将拼摆好的图画粘贴好，用手轻轻压一下，并添画细节和周围景物；串树叶项链要注意颜色搭配，并按一定的规律串。

3）树叶印画要将树叶蘸上颜色，颜色不要蘸得太多，轻轻印在纸上，然后用手压一下。

3. 展示与应用

1）制作粘贴的小朋友展示作品，互相欣赏。

2）制作项链的小朋友自己戴或送给老师、小朋友戴，分享成果。

【活动延伸】

教师和幼儿收集更多的树叶，放在活动区，供幼儿随时根据自己的想象进行美术创作。

### 活动二　瓶瓶罐罐巧打扮（大班）

【活动目标】

尝试利用废旧瓶罐，加工制作小玩具。

【活动准备】

教师和幼儿共同收集各种废旧瓶罐，如饮料瓶、药瓶、化妆品瓶等；各种质地的彩纸、吹塑纸、手工纸；包装用的丝绳、丝带、绸带；剪刀、双面胶、胶棒。

【活动过程】

1. 创作引导

1）请幼儿欣赏用废旧瓶罐制成的小玩具、小工艺品，引起幼儿动手制作的兴趣。

2）研究讨论制作的步骤、方法。教师将幼儿分成若干小组，每组集体讨论：选择哪一种瓶子？利用哪些辅助材料？想制作哪一种玩具或工艺品？教师参与到幼儿的讨论之中，给予幼儿一些合理化的建议，鼓励幼儿之间商量合作，达成一致意见。

2. 制作指导

教师给幼儿提供充足的材料，幼儿自愿结组，根据想象利用多种方法制作，教师随机指导。方法一：选定一个瓶子，观察其外形像什么，如洗发精瓶子倒立像人的头部，平放像一只小猪的身体等。然后用剪、撕、粘的方法进行装饰。方法二：先选一张与瓶子大小相等的纸设计出自己喜欢的图案，如人物、动物、火箭等，剪下来围着瓶子粘牢，再局部设计加工，如粘上眼睛、花纹等。

3. 展示交流

将幼儿的作品摆放到窗前或活动区中，美化活动室环境，也可投放于角色游戏区域，供幼儿游戏时用。

【活动延伸】

在活动区投放更多的瓶子及各种材料，让幼儿随时摆弄、探索，大胆地把自己的设想制作出来，发展幼儿的创造力和动手能力。

## 三、美术欣赏活动设计与指导案例

幼儿美术欣赏包括绘画、手工、雕塑、建筑艺术、民间美术、自然环境等多方面内容。无论何种类型的作品，教师均可从作品的内容和形式两方面指导幼儿进行欣赏。下面给同学们提供两个个设计范例，请你们运用教学理论，尝试分析它们的活动结构。

### 活动一　欣赏国画：徐悲鸿的《奔马》（大班）

【活动目标】
1）欣赏作品中奔马的动态、形体，以及它们的激昂情绪，感觉奔马的气势和力度。
2）激发幼儿用体态、动作表现美的欲望，培养良好的审美情趣。

【活动准备】
音乐《赛马》、《牧民新歌》；录像片《群马奔腾》；徐悲鸿作品图片《奔马》。

【活动过程】

1. 作品描述环节

1）看录像《群马奔腾》，配上《赛马》的音乐。
教师提问："你喜欢马吗？为什么？"
2）以故事的形式简述徐悲鸿先生爱马、观察马、画马的故事。
3）出示作品《奔马》。教师提问："你看到了什么？""画面上的马在干什么？它在哪儿奔跑？"

2. 形式分析环节

1）你从什么地方看出马儿在跑呢？（启发幼儿对马的不同线条进行描述）
2）你觉得这些马的体魄怎样？什么地方可以让你感觉马很强壮？（肌肉的分布、结构）

3. 阐释意义环节

1）这些马和我们看到的给人骑的马有什么不同？（引出野马奔放、自由的心情）
2）它们狂奔的心情会是怎样的？配上《赛马》的音乐，整体感受作品的力量。
3）教师小结："今天我们看到画家徐悲鸿的《奔马》，这是一群非常健壮的野马，我们可以看到它们的自由、欢快、悠闲，有一股强大的力量，特别是在草原上奔驰时，让人感动、让人兴奋，真是太美了，你们想不想学一学小马在草原上奔驰、欢笑呢？"

4. 作品评价环节

跟音乐表现马的欢腾，同时放录像，渲染气氛。

### 活动二　民间美术欣赏：花灯（大班）

【活动目标】
1）感受花灯外观造型、结构、色彩、图案的美，了解花灯的象征意义。
2）尝试学习制作花灯，表现对民族艺术的情感。

【活动准备】
1）请家长带幼儿逛灯会，帮助幼儿感受节日的气氛，积累有关花灯的表象。
2）教师和幼儿一起收集各种花灯，布置"灯展"。

3）请民间艺人来园做现场扎花灯表演。

4）半成品花灯骨架、各色纸。

【活动过程】

1.作品描述环节

引导幼儿参观自己班上的"灯展"，说一说自己看到了什么灯。

2.形式分析环节

引导幼儿欣赏花灯别致的外观造型、色彩、图案和精美的工艺。

3.阐释意义环节

1）你最喜欢哪只灯？为什么？

2）引导幼儿欣赏龙灯：龙是中华民族的象征，龙灯造型生动，精致华美，历经千年，代代相传，一直是灯会的主角。

4.品评价环节

1）引导幼儿评价花灯之美，表达自己的感受。

2）请民间艺人现场制作表演，学习花灯的制作。

请艺人表演扎兔子灯，让幼儿知道花灯要先用竹篾扎成兔子的骨架，然后裱糊白纸，用彩色纸进行美化装饰，最后装上可以滚动的轮子，安上蜡烛。

3）让幼儿分组合作，在提供的花灯骨架上进行美化装饰。

本章思考题

1.幼儿绘画教育活动包括哪些内容？

2.观察画、情节画、装饰画的指导重点是什么？

3.幼儿手工教育活动包括哪些内容？

4.纸工、泥工、废旧物制作活动中的重点技能分别是什么？

5.幼儿美术欣赏包括哪些内容？主要运用哪种方法进行欣赏？

6.设计幼儿园绘画、手工、欣赏教育活动各一个，按规范格式书写。

# 第九章
# 国内外著名学前教育活动设计

国内外幼儿园课程模式的发展经历了多个时期和阶段，出现了许多的课程类型，具有代表性的课程模式包括西方国家的蒙台梭利教育方案、福禄贝尔课程、瑞吉欧教育体系课程、感觉统合训练课程、奥尔夫音乐课程、加德纳多元智能教育；中国的陈鹤琴的五指活动课程、陶行知的教学做合一课程等。这些课程目前仍然对学前教育领域的理论与实践研究有着重要的影响，对研究和发展幼儿园教育活动的设计有一定的启迪作用。本章将就国内外较为重要的幼儿园课程的设计作展开性研究。

## 第一节 ┃ 福禄贝尔的教育思想与活动设计

弗里德里奇·福禄贝尔（Friedrich Wilhelm Froebel，1782～1852）是德国著名的教育家、哲学家，近代学前教育理论的奠基人，创建了世界上第一所幼儿园，被誉为幼儿教育之父。福禄贝尔受裴斯泰洛齐、卢梭、夸美纽斯教育思想和费希特、谢林、克劳泽哲学思想的影响，其教育理论体系既强调了人的发展和教育适应自然的观点，又体现了万物有神论并带有宗教神秘主义的色彩。

### 一、幼儿园的作用与任务

福禄贝尔认为家庭和母亲在早期教育中占有重要地位，但许多母亲没有充足的时间和能力教育子女。因此，有必要建立公共的幼儿教育机构来弥补家庭教育的缺陷。福禄贝尔指出，他创建的幼儿园"并不是一所学校，在其中的儿童不是受教育者，而是发展者"，他把自己的学校称为"幼儿的花园"，他认为幼儿是在生长发芽的种子，教师是细心的有知识的园丁。

福禄贝尔认为儿童的发展主要是通过自我活动和发现的过程来实现，因为儿童的体内存在着巨大的发展潜能，这些潜能包括艺术本能、活动本能、创造本能和宗教的本能。作为儿童内在的生命力量，这些本能是儿童发展的依据和前提，也是教育得以实施的土壤。因此，在福禄贝尔的幼儿园里，必须拥有一个供游戏用的宽敞而明亮的大房间，并与一个花园相连。其基本的教育任务是幼儿园教师通过直观的方法使幼儿参加与其天性相适应的各种必要活动，带领他们到花园、树林里做游戏，增强他们的体质，在活动中引导他们进行观察，训练他们的感官，促进儿童的自我活动和内在本质力量的发展，发掘儿童内在的生命潜力，使儿童在游戏、娱乐和天真活泼的活动中，发展其各种本能，做好升入小学的准备。

## 二、教育必须适应自然

福禄贝尔认为，从儿童刚诞生起，就必须按照儿童的本性去理解他们和正确对待他们，让他们自由地和全面地运用自身的能力，不能违反他们的本性而把成人的形式和使命强加于他们。因此，福禄贝尔强调："一切专断的、指示性的、绝对的和干预的训练、教育和教学必然地起着毁灭的、阻碍的、破坏的作用。"他以园丁修剪葡萄藤为例，指出在葡萄藤确实应当修剪时，如果园丁在修剪中不是十分耐心地、小心地顺应葡萄树本性的话，不管园丁出自多么良好的意图，葡萄藤也可能由于修剪不当而被彻底毁灭，至少它的肥力和结果的能力将被破坏。福禄贝尔还认为，尽管在每一个人身上包含并体现着整个人性，但它在每个人身上是以完全固有的、特殊的、个人的、独一无二的方式得到表现和塑造的。因此，从儿童刚诞生起，就必须重视儿童的个性及个性发展，而不能把他们当做一个模拟出来的、没有个性差异的复制品，当做某一先辈模样的铸件。总之，只有在人的天性不受到干扰而自然地发展以及人的个性发展也受到重视的情况下，真正的、正确的人的教育和人的培育才能发展成熟，才能开花结果。

## 三、创制了恩物

为了更好地引导幼儿认识自然、扩大知识和发展能力，福禄贝尔在幼儿园教育实践中，第一次将游戏列入课程中，根据儿童的发展特点和规律于1836年创设了一套供他们进行游戏和其他活动使用的活动玩具，称之为"恩物"，用来发展儿童的认识和创造性，并练习手的活动技能。"恩物"就是"上帝恩赐的礼物"，也可以看做是成人赠予儿童的心爱的礼物。从上帝是万物的统一体的原理以及球体法则出发，福禄贝尔创制的这套"恩物"的基本形状是圆球、立方体和圆柱体。这套活动玩具与儿童天性的发展相适应，适合幼儿教育的要求，仿照大自然的性质、形状和法则，体现了从简单到复杂、从统一到多样的原则，可作为幼儿认识万物的初步手段。"恩物"共有12种，其中10种是游戏性恩物，2种是作业性恩物。在以后的福禄贝尔运动中，福禄贝尔主义者把福禄贝尔创制的恩物扩大为20种，并分成游戏恩物（第1～10种）和作业恩物（第11～20种）两类。

**【阅读链接】**

### 中班关于浮力的学习

对于浮力这个较深奥的概念，幼儿有着怎样的原始认识？要回答这个问题，就必须对这个实验做比较深入的分析。下面就开始做详细描述，以下是具体研究方案及实施过程：

1. 施测材料与设备

透明矿泉水塑料瓶2个，容积分别为550mL和380mL，扁圆形小木珠1个，一角钱硬币1个，小木棍1根，约20cm，带细绳的磁铁1个，带细绳的回形针1个，形状、大小相似的小木块和小砖块，装盐水的眼药水瓶（厚度、长度与木块、砖块相似），用于盛水的透明小塑料桶、铁丝等。

2. 实施过程及结果分析

本研究的实施包括两大部分：问题解决和对沉浮的不同情景的探究。

（1）问题解决

设置问题解决主要是为了了解幼儿对于浮力的原始认知的程度，也可以发现幼儿利用浮力的原理解决相关问题的能力。

首先将550mL的矿泉水瓶灌满水。让中班小朋友确认一角钱的硬币和扁圆形的木珠。其次拿出空的380mL的矿泉水瓶，将硬币和小木珠放入瓶中，让小朋友想办法把小木珠和硬币拿出来，前提条件是不能斜着或者倒立过来，让小朋友各抒己见。最后在适当的时候给他们提供磁铁、回形针、小木棍、盛了水的矿泉水瓶等工具，让他们充分发挥自己处理问题的能力。

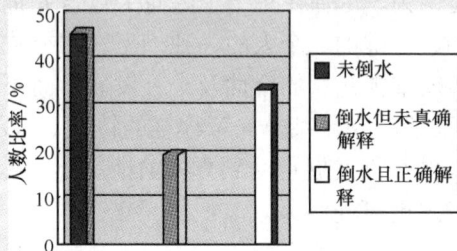

图9-1　浮力实验结果

在这个情景中，只能将大矿泉水瓶中的水倒入小矿泉水瓶，才能将木珠取出，只要做出类似于"木珠在水里要浮起来"的解释，则视为正确解释。在使用了水的幼儿中，有些做出了正确解释，有些回答不出来或者回答不合理。实验者将他们的情况按相对比例进行统计，结果见图9-1。

（2）对沉浮的不同情景的探究

作这一研究，主要是为了获取幼儿对浮力这个概念性比较强的理论的原始认识。

首先呈现木块漂浮的情景，让小朋友回答浮沉的问题，这里不直接指向"浮力"这个概念，希望能通过引导，开发出小朋友对于整体信息的把握。其次是呈现砖块深入水底的情景，基本上重复"浮"情景的步骤，询问小朋友沉在水底的硬币为什么没有浮上来，有没有借助水，如果有回答"有"的声音，则继续追问，适当提点。如果小朋友进入思考状态，则继续询问，若没有，则进入悬浮情景。最后的悬浮情景是保持物体既没有浮在水面也没有接触底部的状态，使用的道具是盛着盐水的眼药水瓶。这一情景测验也是第一个情景的步骤，询问，追问，最后引导解答。

在"漂浮"的各个情景中，中班幼儿81.25%的回答是围绕物体本身的，只有6.25%的回答是围绕水。他们主要是从物体性质这个方向来解释"浮"的原因。总体上看，幼儿最倾向于提供的解释是"水量"、"物体的大小"、"物体的轻重"，这几类解释占总数的16%左右，其中有1名幼儿在解释"浮"的情景时，将原因归为木块具有"浮性"（见图9-2），即能够浮的性质，可见大部分幼儿对于"浮"的原因的回答已经有了一定的方向，开始考虑用物体的性质和水的多少来解释。

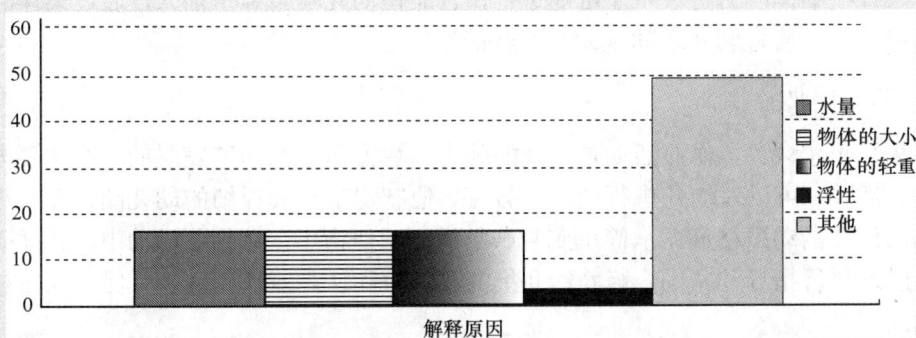

图 9-2 "漂浮"原因的解释情况

（3）幼儿对于浮力的绘画描述

24名中班组幼儿较清楚地表现出三个物体在水中的情况，其中13名将各物体在水中的位置较清晰且正确地呈现出来，另外有 5 名只画了两个物体，位置关系不明确，其他小朋友的画则或多或少地与实际情景有些差距。例如：有些小朋友以一个小故事的情景正确地、清晰地将物体在水中的位置表达了出来（见图9-3）。

图 9-3 幼儿对浮力的绘画描述

（资料来源：http://wenku.baidu.com/view/7e4baeff0242a8956bece468.html.）

## 四、强调游戏和作业在幼儿园教育中的地位和作用

### （一）游戏

福禄贝尔认为，随着幼儿期的到来，儿童进一步运用他们的身体、感官和四肢，并力求寻找内部和外部两者的统一，应当通过游戏来实现。因此，游戏就是幼儿生活的一个要素，它既是儿童内在本质的自发表现，又是内在本质出于其本身的必要性和需要的外在表现。可以说，游戏是儿童内部需要和冲动的表现。游戏作为儿童最独特的自发活动，成为幼儿教育过程的基础。一个游戏着的儿童，一直全神贯注地沉醉于游戏中的儿童，正是幼儿期儿童生活最美好的表现。从某种意义上说，幼儿园应当是幼儿游戏的乐园。福禄贝尔强调集体性的游戏在幼儿园教育中的重要性。他认为，许多最有趣味的游

戏,只有在集体性的游戏中才可能进行,它能使幼儿学会尊重别人,通过集体的游戏获得愉快,从而培育幼儿之间友爱和信赖的感情。

## (二)作业

福禄贝尔认为,作业活动是幼儿的体力、智力和道德和谐发展的一个主要方面。通过作业活动,可以对幼儿进行初步的教育。他制定了一套详细的幼儿园作业大纲,要求幼儿的作业活动严格遵循从简单到复杂的原则。他指出,在作业活动中,教师应当对幼儿及时地进行指导和帮助,培养幼儿集中注意力和认真制作的习惯,促使表现和创造能力的发展。

福禄贝尔设计的作业是"恩物"的延伸,就是给幼儿设计的各种活动。在作业活动中,他们运用的材料是纸、沙、黏土、竹、木、铅笔、颜色盒、剪刀、糨糊等。通过这些作业活动,幼儿可以得到完善的发展。在作业活动中,教师应当对幼儿及时进行指导和帮助,培养他们集中注意力和认真制作的习惯,促使他们的表现和创造能力的发展。

【阅读链接】

### 以恩物为材料设计的活动

1. 模仿

将恩物比作世界上球形的物体,可以通过让恩物的运动来模仿这些物体的运动。例如,模仿水果(红色的球像一个苹果,橘黄色的球像一个橘子)、运动器材(棒球、篮球、足球)、弹子球、线团、气球等及它们的运动,还可以模仿洗水果、搓圆子等操作动作。

2. 数概念

从1~6的关于数的活动,形式可以自定。

3. 颜色

关于红、橙、黄、绿、蓝、紫这6种颜色的活动,形式可以自定。

4. 组合

将不同颜色的球放在一起,可组成多种形体。

球体可以运动,从而引进许多相关经验,如方位(上下、左右、这儿、那儿等)、运动形式(滚动、摇晃、旋转、跳动等),见下图。

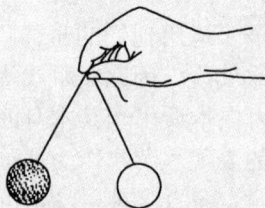

(1)那儿(实心球) 这儿(空心球)　　　(2)这儿(空心球) 那儿(实心球)

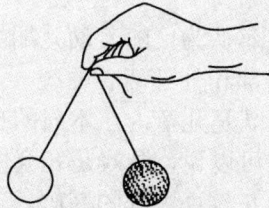

(资料来源:朱家雄. 幼儿园教育活动与实施. 北京:高等教育出版社,2008.)

## 五、评价

福禄贝尔是近代学前教育理论的重要奠基人，幼儿园的创始人。他首创幼儿社会教育的重要形式之一——幼儿园，并组织了训练幼儿园教师的工作。他在幼儿园实践及长期研究的基础上，创立了幼儿教育学，使它成为教育理论中的一个独立学科。福禄贝尔确定的游戏和作业成为幼儿教育的重要活动形式，他的"恩物"作为幼儿玩具被广泛采用，成为幼儿园不可缺少的设备。在这些方面，福禄贝尔对于后世的影响是久远的。直到现在，其幼儿教育思想中的合理因素仍为许多国家的幼儿教育工作者所采用。

福禄贝尔课程模式经历了一百多年的时间演变，成为当前幼儿园课程的主要模式之一。福禄贝尔反对强烈性教育，重视儿童的积极活动，强调发展其创造性，这是正确的。他重视游戏对儿童的教育作用，提倡手工和劳动，对于 19 世纪下半期资本主义国家的初等教育有一定的影响。

# 第二节　蒙台梭利的教育思想与活动设计

玛丽亚·蒙台梭利（Maria Montessori，1870~1952）是意大利第一位女医学博士，被誉为在世界幼儿教育史上自福禄贝尔以来影响最大的教育家，是世界上第一位也是唯一一位因为幼教事业而获得诺贝尔奖提名的人。蒙台梭利深受福禄贝尔、卢梭等人的影响，遵循自然主义教育思想，并在教育实践中形成了自己的思想和教育实践体系。

## 一、蒙台梭利的儿童观

蒙台梭利在《童年的秘密》中指出："存在一种神秘的力量，它给新生儿孤弱的躯体一种活力，使他能够生长，教他说话，进而使他完善，那我们可以把儿童心理和生理的发展说成是一种'实体化'。"在蒙台梭利看来，从心理学的角度分析，儿童在出生时内心一片空白，所具备的各种能力都是通过环境获得的，儿童的心理能力和思维的发展都是在天然地主动地吸收外界信息的基础上，形成信息的积累，最终形成心理胚胎，使得心理开始萌芽、发展、成熟，儿童的这种主动吸收外界信息刺激，获取知识和经验的能力，被称之为"吸收性心智"，也称之为"吸收力的心智"。蒙台梭利还就"吸收性心智"与教育的方式进行了研究。她认为，在各个物种甚至昆虫中，都存在着一种无意识心理，它驱使生物主动地吸收外界的养料，以满足自己生长的需要，儿童亦不例外。受生命潜能的驱使，所有儿童天生具有一种"吸收"文化的心理。

蒙台梭利认为，生命力不仅通过自发活动呈现和发展，还表现为幼儿的心理发展中会出现各种"敏感期"。她说："正是这种敏感期，使儿童用一种特有的强烈程度去接触外部世界。在这个时期，他们对每样事情都易学会，对一切充满了活力和激情。"而人的智力发展正是建立在幼儿敏感期所打下的基础上的。例如，儿童对颜色、声音、触摸等的敏感期在 2~4 岁，而行为规范的敏感期则在 2~6 岁。儿童发展过程中的关键期不是割裂开的，而是多个关键期交叉出现的，儿童在敏感期和对应操作活动与练习过程中，逐渐形成自己的个性。因此，如果忽视了敏感期的训练，就会产生难以弥补的损失。蒙台梭利认为，每个个体儿童有不同的发展节律，教育必须与敏感期相符合，应以不同的教育去适应不同的节律，即要实施个别化教学，让儿童根据自己的需要进行活动，因此，儿童的自由成为了教育的关键。

在蒙台梭利教育体系中，自由、作业和秩序是蒙台梭利为儿童营造的三根主要支柱。蒙台梭利认为，自由不仅能使儿童的需要得到满足，而且还能使作业符合儿童的兴趣，使之专心于作业，从而达成良好的秩序。自由、作业和秩序是通过作业而协调统一起来的，而以自由和作业为基础建立起来的秩序，明显不同于以常规压制和命令训练而产生的服从。

在蒙台梭利看来，幼儿身体内含有生气勃勃的冲动力。正是这种本能的自发冲动，赋予他积极的生命力，促使他不断发展。一是主导本能，这种本能对处在生命初创时期的婴儿提供指导和保护，甚至决定物种的生存。二是工作本能，这是人的基本特征。幼儿正是通过不断的工作在进行创造，使他自己得到充分的满足，并形成自己的人格。它既能使人类更新，又能完善人类的环境。

在心理方面，幼儿心理发展既有一定的进程，又有隐藏的特点。蒙台梭利认为，幼儿是一个"精神（心理）的胚胎"。因为每一个婴儿都有一种创制本能，一种积极的潜力，能依靠他的环境，构筑一个精神世界，所以，幼儿不仅作为一种肉体存在，更作为一种精神存在，而且每个幼儿的精神也各不相同，各有自己的创造性的精神。

蒙台梭利强调指出，应该注意幼儿的心理发展和生理发展之间的密切关系。她说："如果心理的压抑会影响新陈代谢，并因此降低一个人的活力的话，那可以肯定，相反的情况也会发生，富有刺激的心理体验能够增加新陈代谢的速度，并因而促进一个人的身体健康。"

## 二、蒙台梭利课程模式的教育目标、内容

### （一）目标

蒙台梭利教育方案的目标是帮助儿童形成健全的人格，并通过培养具有健全人格的儿童，建设理想的和平社会。蒙台梭利认为，每一个儿童都具备自我发展并形成健全人格的生命力，但这只是一种发展的可能性，儿童发展的状况要看他们"会吸收的大脑"吸收环境的情况。因此，为了使儿童得到良好的发展，教育者头脑中要有一个理想的儿童形象作为教育的目标。可见，蒙台梭利把教育者头脑中应该具有的关于儿童发展的理想形象——具有健全人格的儿童作为教育应该追求的目标。

综上所述，蒙台梭利教育方案的目标可以归结为两个方面：其一是帮助儿童形成健全人格——创造新人类；其二是通过培养具有健全人格的儿童建设理想的和平社会——创建新社会。二者是相互依存、相辅相成的，需要经过长期的教育而逐渐形成。前者是直接目标，后者是最终目标。教育就是对这二者的长期的、持续不断的追求，教育的目标就是创造新人类和创建新社会二者完美的结合。

（二）内容

蒙台梭利教育方案的内容主要包括主题教育活动和区域教育活动两大方面。主题教育活动主要是指教师和幼儿一起在用红黄等色的标志线围成的圆圈中进行的团体教育活动。主题教育活动的内容丰富多彩，可以根据幼儿发展的情况、儿童周围环境变化的情况，特别是自然界和社会变化的情况，进行多种安排。主题教育活动的方式和手段多种多样，可以通过语言活动、身体活动来进行，也可以通过艺术创造或外出参观访问等多种活动来进行。

区域教育活动可以理解为分组教育活动——不同的区域自然地将幼儿的活动分成不同的活动小组；也可以理解为个别教育活动——每个幼儿都可以自由地选择活动区域及区域中的活动材料。需要指出的是，由于蒙台梭利强调应该让幼儿在"有准备的环境"中通过和环境相互作用得到发展，因此她的区域教育活动遵循一个重要的原则，即将所有区域教育活动的内容都"物化"为符合幼儿特点的活动对象，让幼儿在和环境的相互作用中获得心理的发展。蒙台梭利的区域教育活动内容主要分为日常生活训练、感官教育、数学教育、语言教育、文化科学教育、历史地理教育和艺术表现几个方面。

蒙台梭利从不认为教育活动内容仅仅局限于室内，室外教育如大肌肉活动、幼儿园外的各种交往，以及在交往中学习和发展的活动等，都是蒙台梭利教育内容的重要组成部分。

蒙台梭利将肌肉训练看做有助于儿童的发育和健康，有助于儿童动作的灵活和协调，也有助于儿童意志的锻炼和合作精神的培养的活动。蒙台梭利设计了专门的器具，如攀登架、绳梯、跳板、摇椅等，用作对儿童的肌肉训练。蒙台梭利还设计了有音乐伴奏的走步、跑步和跳跃练习以及徒手操，用以锻炼儿童的肌肉力量，发展儿童的节奏感。此外，蒙台梭利还通过儿童的自由游戏，让其在玩球、铁环、棍棒、手推车等的过程中得到肌肉的锻炼。

三、蒙台梭利的教师观

在蒙台梭利学校中，教师扮演的角色首先是观察者。蒙台梭利把教师称作"指导员"。应用她的方法，教师教得少而观察得多；教师的作用在于引导儿童的心理活动和他们的身体发展。蒙台梭利认为，教师的观察应着眼于儿童的成熟程度，通过对每个儿童不同刺激引起注意的时间长短的观察做出判断。当然，观察不是最终目的，观察为的是对儿童进行引导，在必要时及时给以指导或适当的刺激，为的是给儿童提供活动的环境和作业的教具，让儿童通过自己的作业，达成自我的发展。

在蒙台梭利学校中，教师的作用还体现在为儿童提供榜样。由于在活动中教师很少对儿童直接传授知识，教师的榜样就显得格外重要。教师的榜样作用需要教师的自我完善，其中最有价值的就是对儿童的爱、对儿童的期望，以及由此而产生的对儿童教育事业的献身精神。

四、蒙台梭利教育法

蒙台梭利教育法是世界著名的幼教模式之一，由意大利著名教育家蒙台梭利创立。该教育法自 20 世纪产生以来直至今日，在世界范围内产生了广泛的影响。中国引进蒙台梭利教育法的时间虽然较短，但是国人对于蒙氏教法推广的热情极高，已有众多蒙氏幼儿园或蒙氏班。

蒙台梭利教育法以培养儿童健全的人格为目标，主张让儿童处在"有准备的环境"之中，通过"工作"的方式，自由、自主地发展。儿童、教师、环境和教具构成了蒙氏教法的四要素，这四要素的有机结合是蒙氏教法得以成功的关键所在。同时，特别强调三段教学法的应用。

### （一）三段式教学法

蒙台梭利的三段式教学法是蒙氏教学中经常使用的方法，它是根据"特殊教育之父"塞根的名称练习三阶段而来的。这种方法简洁明确，用它来教幼儿认识名称，可以避免幼儿产生混淆和挫折感。

名称的学习如果能配合具体实物的操作，会有更好的效果。因此，在蒙台梭利的三阶段教学法中，成人应配合使用具体的刺激物（实物）来进行名称教学。通常，我们同时表示两种不同的刺激物，能带给幼儿最佳的学习效果。因为，当幼儿看见两个不同的实物时，会努力去辨别两者的差异，所以有助于记忆的累积，相反，如果只有一个刺激物，由于没有辨别异同的需要，会影响记忆的累积。但是如果同时呈现三个刺激物，却又负担过重，使得学习效果不如两个刺激物恰到好处。

蒙台梭利的三段式教学法包括命名、辨别、发音三个阶段。第一阶段：命名。命名是老师将物品的名称一一告诉儿童，并让儿童复述。这是由物到名称的阶段。例如在学习家具名称时，教师先将床、书柜、电视柜等实物或图片放在儿童面前，告诉儿童"这是床"、"这是书柜"等，告诉儿童三种家具的名称分别是什么，同时让儿童进行复述，以加深印象。这是老师对实物进行命名。第二阶段：辨别。辨别是老师在命名阶段的基础上，请儿童指出刚刚命名的实物分别在哪，这是由名称到实物的阶段。如："请告诉老师床在哪里？""书柜在哪里？"如果儿童指对了就算通过。或者也可以说："请把那个床拿给老师"。第三阶段：发音。发音是在第二阶段的基础上，老师让儿童对刚刚学过的物品进行唱名，也是事物的确认和辨异。如：老师问："这是什么？"儿童回答："这是床"。假若答不出来，再帮助他反复说到会了为止（这样也同时训练了语言发展）。三个阶段的顺序不能随意改变。

### （二）设计"有准备的环境"

蒙台梭利十分重视环境，认为"在我们的学校中，环境教育儿童。"并认为环境是重要的保育内容，而且保育方法的许多方面亦由环境决定。儿童的吸收性心智使得儿童能够积极主动地从外界获取信息刺激。儿童需要适当的环境才能正常地发展，完善其人格。因此，要为儿童提供有准备的环境，保证儿童从环境中获取积极有益的知识经验，促进自身健康发展。对于有准备的环境，蒙台梭利制定了基本的标准。

1）人数。每个儿童之家的孩子不能超过 25 人，并且主张实行混龄制。3～6 岁儿童占三分之一。

2）秩序。儿童之家的环境必须按照要求，有秩序地摆放教具，同时各种工作的进行也要有秩序地展开。避免出现凌乱、杂乱摆放的教具，禁止违规操作教具，一切都要按照规定执行。此外，环境还要保持一种美的感受，给人以舒适的体验，并且一定要保证安全。

3）自由。蒙台梭利认为"自由和纪律就像一个硬币的两个面，是对立统一的。"在"儿童之家"中，儿童需要遵守各项要求和秩序，但是在这个前提下，儿童的自由是得到足够的保证的，他们可以按照自己的意愿选择自己喜欢的教具和工作，在保证"集体利益优先"的前提下，随意地活动，教师不应对儿童进行过多的干涉，而要给予儿童更多的自我探索和教育的机会。

4）真实与自然。儿童通过工作进行发现和学习，"儿童之家"内的教具需要真实地呈现在儿童面前，它们不是玩具，而是儿童进行工作的"工具"。除了有些工具比例缩小之外，其他的与成人使用的工具没有差别，锅、牙刷等都是真实的生活用品，而不是娃娃家游戏所使用的道具。

然而，多数儿童在一般情况下并不是生活在适当的环境中。儿童天性亲近自然，但是，伴随着文明的发展，自然却距离儿童越来越远了。他们居住在以成人为本位的世界中，身边的一切对他们来说，其规格、重量及形态都是不完全适宜的，难于随心所欲地操作。"有准备的环境"是为了让精神处于胚胎状态的儿童能够顺利成长，将秩序与智慧等精神食粮的环境预备好。

### （三）设计老师的工作

蒙台梭利认为，教育不是教师自上而下地教授，而是协助儿童自下而上地自我发展。正是从这种教师观出发，蒙台梭利把儿童之家的教师称为"导"师而不是"教"师。教师的作用在"儿童之家"中有多种表现，教师通过扮演不同的角色来完成教育任务。在蒙台梭利教育方案中，教师有三个主要任务：一是提供有准备的环境，教师要在儿童工作之前为儿童提供具有安全感、秩序感、美感的有准备的环境；二是标准示范。教学中教师需要将标准的工具操作步骤示范给儿童，引导儿童积极、主动地探究环境、操作环境、发现并解决环境中的问题，让儿童切实成为活动中的主体；三是在观察和了解儿童的基础上，倾听儿童的声音，了解儿童的需要，进行有针对性的指导与帮助，并正确评价儿童的活动。

总之，教师要不断地为儿童提供能够激发其好奇心、求知欲、促进他们向更高水平发展的活动环境和材料，使导师的工作进入"提供环境——进行引导——调整环境——进行引导"的良性循环，从而促进儿童的可持续发展。

### （四）设计工作需要的工具

蒙台梭利将她创造的教具称为"工作材料"。这些工作材料不是教师教学的辅助材料，而是一种辅助儿童生长发展的媒介，是儿童自发工作的操作材料，具有充分的教育意义。蒙台梭利的教具大体可分为四类：生活训练教具、感官教具、学术性教具和文化艺术性教具。蒙台梭利在设计这些工作材料时一般遵循以下原则：其一是困难度孤立原则，即一种工作材料只发展儿童某一个方面的一种具体能力，把儿童学习的重点或难点孤立起来，以确保儿童某一个方面的一种具体能力得到真正有效的发展；其二是自动控制错误原则，即每一种工作材料都可以自动提示儿童操作得正确与否，儿童按照工作材料本身的提示和指引就可以得到应有的学习和发展；其三是顺序操作原则，即每一种工作材料都有作为其准备的另一种工作材料，同时，每一种工作材料又是另一种工作材料的准备，儿童对工作材料的操作应该遵循从简单到复杂、从具体到抽象的原则，即每一种工作材料都应该能够满足儿童内在的发展需求，能够长时间地把儿童的注意力吸引在操作工作材料的活动中。

蒙台梭利把构成其教育方法的三个要素看作彼此间相互联系、相辅相成的整体。在这个整体中，"有准备的环境"是具有根本意义的，而其他两个要素既可以看做蒙台梭利教育方案的构成要件，也可以看做"有准备的环境"的重要成分或内容。

【阅读链接】

## 以数棒为例的三段式教学法

第一阶段：命名："这是……"

老师指第一个刺激物（例如数棒1）说："这是数棒1。"指着第二个刺激物（例如数棒2）说："这是数棒2。"当老师命名其中一个刺激物时，可以把它拿给幼儿，或者请幼儿重复这个名称，但是，不要给幼儿做过多的解释，因为过多的言辞可能使幼儿感到混淆。

第二阶段，练习（辨别）："请给我……"

第二阶段的练习，能够帮助幼儿了解刺激物和名称之间的关联。在这一阶段，刚开始，由于幼儿还不熟悉刺激物的名称，因此，老师可能扮演错误订正的角色，例如当老师说"请给我数棒1"时，老师不妨暗示性地指指数棒1。

在第二阶段中，老师可以借助许多有趣味性的方法，来加深幼儿的印象。例如老师可以请幼儿做：请把数棒1拿给老师，请把数棒1藏在背后，请把数棒2放在膝盖上，请把数棒1举起来，提示的顺序为AB—BA—AB，例如：数棒1—数棒2—数棒1。也就是说，请幼儿拿走数棒1、2后，再提示一次数棒1，然后再换成数棒2，这样的顺序有助于加深幼儿的印象。

第三阶段，评估（发音）："这是什么？"

当确定幼儿能够正确地回答时，请指着第一个刺激物问幼儿："这是什么？"然后指着另一个刺激物问幼儿："这是什么？"万一幼儿回答错误，请不要立即加以纠正，不妨等待更适当的时机（也许隔1~2天），重新开始练习。

（资料来源：蒙特梭利的三段式教学法——如何教幼儿名称. http://www.ssqyey.com/news/news s.asp? id=458.）

## 五、对蒙台梭利课程模式的评价

在世界教育史上，蒙台梭利是真正以优秀教师而闻名的少数教育家之一。蒙台梭利的长处可以粗略地归纳为对儿童的爱、信任和尊重，细致而耐心的观察，机智及时的指导。蒙台梭利课程模式迄今为止仍在世界范围内有相当影响，说明该课程模式有其吸引人之处。例如，蒙台梭利课程模式强调了个别化的学习，特别是蒙台梭利设计的教具使个别化教学的实施成为行之有效的手段；又如，蒙台梭利课程模式强调儿童主动学习和自我纠正，能使儿童身心的内在潜能得到充分的发展。

蒙台梭利的教育体系决定了蒙台梭利教学法带有相当程度的机械的和形式化的色彩，该课程模式中教师的作用是比较被动和消极的，这不利于发挥教师的主导作用。此外，还有人批评该课程模式偏重智力训练而忽视情感陶冶和社会化过程。

蒙台梭利教育方案不重视课程评价，也没有明确地对课程评价进行定义，这与蒙台梭利的教育方案的操作过程有一定的关系。在蒙台梭利教育方案中，儿童的学习主要是通过对"有准备的环境"中教具的操作进行，而教具具有自我矫正的功能，儿童可以进行自我教育。教师的评价主要是为了鼓励和引导儿童的活动，并通过不断调整教育材料，促进儿童的良好发展。

# 第三节 | 瑞吉欧的教育思想与活动设计

瑞吉欧·艾米利亚（Reggio Emilia）是意大利东北部的一座小镇。瑞吉欧幼儿教育在创始人马拉古齐的带领下经历了长期的探索，结合自己的特定文化，尝试运用与借鉴了很多理论，尤其是杜威的进步主义教育理论及皮亚杰的建构主义心理学，从而形成了自己的教育特色，在实践中也取得了令人瞩目的成绩。瑞吉欧教育是继蒙台梭利教育之后意大利又一举世闻名的成就，具有"独特与革新的哲学和课程假设，学校组织方法以及环境设计的原则"，人们称这个综合体为"瑞吉欧·艾米里亚教育取向"，即瑞吉欧教育方案。

## 一、走进儿童心灵的儿童观

在《孩子的一百种语言》一书中，马拉古齐的一首诗《其实有一百》充分表达了这一思想。他说："孩子，是由一百组成的，/孩子有，一百种语言，一百只手，一百个念头，一百种思考方式、游戏方式及说话方式；/还有一百种……/孩子有一百种语言（一百一百再一百），但被偷去九十九种……"。在这首诗中，我们可以体会到他视儿童为一个自己能认识、思考、发现、发明、幻想和表达世界的栩栩如生的孩子；一个是自我成长中的主角的孩子；一个富有巨大潜能的孩子。面对这样的孩子，成人应如何应对？最重要的是要承认"其实有一百"；其次，要以孩子的思维、儿童的立场来看待一切；另外，千万不要压制孩子，应让孩子充分表现其潜能。瑞吉欧教育的成就应该归功于这种"走进儿童心灵"的儿童观。瑞吉欧教育者还提出：当前的背景是幼儿的数量越来越少，几乎没有兄弟姐妹，又生活在充满新的需求的社会环境之中，过早地被卷入成人生活，经常变成一个过度情感投资的对象，幼儿的发展受到束缚。另一方面，现代儿童更健康、更聪明、更具有潜力，更愿学习、更好奇、更敏感，更有随机应变的能力。他们对世界充满兴趣，渴望友谊。为此，瑞吉欧教育者采用弹性课程，以儿童为中心，从儿童的兴趣和需要出发，不让孩子生活在成人的包围之中。在幼儿园中，教师必须尽可能减少介入，切记不可过度介入，"与其牵着儿童的手，倒不如让他们靠自己的双脚站立着"。

## 二、教育观

瑞吉欧学校的教育观是与其儿童观联系在一起的：其教育观直接来自杜威的进步主义教育思想，同时也吸收和借鉴了皮亚杰、维果斯基、加德纳等人的理论思想。瑞吉欧人认为：教育的目标就是要创造一个和谐的环境，发展幼儿的创造力，使幼儿形成完整的人格。在教学方法上，他们反对传统的单向灌输，反对把语言文字作为获取知识的捷径。教育就是要帮助儿童在与情境中的人、事、物相互作用的过程中主动建构知识。教育应以儿童为中心，儿童在教育过程和课程决策上应有发表意见的机会，当然，教师与家长在幼儿教育上也起着重要的作用。

在对待"教"与"学"的关系上，瑞吉欧人更尊重幼儿的"学"，一向是以学定教的。在其主题网络编制的过程中，尽管有教师预设的成分，但主题的开展往往是以幼儿为中心的，幼儿决定主题进行的空间与时间。正如马拉古齐所说："站在旁边等一会儿，留出学习的空间，仔细地观察幼儿在做什么，然后，假如你也能透彻了解，你的教法也许与从前大不相同。瑞吉欧幼教工作者认为，对于儿童的正确理解是一切教育取得成功的关键因素，在儿童的探索活动中，教师应掌握正确的时机，找到正确的方法，适当地介入，协助儿童发现问题，帮助儿童提出问题，而不能过多地介入。

环境是教育中的重要因子。用瑞吉欧人形象的说法即：环境是第三位老师。把环境看做教师，把环境作为教育的"内容"，它包含着丰富的教育信息和资源，对幼儿的学习起着促进、激发的作用。凡是参观过瑞吉欧学校的人都有一个深刻的体会，即瑞吉欧教学的整体空间环境特别吸引人，处处都显示出一种舒适、温暖、愉悦的气氛以及令人感到快乐的情境。瑞吉欧人把环境作为课程设计与实施的要素，在创设的时候，他们遵循着"家庭社区的原则"、"文化折射的原则"、"年龄与发展的原则"、"时间和空间的原则"、"尊重使用者的原则"、"评估更新的原则"，充分地利用每一个空间，校园内没有一处无用的环境。如校门口"会说话"的长廊、分隔为两三个活动空间的教室、孩子们产生点子和想法的"广场"、"档案资料室"、幼儿动手探索的"工作坊"等。校园内的所有墙壁都是会"说话"、可"记录"的，让幼儿能以自己喜欢的形式与小伙伴表达自己的想法、提出自己的问题。

## 三、瑞吉欧教育体系

### （一）教师与学生

在瑞吉欧课程中，教师和学生都是整个教学过程的中心。孩子成为学习的主体，教师不会给孩子灌输现成的知识，而是提供足够的时间、空间和材料，使他们自主地创作和探索。同样教师也是中心，在这个过程中他作为局内人投入了极大的热情和孩子一起工作、思考，但他又扮演一个局外人的角色，始终关注着孩子的状态以及活动的进展情况，适时地、自然地根据孩子的兴趣和发展要求为他们提供各种媒介和帮助，创设问题情境，引发思考，促进主题的深化。教师在局内人与局外人之间幻入幻出，默默地发生着他们的引导作用。所以，教育若没有孩子这个学习的主体，就会走上传统的老路，成为灌输式的教育；反之缺少了教师的支撑、引导，学习过程就可能变成毫无目的、放任自流的玩耍。幼儿的知识是在师生共创的宽松、自由、融洽的活动情境中，通过自身的积极探索和教师有效的指导逐渐建构起来的。

**（二）瑞吉欧课程的组织结构**

在瑞吉欧·艾密莉亚的学前学校中，其课程的组织结构就是幼儿参与的、范畴深入而广泛的方案探索活动，我们称之为方案教学。

所谓方案是指一个或一群孩子针对某个主题所做的探索活动。方案与自发性游戏不同。因为在方案里，幼儿不仅有机会亲自参与经过自己或自己与同伴、自己与教师周密计划的活动，而且幼儿还必须不断尝试进行各种探索活动，努力把自己平时所积累的生活经验及一些技能、技巧运用到方案活动中。而幼儿的自发游戏在持续性及一贯性上可能要比方案活动差，同时自发游戏完全凭幼儿的主观欲望，尽管它在幼儿玩的过程中也能使幼儿有所发展，但其偶发性比较大，更强调其愉悦性。

方案教学法主张由儿童自发地决定学习的目标和内容，在儿童自己设计、自己负责实行的单元活动中获得有关的知识和解决实际问题的能力。它主张废除班级授课制，打破学科界限，强调儿童在活动中的主动性，强调教师的任务在于利用环境引起儿童的学习动机，帮助儿童选择活动的材料，教师是活动的提供者、参与者。

方案教学是以某一主题为核心向四周扩散编制主题网络，制作主题网络程序，然后根据儿童的兴趣、需要让儿童对主题网络中的不同小子题进行探索、研究的教学活动。就教的角度而言，方案教学强调要以合乎人性的方式，积极鼓励儿童与环境中的人、事、物产生有意义的互动；从学的观点来看，方案教学强调儿童主动参与他们的研究方案，以取得第一手资料。而方案的内容或主题，通常要取自儿童所熟悉的生活世界。

**（三）瑞吉欧课程的实施特点**

瑞吉欧课程的组织与实施也同样有着鲜明的特点，通过所谓的"项目活动"或者"项目工作"开展教育活动，学习课程内容，实现教育目标。项目活动是瑞吉欧教学的核心内容，通过项目活动可以展示出瑞吉欧教学的精神内涵、价值追求和教育理念。

项目活动是指这样一种课程组织形式：儿童在教师的支持、帮助和引导下，像研究人员一样，围绕大家感兴趣的生活中的"课题"（"主题"或"题目"）或认识中的"问题"进行研究、探讨，在共同的研究探讨中发现知识、理解意义、构建认识。项目活动主要采取小组活动的方式，有时也有个人或全班集体的活动。瑞吉欧的课程组织与实施过程存在着自己的特色和方法，包括以下几个方面：

1. 弹性计划

"弹性计划"即教师预先制定出总的教育目标，但并不为每一项目或每一活动事先制定具体目标，而是依靠他们对孩子的了解以及以前的经验，对将要发生的事情提出种种假设，依赖这些假设，他们形成灵活的、适宜孩子需要和兴趣的目标。孩子的需要和兴趣既包括在项目中孩子表现出来的，也包括那些在项目发展中由老师推断和引发出来的。"弹性计划"不仅使老师对活动接下来的发展阶段有了充分的准备，而且为儿童的参与，为课程的发展，为那些不期而至的教育契机留下了足够的空间。

在瑞吉欧教学过程中，活动的进行在很大程度上并不依靠开始的计划（假设），而是依靠孩子们的反应和教师灵活的策略。教师根据自己对幼儿细致的观察，从幼儿的反应中敏感地捕捉巨大的学习价值，给予及时而适当的引导。可以说，是幼儿和教师一起创制课程，使课程寓于活动之中，寓于生成之中，寓于师生互动之中。

### 2. 合作教学

在教学方面，瑞吉欧教育突出的特点在于强调师生合作对某一问题进行研究。瑞吉欧人将教学的过程比作教师和儿童在进行乒乓球游戏，教师"必须接住儿童抛过来的球，并以某种形式推挡回给他们，使他们想同我们一起继续游戏，并且在一个更高的水平上继续游戏，或许还能发展出其他游戏"。这种游戏双方的经验水平不对等，但瑞吉欧的教师从不因此试图去控制、限制幼儿的行为，代替幼儿的研究探索；相反，他们非常强调幼儿自己的主动探索和自由表达。因而瑞吉欧的老师们更多的是通过一些试探性的提问或商谈式的建议，来引发幼儿自己的探索和表达。另外，在这种合作的过程中，作为对活动的结果有所期待，有更多自觉性的教师而言，其重要任务之一是将幼儿的兴趣和努力聚集在一个主题之上，使孩子愿意继续下去，要做到这一点，如何把"球推挡回孩子"就很重要了。瑞吉欧的教师不是借助于明确的控制和规范，而是通过教师对幼儿的活动的关心、支持、建议和帮助来实现活动的继续和延展的。

当教师发现孩子的讲述和绘画出现不一致时，不是以直接告诉幼儿的方式"推挡"给幼儿，而是思考能以什么样的方式让孩子自己意识到这种不一致。于是，教师让孩子重听以前小组讨论的录音，再对照自己的绘画进行讨论。教师这种花更多的时间和精力使问题"复杂化"的做法目的在于帮助儿童聚焦于某一个问题，探索、发现自己的问题所在，很快，孩子们就会发现问题，同时找到了解决的方法。这种师生合作研究的方式贯穿、渗透于整个瑞吉欧教育教学活动之中，成为其教学的一个重要特点。

### 3. 档案支持

档案指的是对教育过程及师生共同工作结果的系统记录，包括：儿童自己的视觉表征活动作品以及对儿童工作过程中具体实例的记录，如正在工作的儿童的照片、教师写的旁注、誊写下来的儿童们的争论短评和对于活动意向的解释以及家长的评议等。这种档案并非简单的文字记载，而是以图画、实物、照片、录音、录像、幻灯、文字说明等多种形式表现出来，贯穿项目活动的始终，并在活动结束后延续。档案并不意味着一个最后的报告，文件夹中的作品收集，或者帮助记忆、评价或创造的一个文件；而是儿童、教师交互学习的过程，是他们共同工作的成果。

### 4. 小组工作

瑞吉欧项目活动一般采取小组工作的方式，小组一般是 3～5 人。瑞吉欧人认为这种小组工作的方式有利于保证同伴间的合作研究。项目活动中的同伴合作体现在许多方面，比如，能力强的孩子可以向同伴提供经验或技能上的指导与支持等。但瑞吉欧人更为看重的是儿童在共同活动中彼此的调整适应：一方面，借助老师的帮助，一个或几个孩子的问题或观察可以引发其他孩子去探索其从未接触过，甚至从未怀疑过的领域；另一方面，孩子们在合作探索、交流的过程中获得自我认同或发现矛盾、冲突，进而重新评价或改变自己的认识，这就是瑞吉欧人所说的儿童间真正的"合作活动"。这种同伴合作，为每个孩子提供了机会，使他们意识到自己的观点与其他人的观点是不同的，从而意识到自己的独特想法，产生自我认同感。同时在与同伴的交流、切磋中，孩子们也会发现其他人的不同观点，意识到世界的多样性。在这个过程中，他们获得的不仅仅是友谊和情感，还有认识上的满足。

5. 深入研究

瑞吉欧项目活动是对某一个主题进行的深入研究，这种深入研究突出地体现在活动中幼儿对同一现象、概念多角度全面认识以及对其在多种水平上不断提升的重复认识。可见，瑞吉欧项目活动不是一条直线，而是存在大量的循环和反复，以使幼儿的学习更加充分。同时，这种对特定主题的深入扩展的学习，又会逐渐发展起幼儿深入广泛地探讨问题的倾向和能力，而这种学习迁移性的倾向和能力将使他们受益终身。

6. 图像语言

在幼儿小组围绕着一个共同的"项目"研究的过程中，瑞吉欧教育者鼓励儿童运用他们的自然语言和表达风格，自由地表达和相互交流——包括语词、动作、手势、姿态、表情、绘画、雕塑等，其中符号性的视觉表征活动（瑞吉欧人称其为图像语言）尤其备受关注。轰动西方的名为《儿童的一百种语言》的展览中，儿童用图像语言（包括素描、颜料画、纸工、泥工、拼贴画、雕塑等）所表达出来的对事物的认识和对世界的感受几乎感动并征服了所有的参观者。孩子的工作表明孩子借助于图像语言进行表达、交流，并从中获得认识发展的能力，比我们假定的容易完美得多，这使我们意识到在一定程度上我们低估了孩子的图像表征能力，以及图像表征对孩子认知和身心发展的价值。

四、瑞吉欧教育活动设计

（一）环境是课程设计与实施的要素

瑞吉欧人认为"环境生成课程，课程主题来源于幼儿与环境的互动作用"。幼儿园环境已不再局限于幼儿园内，它还包括幼儿园外的一切自然环境和社会环境。幼儿处于这样的环境中，必然会对各种各样的新鲜事物产生疑问，这时教师应从与儿童的交谈中，及时捕捉儿童的疑问，从中提炼课程的主题。例如，"美丽的喷泉"这一教学活动可来源于刚建成的市民广场的音乐喷泉，孩子们在节假日和家长路过广场时，总能看见这个音乐喷泉。那么喷泉的形成，音乐从哪儿来，为什么一有太阳喷泉上就会出现一道道彩虹……这些都会引起幼儿的疑问，教师若能从与幼儿的交谈中及时捕捉这些信息，就能设计出一个很好的科学教育活动。

儿童心理学指出：幼儿的感知觉和思维都是建立在具体客观事物的基础上，所以只有在特定的环境中，他们才能理解一些抽象概念。环境可从以下三方面理解：

### 1. 空间的安排

空间没有区隔或区隔物太高，都会影响儿童的交流。因此大小不同的空间间隔十分必要，可适合不同人数小组的活动。最小的空间是为个别幼儿所设的安静区或隐蔽区；稍大一些的空间适合幼儿在小组群中活动，通过在活动中协商、竞争等行为，学会和别人分享，保护自己等社会行为；最大的空间被称为"广场"，设在走廊或门厅，是幼儿园的中心地带，"广场"通向所有教室，不同年龄、不同班级的幼儿在此碰面交流，游戏追逐，是一个很轻松、很自由的地方。

### 2. 材料的投放

在幼儿园环境创设中，材料的投放在提高幼儿交往技能、增加他们的社会经验方面的作用也是不可忽视的。因为"儿童的社会交往是以玩具材料为媒介联结的，玩具加强了这种交往关系"。例如在小班、小小班幼儿活动中，投放数量较多、种类相同的玩具。

### 3. 环境是"第三位老师"

首先，环境应具有教育的功能。环境可以启发幼儿的智力，幼儿园的环境布置可让儿童在潜移默化中得到教育，并在参与布置的过程中，获得认知的发展，激发其学习兴趣和求知欲望。环境还可以形成激励幼儿奋发向上的氛围，因为大部分幼儿园在布置环境时，都或多或少地选用儿童的绘画作品，在孩子们看到自己的作品被展出后，会增加对创作的兴趣和信心，这是对他们最好的表扬。

其次，环境具有相关性。它能把引起幼儿相互经验的各种因素结合在一起，构筑新知识。在参观幼儿园的时候，我们会发现布置所选用的图片、剪纸都是儿童所熟悉的。例如在"幼儿园的春天"这一墙饰中，所选用的图片是儿童常见的小花小草、小燕子、柳树等。当幼儿看见这幅墙饰时，结合自己认识的花草、动物，也就能大致理解"春天"的含义。

再次，环境还具有弹性。它应根据幼儿的需要不断变化，也就是让幼儿与环境"对话"。在瑞吉欧创设的环境中，春天的幼儿园是嫩绿色的，夏天的幼儿园是翠绿色的，秋天的幼儿园是金黄色的，而冬天的幼儿园则是雪白色的。幼儿处于这样的环境中，时刻都能感受四季的交替，认识四季变化的规律和特征。从整个瑞吉欧的环境创设和布置中，可以看出它将幼儿的主体地位放在首位，从幼儿的认知发展和年龄特征出发，让课程的价值在幼儿与环境的互动中得到体现，把环境设计作为一种教育理念和课程模式的建构性要素。作为未来的幼儿教师，不仅要认真探索学习幼儿园的日常教育教学活动，同时也应把幼儿园环境创设作为一门重要的课程来学习研究。

幼儿教育活动是一个既简单又复杂的过程，即使事先再周密设计，也会碰到许多新的非预期性的问题。因此，抓住偶然的教育契机，提高教育效能，是每个教师的必备技能。老师，根据适合的教育情境，及时组织恰当的活动，能够激发孩子们从小好好学习，长大有所作为的欲望。这要比特地组织一个教育活动自然得多，孩子们也更易接受。

在幼儿园的教育活动中，环境作为一种"隐性课程"，在开发幼儿智力，促进幼儿个性方面，越来越引起人们的重视，环境创设已渐渐成为幼儿园工作的热点。《幼儿园教育指导纲要（试行）》中也明确提出："环境是重要的教育资源，应通过环境的创设和利用，有效地促进幼儿的发展。"那么，究竟什么是幼儿园环境呢？我国幼教先驱陈鹤琴先生曾提出幼儿园环境是"儿童所接触的，能给他以刺激的一切物质"。来自意大利北部小镇瑞吉欧·艾米利亚的学前教育研究者则对环境的创设与布置提出了要求，他们认为环境是一个"可以支持社会，探索与学习的容器"。正是由于环境是幼儿每天所接触的，幼儿的身心发展、社会化发展以及个性发展，无一不受到它的影响。因此幼儿园环境对幼儿园的日常教育活动起着重要作用。

### （二）瑞吉欧教育活动设计案例

#### 案例一：恐龙

**1. 计划的展开**

在意大利，正像在美国一样，到处都是恐龙的形象，孩子们通过书、电影、电视和玩具了解恐龙文化，他们经常为看到的最巨大、有力、具有攻击性的形象所迷住、兴奋和害怕。瑞吉欧的孩子，像别的地方的孩子一样，喜欢从家里往学校带东西。在安娜弗兰克学校，从 1989 年秋天开始，5～6 岁的孩子的教师注意到许多孩子带恐龙玩具到学校，而且他们的游戏常与恐龙有关。由此，教师决定与孩子一起研究恐龙。教师做了记录，把孩子对恐龙的兴趣看作其更好地了解恐龙的机会。在保持互动原则的前提下，教师决定与孩子一起进行恐龙探索之行，深入地学习恐龙。这个方案的对象是 5～6 岁的孩子，活动主要以小组的形式进行，历时 4 个月。

**2. 活动的过程、内容和形式**

（1）画出自己的恐龙

在绘画的过程中，孩子相互交流，一些好的想法被大家接受，有时，孩子会因别人的意见而改变自己，如"那不是恐龙，恐龙应有四条腿"。

（2）集体讨论

教师提出一些开放性的问题，启发孩子的讨论，如"恐龙在哪里生活？它们吃什么？"等等。

（3）搜集资料

孩子们到图书馆找来了一些关于恐龙的书，并带回了幼儿园。他们将自己画的恐龙与书中的画做了比较，在产生问题的时候，他们会从书中去找答案。

（4）发邀请函

孩子们邀请了亲属和朋友来幼儿园分享他们的活动。信函的创作是由整个"恐龙"小组完成的，每个孩子都提供自己的想法，而教师则是信函的书记员。孩子们按照教师所做的原型，写下定稿、写好信封和出了海报。

客人来到前，四个女孩合作做了一条霸王龙。四个男孩则用金属和金属丝做了一条恐龙。

（5）做一条与真的恐龙一样大的恐龙

四个男孩子用黏土做了一条恐龙，这个活动使他们想要做一条和真的恐龙一样大的恐龙。他们从书上找到，真的恐龙长27m、宽9m。他们从工作室里找来了米尺，但只有三把，他们没有想到连续用米尺27次，而是要找另外的24把米尺。孩子们找不到更多的米尺，教师提议是否可以用其他的东西来替代米尺。孩子在教室里找来了塑料棒，教师和他们测量了这些棒，每根长1m。

孩子们发现这些塑料棒的数量超过27根。他们把27根棒排成一行，又尝试两次分别用9根棒放在两侧，第四边已没有棒了，几分钟后，两个孩子找来了一卷卫生纸，并铺在地上，长方形作成了。有个儿童提议先在纸上画恐龙，再在地上画。三个女孩和一个男孩选择了方格纸。两个孩子在方格纸上粘上了一个剪下的恐龙，它的大小为 27cm×9cm，正好与方格（每格 1cm×1cm）相符。这样，孩子们可以通过数格子而知道恐龙的头、脖子、身子和尾巴有多大。六个孩子到户外，将画上的恐龙放到草地上。男孩们铺垂直线，女孩们铺水平线。由于事先已量好恐龙各部的长度，当他们用绳子把各个点连起来时，恐龙的轮廓就形成了。孩子们在探索多少个人的长度才与一条恐龙尾巴的长度是一样的。

（6）举办展览

孩子们非常乐意将自己的学习心得与其他孩子一起分享，这一小组的孩子为幼儿园的其他孩子举办展览会，向大家报告他们的活动过程。

他们为这个展览做了大量的准备，他们整理了图画和雕塑，也发了邀请函和海报，他们想了很多办法将自己的经验呈现给别人，与别人分享。当然，最快乐的事是他们向别人介绍活动的过程。

评析：从"恐龙"这个瑞吉欧方案活动案例中可以看到，与方案教学相比较，在瑞吉欧教育体系的方案活动中，教师预设的成分更少，幼儿生成的成分更多。例如，"恐龙"这个活动起因于教师注意到许多孩子将恐龙玩具带到幼儿园来，于是教师决定与孩子一起研究恐龙。又如，制作恐龙的过程激发起幼儿想要做一条和真的恐龙一样大的恐龙，于是教师就与孩子一起研究并动手制作这样的恐龙。这些都说明，瑞吉欧教育体系的方案活动是一类结构化程度相当低的教育活动。在活动过程中，教师提出一些开放性的问题，启发幼儿的讨论；让幼儿到图书馆搜集关于恐龙的资料等，都是激发幼儿生成活动所采用的方法。

在瑞吉欧的教育方案活动中，以幼儿的兴趣为导向，由幼儿发起深层次探索活动，这样做，并非为了让幼儿获取教师给予的知识和技能，而是为了解决幼儿自己所提出的问题。例如，有个幼儿提议先在纸上画恐龙，这样可以通过数格子而知道恐龙的头、脖子、身子和尾巴有多大；又如，幼儿探索有多少个人的长度才与一条恐龙尾巴的长度是一样的，等等。教师在活动过程中对幼儿的探索活动始终采取支持和帮助的态度。

在瑞吉欧的方案活动中，教师与幼儿之间、幼儿与幼儿之间的互动是一个积极的、合作的、共同建构知识、人格和文化的过程。例如，在绘画的过程中，幼儿相互交流，一些好的想法被大家接受；幼儿发邀请函，邀请亲属和朋友来幼儿园分享他们的活动；幼儿自己举办展览会，并将自己的学习心得与其他孩子一起分享，等等，特别是教师在活动过程中对幼儿始终起到了引领、帮助和推动的作用。

### 案例二：小鸟的乐园

这个方案最初的构想来自校园里的一池清水。在校园里放置一池清水，原意是给栖息的小鸟解渴，孩子们认为如果小鸟会口渴，也一定会肚子饿，如果它们又饿又渴的话，也许会疲惫不堪。于是，有的孩子建议在树上搭建鸟巢，还有小鸟玩的秋千、老鸟搭乘的电梯。也有的孩子建议安置一个音乐旋转木马；还有的孩子建议给小鸟准备滑水用的小木片，让它们滑水；更有的孩子提议做个喷泉，是又大又真实的，能把水喷得高高的那一种喷泉。于是，一个具有想象力同时也鼓舞人心的主题出现了：为小鸟建造一座真正的乐园。接着就是一个漫长的探索与实验过程，孩子们遇到了各种各样的难题。为了建一个喷泉，孩子们各自谈了自己的构思。

有一个名叫菲利普的孩子说："这是天使喷泉，我认为在这里应该有输送水的管子。水管里的水来自水道，当水流到倾斜处和进入喷泉时，水流的速度开始加快。喷水池底有一些水，也许它每年更换一次。"

一个名叫爱莉莎的女孩子认为："水来自天上，那就是雨，它从山上流下来，流入山的小洞里，最后流入山脚下的湖中，然后又有条往下倾斜的水道将水先带入另一个湖，再带入水道中。地下的通路有很多条，老鼠会喝掉一些水，但喝得很少，其余的水就流入喷泉，从喷泉的石块中往上喷出，而石块就像滑滑梯一样，让水滑下来。"

另有一个名叫西蒙尼的孩子也谈了自己的创意："我真想有一个很大的装满水的储水槽，看到没有？我们做了两个，一边一个，上方有一座天平告诉你水槽中是否有水。比如：如果天平平衡，表明水槽中有水，喷泉可以喷水；如果天平倾斜，就代表水不多了，你就得按开关处的按钮，让水槽装满水。"

经过实验，孩子们为小鸟做成了水车和喷泉，还为小鸟乐园举行了开幕式。

在瑞吉欧，教师成了幼儿的伙伴，他们倾听孩子的心声，并使孩子进入主动学习状态；同时也是向导，引导孩子们在学习中观察再观察，思考再思考，各方面的能力得以发展；教师还是记录者，他们记录了大量的第一手资料，从而了解幼儿是怎样思维的；教师还是研究者，研究如何发现既有挑战性又能使孩子得到满足的项目活动等。因此，在瑞吉欧有句名言：接过孩子抛来的球！

### 五、瑞吉欧幼儿教育课程的评价

瑞吉欧教育体系中的以社区为本的管理方法、开放而充满教育机会的环境、合作性的学习和研究方式、师幼同为课程和学习的主体、对记录的重视以及对幼儿的多种学习和表达方式尤其是艺术形式的强调为它赢得了很高的声誉。

我国学者霍力岩对瑞吉欧课程进行了以下三个方面的评价：

### （一）重视在儿童的活动中自然而然地生成课程

在瑞吉欧的学校，儿童参与深度的、长期性的调查，这体现了进步主义教育的主要特点。他们没有固定的课程计划，有的只是灵活的、深入而富有成效的方案活动。他们允许儿童自己作决定和选择，采取合作解决问题的学习方法（一般是与同伴合作或向教师咨询），并创造一种鼓励儿童追求自己兴趣、开展长期的调查活动的环境。这种课程是在具体的情境中逐步生成的，是教师根据活动中幼儿的反应以及活动的进程来确定活动发展方向的，可以说是教师和学生共同建构和协商的结果。在这种生成的课程中，儿童兴致盎然，内在的动机使他们能够有足够的兴趣、坚持力和成就意识，在众多的可能性中做出选择，并坚持到自己成功。

### （二）让教师成为幼儿的合作研究者

瑞吉欧的教师与儿童是平等的，他们共同参与到活动中。教师认识到儿童是发展的主人，具有丰富的潜力，有很强的可塑性和学习成长的欲望，同时儿童之间存在着差异，这种差异可以在有利的或不利的环境下扩大或缩小。于是瑞吉欧的教师就成了一个观察者和记录者，重视去探听儿童、发现和认识儿童，允许儿童自主、自由地探索，同时亲自参与到活动中，给儿童以反馈、建议和支持，引导孩子拓展自己的想法。在这种有系统地观察、记录、说明和评价的过程中，教师成为儿童的合作研究者，"尊重儿童"和"发挥儿童的主体性"不再是抽象而空洞的概念，而成为促进幼儿发展的重要动力。

### （三）促进学校、社会和家庭的合作

家校联合似乎已经成为世界的一个共识，美国 2000 年六大教育目标之一就是促进家庭纳入学校，以形成教育的合力。瑞吉欧的管理是一种民主而开放的方式，社区参与管理机制的建立，能够适应文化和社会的变迁，也能够促进教育者、儿童、家庭和社区的互动和交流。事实上，在个体的成长中，家庭、社会和学校是同样重要的，因为儿童是社会的人。儿童的教育需要多方面合作，这样才足以产生教育的一致性和一贯性效应。而学校的本质就是一个交流和参与的环境，所以家长和社会的参与也是学校教育存在的一个前提。家庭作为儿童成长的第一个并且十分重要的环境，对儿童的发展有着重要而独特的功能。家长积极参与到学校中来，能够让儿童获得一种安全感，成为其个人成长的动力。最重要的是，家庭和社会的参与意味着教育环境的扩大和教育资源的丰富，意味着儿童处处受教育，时时在学习，反映出终身学习的时代特色。

方案教学法通常由老师选定一个主题，将各种教学内容有机地结合起来，新的教学内容以前面的教学为基础，循序渐进，孩子容易保持兴趣，接收新鲜内容。例如，以"春天"为主题时，可以组织孩子们观察种子发芽，在语言课上学习春天的诗，在美工活动中画春天的画，做花朵、昆虫纸工，还可以唱春天的歌，到公园远足观察春天的踪影。

# 第四节 | 陈鹤琴的教育思想与活动设计

20世纪三四十年代，我国幼教界"南陈北张"之说中"南陈"即陈鹤琴（1892～1982），他是我国现代幼儿教育的奠基人，被誉为"中国幼教之父"、"中国的福禄贝尔"、"儿童教育的圣人"。陈鹤琴热爱儿童，毕生致力于儿童教育事业，一生发表约400万字的著作，编写了多种儿童教育书籍、教材和读物，已收入《陈鹤琴教育文集》、《陈鹤琴全集》。陈鹤琴还创制了许多教具、玩具和体育、游戏用品，开创了我国儿童心理和学前教育的科学研究工作。他在鼓楼幼稚园的研究形成了"中心制课程"（即单元教学），奠定了我国第一个《幼稚园课程标准》的基础。陈鹤琴教育思想的核心在于他创建的"活教育"体系，它是陈鹤琴"五指活动课程"的理论基础。

## 一、"活教育"是陈鹤琴教育思想的核心

### （一）活教育的目的在于"做人，做中国人，做现代中国人"

陈鹤琴有感于中国传统教育的弊病，以及当时我国所面临的民族生存危机，在其"活教育"的思想体系中，首先提出的是"活教育"的目的在于"做人，做中国人，做现代中国人"。其中，"做现代中国人"包含五方面的条件：第一，要有健全的身体；第二，要有建设的能力；第三，要有创造的能力；第四，要能够合作；第五，要乐于为社会服务，为人民服务。很显然，这五方面的条件，体现了德智体全面发展的要求。针对传统教育"把书本作为学校学习的唯一材料"，把读书和教书当成学校教育活动内容的实际状况，陈鹤琴将"大自然、大社会都是活材料"概括为"活教育"的课程论。"活教材"并不是否定书本知识，而是强调儿童在与自然、社会的接触中，在亲身观察和活动中获得经验和知识的重要性，主张把书本知识与儿童的直接经验相结合。这样获得的知识真实、亲切，而且还能激发儿童的学习兴趣和研究精神。

陈鹤琴将幼稚园教育的目标归结为四个方面：在引导儿童做人方面，要培养儿童具有合作服务的精神和同情心，以及诚实、礼貌等其他品质；在身体方面，主要是训练儿童养成各种强健体格的习惯，培养儿童一定程度的运动技能；在智力方面，应以丰富儿童的直接经验为主，让儿童充分接触自然和社会，引导儿童对日常事物产生好奇并做探究；在情绪方面，除了要让儿童养成乐于欣赏、快乐等积极情绪外，还要帮助儿童克服无端发脾气、惧怕等不良性格。

### （二）以大自然、大社会为中心选择和组织课程内容

陈鹤琴在其"活教育"的思想体系中提出了"大自然、大社会，是我们的活教材"。他认为，书本上的知识是间接的、形式化的，只有大自然、大社会，才是知识的真正来源，是儿童学习的活教材。他认为，"活教育"要把儿童培养成"现代我国人"，因此必须以儿童现有的生活经验为依据，扩大和丰富儿童对自然和社会的认识和理解。而大自然、大社会提供给儿童的知识是最为生动的、直观的和鲜明的，没有人为的扭曲，切合

儿童的生活实际，能激发儿童的兴趣，容易被儿童所接受和理解。当然，他并没有因此而否定书本在教育中的作用，他反对的只是将书本作为学习的唯一材料，主张书本应是现实生活的写照，即能够反映儿童的实际生活。随着课程内容的改变，其组织形式也因之变更。

"活教育"教学论的基本原则是"做中教，做中学，做中求进步"。具体有 17 条教育原则，"活教育"是一种有吸收、有改造、有创新、有中国特色的教育思想，曾在历史上产生过重要影响，对当前的教育改革依然富有启迪。

## 二、五指活动课程

"五指活动课程"是陈鹤琴创编的。陈鹤琴打破了按学科编制幼稚园课程的传统方式，以"做人，做中国人，做现代中国人"为目标，大自然、大社会为中心选择和组织课程内容，形成活动中心和活动单元的五个方面的活动，称为五指活动。所谓的"五指活动"的内容包括：儿童健康活动（包括体育活动、个人卫生、公共卫生、心理卫生、安全教育等），儿童社会活动（包括动物园、植物园、劳动工厂和科研机关等），儿童艺术活动（包括音乐、美术、工艺、戏剧等），儿童文学活动（包括童话、诗歌、谜语、故事、剧本、演说、辩论、书法等）。陈鹤琴以连为一体的五根手指比喻课程内容的五个方面，它们是相连的整体，虽有区分，却是整体的、连通的，以此说明他所谓的五指活动课程的特征。

五指活动课程对五种活动的强调有所侧重。例如，陈鹤琴认为健康活动是第一位的，因为强国需先强种，强种先要强身，强身先要重视幼小儿童的身体健康。又如，陈鹤琴还认为幼稚园课程应特别重视音乐，因为音乐可以陶冶儿童的性情，鼓励儿童进取，发展儿童欣赏美和创造美的能力。此外，语言是人际沟通的工具，也是儿童学习的工具，所以也应给予重视。

陈鹤琴认为，虽然这五种活动是分离的，但是它们就像人的五个手指一样，构成了具有整体功能的手掌，幼稚园课程的全部内容都被包括在这五种活动之中。因为儿童的生活是整体的，因此，课程内容是互相联系的整体，而不是分裂的。正如陈鹤琴所言，"五指是活的，可以伸缩，互相联系"。"课程是整个的，连贯的。依据儿童身心的发展，五指活动在儿童生活中结成一个教育的网，有组织、有系统，合理地编织在儿童的生活上。"

## 三、以"做中教、做中学"为课程实施的基本原则

陈鹤琴在其"活教育"的思想体系中提出了"做中教、做中学、做中求进步"，以此作为其方法论的基本原则。

陈鹤琴强调"做"，为的是确立儿童在教学活动中的主体地位。陈鹤琴说，"凡是儿童自己能够做的，就应该让儿童自己做"；"凡是儿童自己能够想的，应该让儿童自己想"；"你要儿童怎样做，就应当教儿童怎样学"。

陈鹤琴强调"做"，为的是强调儿童的直接经验。陈鹤琴认为，活教育的教学研究，

以书籍作辅佐参考。换言之，就是注重直接经验。

陈鹤琴具体指出了五指活动课程在实施过程中的问题。他提出，教师应拟定要做的活动，计划活动内容分几个步骤进行，但是不要强求预先的计划，要顺应儿童的兴趣，根据实施过程中的具体情况灵活地对计划加以调整和改变。陈鹤琴还主张运用游戏的方式实施课程，因为游戏是儿童天生喜欢的活动，在游戏中学习，儿童学得快，参与程度高，效果持久。

## 四、课程实施应采用"整个教学法"、游戏式和小团体式

课程目标和课程内容确定之后，如何组织实施课程来实现教育目标就成为关键。怎样才能达到比较理想的教育效果呢？陈鹤琴先生在对学前儿童心理和教育长期研究的基础上，提出了适合学前儿童发展的课程组织法。这就是"整个教学法"。整个教学法就是把儿童所有该学的东西整个地、有系统地教给儿童学。这种教学法是把各科功课打成一片，所学的功课是无规定时间学的，所用的教材是以故事或社会和自然为中心的，或是作为出发点的，但是所有的故事或关于社会自然的材料，总以儿童的生活、儿童的心理为根据的。

游戏法是整个教学法的具体化。游戏具有统整作用，在游戏中，学前儿童的身体能获得充分锻炼，儿童可展开丰富的想象，缓解紧张的情绪，体验活动的愉悦。游戏是学前儿童的重要生活。儿童在游戏中、在活动中学习，能收到事半功倍的效果。学前儿童的课程最容易游戏化，采用游戏化方式组织课程，有利于学前儿童健康发展。

由于学前儿童都是具有差异的不同个体，每个儿童都是相对独立的，他们的智力发展水平不一，兴趣不同，应采用小团体式的教学，使处在不同发展水平的儿童在相互作用中都获得进步。

陈鹤琴认为，幼儿园的课程不应该分科，应该把各科教法有机地联系起来，融为一体，以达到教育儿童的目的。

首先。要注意教育内容的整合，使各个领域、各科知识、各种技能互相渗透、有机融合。即使实行的是分科教学，教师之间也要尽量保持大主题一致，有分有合，分合相结。如小班"认识雨"的活动，可以安排听雨、踩雨、看雨，学习有关小雨点的歌曲（或童谣），举办雨伞、套靴展，和教师一起收集雨水，了解人们在雨天的活动，鼓励孩子下雨天仍坚持上幼儿园等。通过运用多种感官、多种形式以及多种途径帮助幼儿形成关于雨的粗浅认识。中、大班则可增加对雨的形成、雨的危害的认识，教育孩子不怕风、不怕雨，还可以有画雨、设计雨伞、编创儿歌、故事等活动，进一步形成关于雨的较为整体的认识。

其次，要加强各种教育组织形式的整合，如集体活动、小组活动和自由活动的整合，户内与户外活动的整合，一日生活各个环节的整合。过去，我们比较重视上课、集体活动和室内活动的组织，而对其他教育形式认识不足或实施不到位，存在集体活动多、小组自由活动少，室内活动多、室外活动少，上课说教多、生活中随机教育少等方面的问题。尤其在有着几十个孩子一个班的幼儿园，更需要有其他组织形式的补充，因为一个教师是不可能在同一时间、同一地点，采用同样的教育方式来促进每一个孩子在原有水平上发展的。小组、自由活动却能较好地满足不同发展水平幼儿的需求，能给幼儿更多

的自主学习、自主探索、自主活动的机会，为幼儿自己建构知识经验体系提供帮助。

再次，要有效形成幼儿园、家庭和社区资源的整合。过去，幼儿园主要是根据自身条件、现有资源开展各种教育活动，即便是"认识社会"这样的教育内容也主要通过教师讲、幼儿听或看几张图片的方式来进行，幼儿得到的只是一个概念的社会、空洞的社会、模糊的社会，仍然无法形成亲社会的情感。

如某幼儿园大班孩子在玩"城市建构"游戏时，开始他们只会搭建一些比较简单的内容，如：马路、汽车和房子，这说明幼儿缺乏相应的生活经验。后来教师领着孩子到附近的小区去做了一次远足和考察。回园后，再让幼儿建构"美丽的城市"，幼儿不但积极性非常高，而且建构的内容十分丰富：有的修马路，有的建高楼、商店和学校，还有的在拼花草、砌路灯、搭凉亭、插喷泉，一片忙碌的景象。孩子们在游戏中既反映了参观所得，又有对生活经验的再造和加工，体现了幼儿可贵的创造品质和协作精神。

## 五、教学活动设计案例

### 活动名称：沉与浮的奥秘

【活动目标】

亲自操作，发现鸡蛋在清水与盐水里沉与浮的奥秘；获取简单的操作经验；对科学探究感兴趣。

【活动准备】

一盆盐水，一盆清水，两个鸡蛋。

【活动过程】

1）摆放盐水与清水在幼儿面前，里面各放一个鸡蛋，盐水盆中的鸡蛋是漂浮着的，清水盆中的鸡蛋是沉下去的，盐水盆比清水盆的水量多些。

教师引导幼儿观察，引发讨论：为什么清水盆里的鸡蛋是沉下去的，而盐水盆里的鸡蛋是浮起来的呢？

2）幼儿自主操作，教师在旁协助，幼儿对这一现象表现出浓厚的兴趣，纷纷仔细观察并参与讨论。讨论后他们认为，因为盐水盆里水多，所以鸡蛋是漂着的。于是老师引导幼儿往清水盆中加水。加水后鸡蛋还是沉的，幼儿又开始讨论：

幼儿1：我认为鸡蛋在这个盆里沉下去是因为水凉了（他只摸了清水盆里的水但没摸盐水盆）。

幼儿2：不对。因为这个盆里的鸡蛋重，咱们换个位置试试。

幼儿把清水盆里的鸡蛋拿到盐水盆里，发现两个鸡蛋都是浮着的。教师请幼儿再看一看，想一想为什么。

幼儿1：（仔细观察水后）这盆水里有东西，比较混，所以使鸡蛋漂起来。

幼儿2：是糖。

幼儿3：是面粉。

幼儿4：它像是海水，不是面粉。

教师：糖是什么味道的？海水又是什么味道的？

幼儿谨慎地蘸了一点尝了尝："是盐。"

最终幼儿得出结论：盐水里的鸡蛋易浮起来，清水里的鸡蛋会沉下去。

3）集中回顾探究过程，梳理经验。

教师："今天我们发现了一件奇怪的事，鸡蛋放在水里，在这盆里沉下去了，在那盆里却没有沉下去。小朋友们也觉得很奇怪，大家一起找原因。一开始，你们觉得是什么原因？这个原因对不对？你怎么知道的呢？后来你觉得是怎么样的？你又是怎么去做的？那现在，你们觉得，为什么鸡蛋在盐水里能浮起来，在清水里会沉下去？"

幼儿不知道液体密度对浮力的影响，教师稍作解释，并鼓励幼儿回家之后继续探究。

评析：本活动遵循了陈鹤琴"大自然、大社会是活教材"的课程论，体现了整合化、本土化、生活化、幼儿化、现代化的特点，突显了学生"主体建构"的活学本色，回归到知识"解决问题"的活用意味，"活教、活学、活用"，摆正了教师"适度介入"的活教位置，让学习活动充满乐趣与活力。

## 六、对陈鹤琴五指活动课程的评价

陈鹤琴是我国著名教育家，是我国现代化、科学化幼儿教育的奠基人，在哥伦比亚大学师范学院攻读心理学和教育的经历，使他对儿童心理发展规律有了深刻的认识。当时美国正兴起的以杜威为代表的进步教育运动对他也产生了深刻的影响。回国之后，陈鹤琴立足于本国的国情和传统优秀文化，在早期教育理论和实践领域进行了探究，以独立思考的实践精神，批判和融合了东西方文化的精华，为寻找适合国情的本土化的幼儿教育做出了杰出的贡献。陈鹤琴的五指活动课程并非在当时西方进步主义教育影响下的课程的翻版，而是基于他自己对科学的理解，对儿童与教育的理解，对进步主义教育的批判和继承，特别是对我国社会文化的认识，为我国幼稚园教育创编的幼稚园课程。陈鹤琴五指活动课程不仅在 20 世纪 50 年代前对幼稚园教育产生过重大的影响，而且对于80 年代以后的幼儿园课程改革也具有重要的影响作用。

## 本章思考题

1．简述福禄贝尔的恩物。
2．蒙台梭利教学法的内容有哪些？
3．瑞吉欧教学体系的特点有哪些？
4．评述瑞吉欧课程。
5．评述陈鹤琴五指活动课程。

# 参 考 文 献

曹能秀．2009．学前比较教育．上海：华东师范大学出版社.

陈淑琴．2001．幼儿游戏化音乐教育．上海：上海社会科学院出版社.

陈文华．2011．幼儿园课程论．北京：科学出版社.

陈文华．2010．中外学前教育史．北京：科学出版社.

冯晓霞．2001．幼儿园课程．北京：北京师范大学出版社.

傅宏．2002．学前儿童心理健康．南京：南京师范大学出版社.

高杰英．2012．幼儿园教育活动设计与指导（上，下）．石家庄：河北大学出版社.

高庆春，梁周全．2011．学前儿童健康教育．北京：高等教育出版社.

黄谨．2001．学前儿童音乐教育．上海：华东师范大学出版社.

黄瑾．2007．幼儿园健康教育活动设计与指导．上海：华东师范大学出版社.

黄莉莉．2002．幼儿音乐兴趣的培养．上海：上海音乐出版社.

霍力岩等．2003．多元智力理论与多元智力课程研究．北京：教育科学出版社.

教育部基础教育司．2002．《幼儿园教育指导纲要（试行）》解读．南京：江苏教育出版社.

孔起英．2010．学前儿童美术教育．南京：南京师范大学出版社.

李季湄，冯晓霞．2013．《3～6岁儿童学习与发展指南》解读．北京：人民教育出版社.

李君．2008．学前儿童健康教育．北京：科学出版社.

刘馨．1998．幼儿体育活动设计与指导．北京：北京师范大学出版社.

刘占兰．2002．幼儿科学教育．北京：北京师范大学出版社.

陆兰．2011．幼儿科学与活动指导．北京：科学出版社.

麦少美，孙树珍．2011．学前儿童健康教育活动指导．上海：复旦大学出版社.

欧新明．2003．学前儿童健康教育．北京：科学出版社.

庞建萍，柳倩．2007．学前儿童健康教育．上海：华东师范大学出版社.

任志勇．2003．幼儿园教育活动设计与指导．太原：希望出版社.

施燕．1999．学前儿童科学教育．上海：华东师范大学出版社.

史静寰，周采．2002．学前比较教育学．沈阳：辽宁师范大学出版社.

宋占美．2014．美国学前教育课程标准的实践与思考．上海：华东师范大学出版社.

孙汀兰．2008．学前儿童数学教育活动理论与实践．北京：科学出版社.

屠美如．2001．儿童美术欣赏教育研究．北京：教育科学出版社.

王懿颖．1999．幼儿园音乐教育．北京：中国劳动社会保障出版社.

王志明．2000．学前儿童科学教育．南京：南京师范出版社.

吴英．2009．幼儿园教育活动设计与指导：艺术．南京：河海大学出版社.

夏力．2009．学前儿童科学教育活动指导．上海：复旦大学出版社.

线亚威. 2003. 幼儿园探究性教育活动：艺术表现教师用书. 大连：辽宁师范大学出版社.

许卓娅，孔起英. 1998. 幼儿园课程指导丛书(艺术). 南京：南京师范大学出版社.

许卓娅. 2008. 学前儿童美术教育. 上海：华东师范大学出版社.

许卓娅. 1996. 学前儿童音乐教育. 北京：人民教育出版社.

杨吉华. 2002. 儿童艺术教育实例精选. 长沙：湖南人民出版社.

张晗. 2010. 活教育思想与幼儿园教育实践. 合肥：安徽少年儿童出版社.

张念芸. 1997. 学前儿童美术教育. 北京：北京师范大学出版社.

郑健成. 2010. 学前教育学. 上海：复旦大学出版社.

郑晓边. 2009. 幼儿园健康教育活动设计与指导. 北京：高等教育出版社.

中华人民共和国教育部. 2012. 3～6岁儿童学习与发展指南.

中华人民共和国教育部. 1996. 幼儿园工作规程.

中华人民共和国教育部. 2001. 幼儿园教育指导纲要（试行）.

周兢. 2003. 学前儿童语言教育. 南京：南京师范大学出版社.

朱家雄. 2006. 学前儿童美术教育. 上海：华东师范大学出版社.

朱家雄. 2008. 幼儿园教育活动设计与实施. 北京：高等教育出版社.

朱家雄. 2011. 幼儿园课程. 上海：华东师范大学出版社.

庄虹，陈瑶. 2011. 新编幼儿园教育活动设计与指导. 北京：北京师范大学出版社.

[德]福禄贝尔. 2001. 人的教育. 孙祖复,译. 北京：人民教育出版社.

[美]卡洛琳·爱德华兹. 2006. 儿童的一百种语言. 罗雅芬等, 译. 南京：南京师范大学出版社.

[意]蒙台梭利. 1990. 童年的秘密. 马荣根, 译. 北京：人民教育出版社.

[美] L. G. Katz, S. C. Chard. 1998. 探索儿童心灵世界：方案教学的理论与实务. 陶英琪等, 译. 台北：心理出版社.